SPICA
VERLAGS- & VERTRIEBS GMBH

© SPICA Verlags- & Vertriebs GmbH
1. Auflage, 2012
Alle Rechte vorbehalten. Das Werk darf – auch teilweise –
nur mit Genehmigung des Verlages wiedergegeben werden.
Herstellung: SPICA Verlags- & Vertriebs GmbH
Coverabbildung: © kameraauge – Fotolia.com
Druck: CPI – Clausen und Bosse GmbH, Leck
Printed in Germany

ISBN 978-3-943168-13-6

DIANA
MIRTSCHINK

Dieser
SCHMERZ
zerreißt mir fast
das Herz

TRAUERN ALS WEG

INHALT

Einleitung	6
Du bist tot	9
Jetzt ist alles anders	17
Kraftlos und erschöpft	22
Warum?	26
Umgang mit Emotionen	28
Wut	34
Angst	40
Tränen	48
Verdrängen und Vermeiden	53
Den Widerstand aufgeben	58
Besonders schwere Tage	62
Probleme bewältigen	64
Hilfe annehmen und um Hilfe bitten	68
Mentale Hilfe	74
Rituale	81
Unausgesprochenes	87
Sehnsucht	90
Einsamkeit	94
Alleinsein	99
Erinnerungen	109
Schlaflos	114
Träume	119
Schuldgefühle und Schuldzuweisungen	123
Der Trauer Ausdruck verleihen	130

Auf die innere Stimme hören	135
Achtsamkeit in der Trauer	141
Zeit des Wandels	145
Trauerphasen	147
Weihnachten allein	152
Nicht aufgeben	157
Halt finden	162
Die Last der Trauer	166
Loslassen	168
Woran glauben?	172
Urlaub ohne dich	176
Verletzungen	180
Depression	182
Lebensüberdruss/Lebenssinn	187
Unruhe	194
Geduld	198
Jahrestage	202
Dauer der Trauer	206
Hoffnung	209
Wieder lachen	217
Neue Wege	221
Jahre danach	228
Schlussbemerkung	232
Literaturverzeichnis	234
Bildnachweis	235

EINLEITUNG

Liebe Trauernde,

nach dem Tod eines geliebten Menschen folgt eine Zeit, die sehr schmerzvoll ist und einer harten Prüfung der Lebensschule gleichkommt. Doch wo lernt man, wie man besteht?
Trost und gut gemeinte Ratschläge gibt es von vielen Seiten. Sie sollen annehmen, loslassen, nach vorn schauen ... vor allem, damit auch das Umfeld nicht länger hilflos ist. Aber wie das funktioniert, bei all dem Schmerz, bleibt offen.

Auch ich kann Ihnen mit diesem Buch Ihren Schmerz nicht nehmen, nur helfen damit umzugehen, denn der Schmerz ist das Vermächtnis Ihres Verstorbenen. Er ist Ausdruck Ihrer Verbundenheit mit ihm und Zeichen Ihrer Liebe. All die heftigen Emotionen und leidvollen Tage gehören zu Ihrer Trauer, weil es einen großen Verlust zu verschmerzen gilt. Mein Anliegen ist es, Sie auf diesem schweren Weg zu begleiten und Sie zu ermutigen, Ihre Trauer auf Ihre ganz unverwechselbare Art zu leben und zu verarbeiten.

Dieses Buch ist nicht chronologisch im Sinne der Abfolge eines Trauerverlaufes geschrieben. Sie können deshalb immer genau in jenes Kapitel eintauchen, welches für ein Thema steht, das Sie gerade bewegt. Gelegentlich kommt es aus diesem Grund jedoch zu Wiederholungen, die für ein Verständnis an jeder Stelle des Buches erforderlich sind.
Nicht immer wird ein Kapitel erfassen, wie Sie Ihre Trauer in genau diesem Moment erleben. Es ist nicht möglich, die unterschiedlichen Phasen im Verlauf der Trauer zusammenzufassen, ebenso wenig, wie sich Trauer nicht verallgemeinern lässt. Jeder Mensch trauert auf seine Weise. Und was in der akuten Trauer

gilt, ist zu einem späteren Zeitpunkt wieder ganz anders. Versuchen Sie, sich in den Seiten dort wiederzufinden, wo Sie gerade stehen.

Ich bin mir auch dessen bewusst, dass bei diesem sensiblen und sehr umfangreichen Thema immer etwas offen bleiben wird. Ohne einen persönlichen Kontakt lässt sich nicht erspüren, was Sie im unmittelbaren Moment brauchen. Dennoch habe ich mich bemüht, ein weites Feld abzustecken, und hoffe, dass Sie auf Ihrem Weg durch Ihre Trauer in diesen Seiten Trost und Hilfe finden können.

Der Einfachheit halber spreche ich in diesem Buch in der männlichen Form vom Trauernden oder Hinterbliebenen, ich möchte jedoch betonen, dass damit sowohl männliche als auch weibliche Leser angesprochen sind.

Diana Mirtschink

DU BIST TOT

Es schien sogar die Sonne. Wie kann das sein, in einem Moment, in dem für dich und für mich eine Welt unterging? Ein sonniger Tag, der so harmlos daherkam, dass er Urlaubslaune verbreitete. Welch trügerische Illusion bis zu dem Zeitpunkt, der dein Leben beendete und mich in eine grausame Realität versetzte.
Teilweise erinnere ich mich bis ins Detail an den furchtbaren Augenblick, als mir die Nachricht von deinem Tod übermittelt wurde. Und manches von dem, was danach folgte, ist mir kaum noch in Erinnerung.

„Wir bedauern sehr, Ihnen mitteilen zu müssen ... ein tragischer Unfall ... die Kontrolle über das Fahrzeug verloren ... noch an der Unfallstelle verstorben ... "

In der ersten Verzweiflung konnte ich das Ausmaß der Mitteilung nur begrenzt erfassen. Es waren dieselben Worte, die man in Filmen gelegentlich hört. Gibt es einen Standard für das Überbringen solcher Nachrichten, der es den Übermittlern erleichtert? Doch was hatte das alles mit mir zu tun? Ich erinnere mich, dass Kinder lachend mit dem Rad auf der Straße vorbeifuhren und ich mich fragte, wo du in diesem Moment warst. Danach bin ich innerlich und äußerlich zusammengebrochen und konnte vieles nicht mehr wahrnehmen. Es war wie ein Fallen ins Bodenlose. Ich musste mir später immer und immer wieder alles genau beschreiben lassen. Auch an der Unfallstelle begriff ich nie wirklich, was an jenem unglückseligen Tag geschehen ist und was anders war als an den vielen Tagen, an denen du genau den gleichen Weg genommen hast.

Bis zu jenem Moment, in dem ich die Nachricht von deinem Tod erhielt, war alles in Ordnung. Wenige Stunden zuvor hast du noch mit mir am Tisch gesessen, wir haben zusammen gelacht. Ein flüchtiger

Kuss an der Tür war die letzte Berührung. Hätte ich dies geahnt, dann hätte ich dich nicht gehen lassen. Dein Duft lag noch lange in den Kissen. Im Bad deine Zahnbürste, im Flur deine Schuhe, im Arbeitszimmer die angefangene Arbeit, die darauf wartete, beendet zu werden, deine Bücher und deine Musik in den Regalen ... deine Spuren überall. Du hast sie hier gelassen und kehrst nicht mehr zurück. Wie soll ich das ertragen? Mein Schmerz ist grenzenlos.

Wo war ich, als es geschah? Habe ich etwas völlig Belangloses getan, während dein Leben sein Ende nahm? War ich vielleicht sogar fröhlich? Warum ist das geschehen? Warum du? Und was jetzt? Zeit zurückdrehen, verkriechen, schreien, weglaufen ... was tun?

Irgendwer hat Kristin angerufen, die treue Seele, beste Freundin. Aber was konnte sie ändern? Das Unfassbare blieb im Raum, du würdest nie mehr wiederkommen. Doch was bedeutet nie mehr? Nie mehr deinen Namen rufen? Nie mehr deine Nähe spüren? Nie mehr deine Schritte hören, weil du nicht mehr kommst. Es kann nicht sein, was nicht sein darf! Du bist doch immer nach Hause gekommen! Du warst doch immer für mich da, in den fünf Jahren, die wir uns nun schon kennen.

Es drängte mich zu dir – den Leichnam sehen, um zu glauben. Aber ich konnte es nicht allein. Du warst es und warst es wiederum nicht. Alles Leben schien von dir gewichen. Da lag eine Hülle, friedlich, aber leer.
Dein Haar klebte an der Stirn, ich wollte es zurückstreichen und traute mich nicht. Sonst nur eine kleine Schramme am Kopf, von den inneren Verletzungen war nichts zu sehen. Hattest du Schmerzen? Woran hast du gedacht, als es passierte?
Ich wagte, dich zu berühren, und es fühlte sich so fremd an, wie nie zuvor. Dem Begreifen folgte noch größerer Schmerz. Er überkam mich in den Tagen darauf manchmal so heftig wie ein starkes Beben und dann wieder ging er teilweise unter in der Maschinerie, die um deine Beisetzung anlief und in der ich einfach nur funktionierte.

Ich war kaum allein und fragte mich, was passiert, wenn all die lieben Menschen nicht mehr da waren.

Ich fühlte mich auch um einen Abschied betrogen. So sind wir nie auseinandergegangen, wenn wir längere Zeit getrennt sein mussten, so sollte es auch dieses Mal nicht sein. Wäre es leichter gewesen, wenn wir Zeit für einen Abschied gehabt hätten? Dann hätte ich dir noch einmal sagen können, wie sehr ich dich liebe, wie wichtig mir jeder Tag mit dir war und wie sehr du mein Leben bereichert hast. Wie sollte ich dich ohne Abschied gehen lassen? Da brannte Wut in mir und Anklage. Aber gegen wen sollte ich sie richten? Welche Instanz war hierfür verantwortlich?

Am Grab konnte ich kaum ertragen, dass das tiefe Loch für dich bestimmt war. Die Erde roch feucht und schwer. Sie würde auf dir lasten, dich erdrücken und ersticken. Das waren meine verzweifelten Gedanken. Kein Berühren mehr möglich, dich nie wieder sehen, ein Stein oder Kreuz statt deiner Augen! Wie sollte ich damit je klar kommen?

Nun bist du nicht mehr da. Bist nicht in einem fremden Land oder auf einer Reise. Du bist nicht mehr auf dieser Welt und kommst nie wieder. Aber wo bist du? Und wie kannst du fort sein? Ich höre noch den Klang deines Lachens, manchmal glaube ich, dich in der Menge zu sehen. Meine Augen suchen dich so oft, doch ich kann dich nur noch in meinen Erinnerungen finden, denn du bist tot. Und so wie die Erinnerungen verblassen, habe ich Angst, auch dich immer mehr zu verlieren.

Und dieser Schmerz zerreißt mir fast das Herz.

ÜBER DEN TOD

Drei Buchstaben nur, aber wer unmittelbar mit dem Tod konfrontiert wird, für den ändert sich augenblicklich alles. Nichts ist mehr, wie es einmal war, und wird nie wieder so sein. Von nun an gibt es eine Zeitrechnung vor und nach dem Ereignis. Es scheint, als würde die Welt sich weiter drehen, als wäre nichts geschehen, doch für den Hinterbliebenen hat sich die ganze Welt verändert. Das Ausmaß ist schier unbegreiflich und wie zum Schutz für den Moment nicht zu erfassen. Jeder Versuch, das Geschehen und das Empfinden in Worten auszudrücken, bleibt unzureichend. Schock, Verzweiflung, Schmerz, Angst ... keine Beschreibung kann annähernd wiedergeben, was für ein Gefühl nun um sich greift.
Doch so wie der Tod unbegreiflich ist, ist er auch unausweichlich. Diese Tatsache tröstet jedoch wenig, wenn ein Kind stirbt, der geliebte Partner, die Eltern oder ein Freund. Für die, die bleiben, ist es immer zu früh. Der Tod nimmt mit, was geliebt wurde, und hinterlässt eine Leere. Sie fühlt sich dunkel an, tief und schwer. Sie kann lähmen oder vereinnahmen, ohnmächtig machen und hilflos.
Dem ersten Schock folgt ein Nicht-wahrhaben-Wollen. Es kann nicht sein, was nicht sein darf! Eigentlich sterben nur die Anderen.

Und wie weiter? Ein Leben ohne den geliebten Menschen scheint unvorstellbar. Was tröstet, wenn man ohne Partner weiterleben muss? Was kann Eltern trösten, die ihr Kind nun nicht aufwachsen sehen? Es gibt keinen schnellen Trost für diesen tiefen Schmerz. Er muss ausgehalten werden und ertragen. Und es gibt nichts, was den Tod mildert. Er scheint unbarmherzig, wenn er zu früh kommt, und barmherzig, wenn er Leiden beendet. Doch der Tod hinterlässt immer, wenn ein geliebter Mensch stirbt, viel Kummer und Leid.
Viele Menschen haben Angst vor dem Tod und vermeiden sogar, darüber zu sprechen, weil er so machtvoll, endgültig und jenseits der Vorstellung ist. Tod bedeutet aufgeben, was lieb und teuer ist. Ab einem gewissen Punkt entzieht er sich einfach der menschlichen Kontrolle. Eingreifen in den Lauf des Lebens lässt sich selbst durch medizinische Fortschritte nur begrenzt. So kann Leben verlängert und manchmal der Tod sogar auf bestimmte Zeit abgewendet werden. Viel Hoffnung auf dem Weg! Es kann Aufschub geben, doch kein Entkommen, am Ende steht immer der Tod – früher oder später, ausnahmslos bei jedem.
Im Umgang mit dem Tod hilft nur, den Lauf des Lebens zu akzeptieren und den Tod als Teil des Lebens zu sehen. Sich der Endlichkeit des eigenen Lebens und der Vergänglichkeit von allem bewusst zu werden, kann Berührungsängste abbauen. Und ohne Ängste lebt es sich freier und manche Chancen im Umgang mit Tod und Sterben werden nicht vergeben.
Der Gedanke: „Jeden Tag so zu leben, als könnte es der letzte sein" bereichert und bringt mehr Intensität in das Leben. Dazu gehört auch, die kleinen, scheinbar selbstverständlichen Dinge des Lebens zu würdigen und sich stets aufs Neue bewusst zu werden, dass nichts von Dauer ist. Dies lässt sich erreichen, indem die Aufmerksamkeit immer wieder auf das Hier und Jetzt gerichtet wird.
Die Endlichkeit annehmen und mit ihr Frieden schließen führt

letztlich auch zu innerem Frieden. Und auch Frieden schließen mit sich und anderen Menschen hilft, vorbereitet zu sein, wenn der Tod das Leben berührt.

> *„Wenn ihr wirklich den Geist des Todes schauen wollt,*
> *öffnet eure Herzen weit dem Körper des Lebens.*
> *Denn Leben und Tod sind eins,*
> *so wie der Fluss und das Meer eins sind."*
>
> *Khalil Gibran[7]*

MÄRCHEN VOM TOD, DER UNTERTAUCHTE

So lange es Lebewesen gibt, existiert auch der Tod. Seit Milliarden von Jahren verrichtet er nun schon sein Werk und beklagte sich nie. Dabei ist seine Aufgabe alles andere als einfach. Wo immer er erscheint, wird er gefürchtet und erfährt heftigen Widerstand. Die Menschen versuchen, ihn immer öfter in Krankenhäusern mit Technik zu überlisten, so dass er manchmal ein zweites oder drittes Mal kommen muss, um seine Arbeit zu vollenden. In Zeiten von Kriegen hat er so viel zu tun, dass auch er erschöpft ist, doch nirgendwo erfährt er Einlass, um sich auszuruhen. Und neuerdings sind es die Menschen selbst, die immer mehr Naturkatastrophen verursachen, dann muss er sich um Mensch und Tier gleichzeitig kümmern. Früher hatten die Menschen auch mehr Achtung vor ihm. Wenigstens das schenkte ihm etwas Anerkennung. Jetzt klettern sie auf zu hohe Berge, setzen sich in Flugzeuge und donnern mit schweren Maschinen viel zu schnell über die Landstraßen. Als wenn er kein ernst zu nehmender Gegner sei, fordern sie ihn immer wieder heraus, statt das Leben zu schätzen. Und die, deren Zeit abgelaufen ist, kämpfen oft gegen ihn. Dabei hat ein jeder hier eine begrenzte Lebenszeit, welche die Seele kennt, bevor sie sich auf den Weg macht. Selbst Kinder und junge Menschen muss er manchmal mitnehmen. Auch ihm

fällt das nicht leicht, wenn weinende Mütter am Bett sitzen, doch so wurde es vereinbart, lange bevor er kam.
Er hatte es sich anders vorgestellt, als Gott ihn vor Urzeiten bat, dieses Amt zu übernehmen und ewiglich zu wirken. Inzwischen fühlt er sich alt und ausgebrannt und ist es längst leid, das alles noch länger zu ertragen. Darum beschließt er fortzugehen, will seine Ruhe, wenigstens für eine gewisse Zeit. Er stellt es sich einfach vor unterzutauchen, denn suchen wird ihn wohl keiner. Vielleicht geht er gar nicht bis ans Ende der Welt, er könnte das schwarze Gewand tauschen und unter den Menschen bleiben. Manchmal hat es ihm ja recht gut bei ihnen gefallen. Er mag die duftenden Gärten und die tiefen Wälder, er mag den Gesang der Mädchen und das Lachen der Kinder. Ja, er wird sich in die Natur zurückziehen und sich dann und wann unter das Menschenvolk mischen. Welch guter Plan!
Und fortan holte der Tod die Menschen nicht mehr. Er beobachtete aus der Ferne ihre Feste, die sie feierten, als sie merkten, dass der Tod ausblieb. Immer übermütiger und waghalsiger wurden sie. Scherzend waren sie dabei, alle Grenzen zu brechen. Kein Risiko schien ihnen zu hoch, keine Lebensweise zu ungesund. Eine ganze Weile ging das gut. Die anfängliche Euphorie wich jedoch bald dem Erstaunen, dass der ausbleibende Tod keine ewige Jugend verhieß und auch vor Verletzungen nicht schützte. So nahm das Leid immer mehr zu, denn die Krankheit zog weiter durch das Land. Bald gab es mehr Kranke als Gesunde. Und die jungen Menschen kamen nicht zur Ruh, weil sie sich um die Alten kümmern mussten, die nicht starben, so sehr sie auch um Erlösung flehten. Schon längst feierte keiner mehr. Und wohin man nun sah, gab es immer mehr Menschen und Tiere, die sich den Lebensraum streitig machten. Durch die Vielzahl von Tieren kamen neue Plagen hinzu, die das Leben erschwerten. Verunreinigte Flüsse, Insekten und Ungeziefer brachten Krankheiten zum Ausbruch, die bisher keiner kannte. Jegliche Harmonie im großen Rhythmus von Wachsen und Sterben war gestört, Siechtum und Elend machten sich breit. Auch dem Tod missfiel das

sehr. Kein Gesang und kein Lachen mehr, der Übermut war lange schon vorbei. Jene Menschen, die noch dazu in der Lage waren, suchten nach Mitteln, um die Situation zu retten. Viele beteten, andere machten sich auf die Suche nach dem Tod. Er hörte oft ihre flehenden Rufe. Bald hatte er Einsicht, denn er wollte auch seinen beiden Kameraden, Alter und Krankheit, die viel zu viel gewordene Arbeit nicht länger zumuten. Also kehrte er zurück und zog wieder, seinen Auftrag verrichtend, durch das Land. Es würde eine Weile dauern, Ordnung in das Chaos zu bringen. Zuerst holte er alle, die flehten, erlöst zu werden. Das Lächeln der Erleichterung, wenn er sie mit sich nahm, wärmte sein Herz. Die Menschen wussten ihn nun zu achten und das war gut so.

Diana Mirtschink

JETZT IST ALLES ANDERS

Morgens um sieben, der Wecker klingelt. Wenn ich nicht bereits schon lange wach liege und grüble, ist dies der schmerzhafteste Moment des Tages. Es dauert nur wenige Sekunden, dann versetzt mir der Stich der Erkenntnis einen tiefen Schmerz, weil mir unmittelbar beim Erwachen dein Fehlen bewusst wird. Du bist nun seit sechs Wochen tot, und ich kann und will mich nicht daran gewöhnen. Ich sehne mich mehr denn je nach dir, und es scheint, dies wird schlimmer und schlimmer. Dieser entsetzliche Schmerz malträtiert mein Herz und meine Seele. Die Welle des Erinnerns spült erbarmungslos die grausame Realität in meinen Tag. Ich möchte zurück in den Schlaf. Am liebsten nie mehr erwachen! Alles in mir sträubt sich dagegen, diesen Tag zu beginnen. Ich sehe keinen Sinn darin aufzustehen. Wozu? Für wen? Dieser Tag wird doch nur die quälende Abfolge des schmerzlichen Daseins der vergangenen Wochen wiederholen. Aber ich kann auch nicht liegen bleiben, weil mich dann die Gedankenspirale unsäglich quält. Aufstehen bedeutet, ihr wenigstens teilweise zu entrinnen, wenn es mir gelingt, mich mit einer Beschäftigung abzulenken.
Meinen Kaffee trinke ich nun allein. Dein leerer Platz schreit mir dein Fehlen entgegen. Ich bekomme keinen Bissen herunter und verlasse ohne Frühstück das Haus. Vor der Tür weht der Frühling mir seine gute Laune ins Gesicht, doch mir wäre jeder Novembertag lieber. Der Mai war immer mein liebster Monat im Jahr, aber ich will keinen Mai ohne dich. Das satte Grün ist mir zu viel und ich kann die Sonne kaum ertragen.
Der gleiche Weg, den ich Hunderte Male lief, nach Nächten neben dir – nie war er so beschwerlich und nie ging ich ihn so allein wie jetzt. Ich bewege mich, als wäre ich fremdgesteuert, so wie jede meiner Handlungen nun automatisch abläuft. Es gibt kein Ziel mehr für mich, kein Ankommen, nur noch Pflicht.
Seit kurzem gehe ich wieder zur Arbeit, weil ich es allein zu Hause

nicht länger ertragen konnte. Die Ablenkung gibt mir Halt. Aber es fällt mir jetzt alles doppelt so schwer, denn es ist oft sehr anstrengend für mich, den normalen Alltag zu bewältigen. Auf die Arbeit konzentrieren ist schwierig, weil meine Gedanken wieder und wieder abschweifen. Auch immer freundlich sein ist nicht einfach. Das Mitgefühl der Kollegen empfinde ich als wohltuend. Sie meinen es ehrlich, auch wenn sie nicht immer wissen, wie sie mit mir umgehen sollen.

Die Zeit nach der Arbeit erscheint noch belastender. Eine erdrückende Leere empfängt mich, wenn ich die Wohnung betrete. Es ist so still ohne dich, doch die Stille schreit. Die Wohnung wirkt kalt und verlassen, ich allein vermag sie nicht zu beleben. Da liegt kein Journal mehr von dir auf dem Tisch, und das Bad ist nackt ohne deine Utensilien. Alles macht mich hier traurig, und traurig bin ich auch an jedem anderen Ort. So viel Traurigkeit, so viel Schmerz, so viel Verzweiflung! Und schon ist da wieder die nächste Welle der Tränen, die mich packt, bis ich vor der erdrückenden Einsamkeit fliehe. Ich will nur weg, ich will zu dir. Und so schließe ich mit feuchten Augen die Tür, durch die du nie wieder eintreten wirst.

Ich laufe zum Friedhof. Den Weg kenne ich inzwischen besser, als mir lieb ist, denn fast täglich zieht es mich nun an diesen Ort. Hier kann ich mit dir reden, ein Monolog zwar, dennoch tröstlich für mich. Die milde Abendluft lässt mich wehmütig an unsere gemeinsamen Zeiten denken. Fünf schöne Jahre und nun ist jede Erinnerung ein Stich ins Herz. Die Begriffe Zukunft und Familie waren eine Selbstverständlichkeit für uns. Wir wollten Kinder, die nun nie geboren werden, wir wollten reisen und uns ein größeres Heim im Grünen suchen. Und was habe ich jetzt – ohne dich – noch zu erwarten? Es fällt mir schwer zu denken. Mein Kopf schmerzt von der Anstrengung des Tages und ich sehne mich nach Entspannung, aber Entspannen gelingt mir nicht. Ich bin erschöpft und komme dennoch nie zur Ruhe. Ich liege weinend auf der Couch oder laufe ruhelos durch die Räume. Mir fehlt jedes Interesse, mich mit einem Film oder einem Buch abzulenken. Ein Abend kann so unendlich lang sein. Wenn ich Glück habe, ruft jemand an. Ich selbst zögere, mich bei den Anderen zu melden, weil ich sie nicht ständig mit meiner Traurigkeit und meinem Kummer belasten will. Es gibt nichts Neues mehr zu sagen. Meine Welt ist stehen geblieben, an dem Tag, an dem du starbst, und den Anderen fällt schwer, das zu begreifen. In der Nacht hoffe ich auf erlösenden Schlaf. Meine Hand greift auf der Suche nach dir ins Leere, nur der Kummer liegt mit in meinem Bett. Meist liege ich lange, lange wach und weine in die Kissen, bis der Schlaf mich endlich ins Vergessen holt ... wenigstens für einige Stunden.

DIE ZEIT DER AKUTEN TRAUER

Die erste Zeit nach einem Todesfall ist besonders schwer, weil gewohnte Abläufe immer wieder an den Verlust erinnern und dadurch das Fehlen des geliebten Menschen ständig präsent ist. Ein tiefer Abgrund öffnet sich und es scheint undenkbar, ihn zu überwinden. Nach den geschäftigen ersten Wochen, in denen viele Menschen aus dem Umfeld um Unterstützung bemüht waren, stellt sich nun immer mehr das Alleinsein ein. Schmerzhafte Emotionen und tiefe Verzweiflung bestimmen den Tag. Die Trauer ist wie eine undurchdringbare Wand, die den Hinterbliebenen vom Leben rings um ihn herum trennt. Wenn die Trauer es zulässt, versucht der Hinterbliebene, so gut es geht zu funktionieren. Perspektiven zu sehen scheint ihm jedoch nicht möglich, denn seine Welt ist erschüttert. So ist es für den Trauernden zu diesem Zeitpunkt oft unvorstellbar, wie es ohne den geliebten Menschen weitergehen soll.

DIE ERSTE ZEIT ÜBERSTEHEN

Wenn Sie sich in der akuten Phase der Trauer befinden, werden Sie vielleicht das Gefühl haben, dass jeder Tag eine Gratwanderung zwischen Verzweiflung und Vernunft ist. Irgendetwas in Ihnen sagt, dass Sie durchhalten müssen, obwohl die Verzweiflung eine andere Sprache spricht.

Kleine Etappen setzen:
Sie sind in einer Ausnahmesituation, und es geht jetzt nur darum, den Moment zu erfüllen und die nächste Stunde oder den nächsten Tagesabschnitt zu bewältigen. Das können Sie schaffen, auch wenn Sie jetzt noch nicht wissen, wie Sie den kommenden Tag, die nächste Woche und das nächste Jahr überstehen sollen. Setzen Sie sich kleine Etappen und überschaubare Ziele, blenden Sie die großen Fragen nach der Zukunft aus. Sich in der neuen Realität zurechtzufinden ist sehr schmerzhaft und bedarf einiger Zeit, erwarten Sie deshalb nicht zu viel auf einmal von sich. Sie müssen auch nicht über die Maßen stark sein. Weinen, Klagen, Angst und Wut – all das darf jetzt sein und Sie dürfen Schwäche zeigen.

Für sich sorgen:
Die Trauer wird Ihnen noch viel Kraft abverlangen, deshalb sorgen Sie in dieser schweren Zeit ganz besonders für sich und vernachlässigen Sie auch solche elementaren Dinge wie regelmäßige Mahlzeiten und Ruhezeiten nicht. Richten Sie Ihre Wünsche nach Ruhe oder Ablenkung immer nach Ihren inneren Bedürfnissen aus und teilen Sie diese auch Ihrem Umfeld mit.

Hilfe annehmen:
Vieles von dem, was Sie nun erfahren, wird Sie an die Grenzen Ihrer psychischen und physischen Belastbarkeit bringen, und manchmal werden Sie vielleicht einfach nicht weiterwissen. Lassen Sie sich von den Menschen in Ihrem Umfeld helfen. Nehmen Sie Hilfe an und bitten Sie auch darum. Ziehen Sie sich nicht zu sehr zurück. Selbst wenn die Traurigkeit nach stillen Momenten verlangt, ist es gut, wenn, vor allem in der ersten Zeit, Freunde und Familie oft da sind. Es ist leichter, sich Schritt für Schritt

an das Alleinsein zu gewöhnen, und das Bemühen, es um jeden Preis allein schaffen zu wollen, ist fehl am Platz.

Den Alltag wieder aufnehmen:
Entscheiden Sie nach Ihrem inneren Befinden auch, wann Sie sich wieder Ihrer Arbeit zuwenden. Hierfür gibt es keine Richtlinien. Wenn Sie sich erschöpft fühlen, dann erlauben Sie sich die Auszeit. Stellt sich ohne Beschäftigung eher eine innere Unruhe ein, dann gehen Sie wieder unter Menschen oder einer Aufgabe nach, die Ihnen zeitweise Ablenkung schenkt und auch Halt geben kann. Vor allem aber haben Sie viel Geduld mit sich und erlauben Sie sich, was immer Sie fühlen.

*„Nimm dir Zeit zum Trauern
und fühle auch den Schmerz,
umgib dich ruhig mit Mauern
und spür das Leid im Herz.*

*Da bist du nun, mit dir allein,
das kann dir niemand nehmen,
den du beweinst, wird bei dir sein,
vereint in euren Seelen.*

*Wenn deine Augen nicht mehr weinen,
dann schau dich wieder um,
dort warten schon die deinen,
voll Ungeduld, doch stumm."*

Jürgen Brings[19]

KRAFTLOS UND ERSCHÖPFT

Die letzten Wochen und Monate haben mich unendlich viel Kraft gekostet. Alles ist mühevoll. Selbst Dinge, die ich früher mit Leichtigkeit erledigt habe, strengen mich jetzt an. Der Rücken schmerzt und manchmal kann ich kaum durchatmen, so schwer liegt die Last auf meiner Brust. Auch wenn die Arbeit mich ablenkt, erschöpft sie mich doch nun viel mehr als früher. Sport oder ein Spaziergang am Fluss sind schon lange kein Thema mehr. Energielos schleppe ich mich von einem Tag zum anderen. Es gelingt mir auch nie, genügend neue Kraft zu tanken. Egal, wie unendlich müde ich bin, in der Nacht liege ich lange wach und kann nicht schlafen. Es ist, als wären alle meine Kraftreserven aufgebraucht. Ich wünsche mir so sehr eine Ruhepause, um mich erholen zu können, aber es gibt keine Pause von meiner jetzigen Realität. Manchmal weiß ich einfach nicht mehr weiter.

Unser Energieniveau ist ständig im Austausch. Es gibt Situationen, die Energie kosten und Situationen, durch die Energie aufgenommen wird. Um das Niveau im Gleichgewicht zu halten, muss ein Energieverlust ausgeglichen werden. Dies geschieht oft unbewusst durch die positiven Ereignisse und Erfolge im Leben. In Zeiten der Trauer ist aber eher das Gegenteil der Fall. Wer einen schmerzlichen Verlust erfahren hat, ist selten in der Lage, Freude zu empfinden und sich für die kraftspendenden Aspekte zu öffnen. So ist es der Trauende selbst, der sich unbewusst von den Energiequellen abtrennt. Geschieht dies über einen längeren Zeitraum, wird die Erschöpfung immer größer. Nicht selten entwickeln sich daraus eine Depression oder körperliche Erkrankungen, weil auch das Immunsystem auf diese Weise geschwächt wird. Deshalb ist es wichtig zu erkennen, wann der Energieverlust größer ist als die Energie, die aufgenommen wird, um dem entgegenzuwirken.

AUSGLEICHEN DES ENERGIENIVEAUS

Energie aufnehmen durch richtiges Atmen:
Es gibt viele Möglichkeiten, wie Sie Energie tanken können. An erster Stelle möchte ich die Atmung nennen. Normalerweise achten Sie sicher kaum auf Ihre Atmung, dabei ist diese in hohem Maße dafür verantwortlich, wie viel Energie Sie aufnehmen. Wenn Sie aufgrund von Anspannung, Angst oder Kummer nur flach atmen, fühlen Sie sich bald wesentlich weniger wohl. Durch eine tiefe Atmung wird mehr Sauerstoff im Blut angereichert, Energie kann fließen und gleichzeitig löst sich innere Anspannung. So können Sie also mit einer achtsamen, intensiven Atmung an jedem Ort und zu jeder Zeit beginnen, Ihr Energieniveau auszugleichen. Atmen Sie tief – bis in den Bauch hinein, während Sie bis fünf zählen, und atmen Sie ganz langsam wieder aus. Vielleicht hilft es Ihnen, eine Hand auf den Oberbauch zu legen und so das Heben und Senken der Bauchdecke zu begleiten. Sie können sich dabei auch vorstellen, dass Sie kraftvolle, helle Energie einatmen und beim Ausatmen Kummer und alles Dunkle, Schwere, Leidvolle herauslassen. Was sich so leicht anhört, ist es aber durchaus nicht immer. Es gehören etwas Übung und Disziplin dazu, die Aufmerksamkeit immer wieder auf eine tiefe Atmung auszurichten. Doch selbst wenn Ihnen dies nur zeitweise

gelingt, ist es wirksam und schon ein Erfolg. Es gibt jedoch auch immer wieder Zeiten, in denen es unendlich schwer fällt, die flache Atmung zu verlassen. Vor allem in Stunden der Verzweiflung ist es besonders schwierig, aber umso wichtiger. Vielleicht ist dann jemand in der Nähe, der Sie anleitend unterstützen kann. Scheuen Sie sich nicht, darum zu bitten. Möglicherweise hilft Ihnen auch eine CD mit angeleiteter Atemtechnik oder geführter Meditation dabei.

Die Kraft der Natur nutzen:
Eine weitere sehr wirksame und unerschöpfliche Energiequelle ist die Natur. Es ist nicht messbar, aber doch deutlich spürbar, dass zwei Stunden in einem Kaufhaus, mit vielen Menschen, anders wirken als zwei Stunden in der Natur. Die Energie durch den Kaufrausch ist schnell verflogen, während die Natur noch nachhaltig stärkt. Darum gehen Sie, wann immer Sie können, in die Natur. Spüren Sie den festen Boden unter den Füßen, lauschen Sie den Vögeln, lassen Sie sich von den Sonnenstrahlen wärmen und nehmen Sie alles bewusst wahr, was die Natur Ihnen zu bieten hat. Tauchen Sie ein in die Farben, denn das Grün von Blättern und Wiesen oder das Abendrot können sehr heilsam sein, wenn Sie sich dafür öffnen. Wasser, Erde und Luft sind wichtige Elemente, die Ihnen Kraft und Trost spenden. Vielleicht wird es in Ihrer Trauer Zeiten geben, in denen Sie die Sonne kaum ertragen können. Versuchen Sie dann, für sich zu nutzen, was Ihnen möglich ist, und seien Sie gewiss: Auch diese schmerzliche Zeit wird vorübergehen. Selbst wenn Sie die Natur noch nicht bewusst genießen können, wirkt deren kraftspendende Energie. Sogar an einem verregneten Tag oder bei schlechtem Wetter kann ein Spaziergang bereichern. Ein grauer, trüber Tag gleicht vielleicht Ihrer Stimmung, und genau diese Resonanz kann angenehm sein.

Mit allen Sinnen Kraft und Energie aufnehmen:
Auch alles, was die Sinne anspricht, schenkt Kraft und Energie, so zum Beispiel Düfte, Farben, ein wohliges Bad, das weiche Fell

einer Katze oder Musik. Was die Musik betrifft, fühlen Sie sich möglicherweise gegenwärtig eher zu melancholischen Stücken hingezogen oder zu Stücken, die mit Erinnerungen verbunden sind. Wenn Sie dabei das Gefühl haben, dass diese Musik Ihre Trauer noch verstärkt, liegt es daran, dass die Tiefe dieser Art von Musik mit Ihren Gefühlen in Einklang steht. Haben Sie keine Scheu, in diese Momente so weit einzutauchen, wie Sie es emotional aushalten können. Wie an anderer Stelle beschrieben, ist dies ein wichtiger Teil bei der Verarbeitung Ihrer Trauer. Rhythmische Musik kann, im Gegenzug zu melancholischen Stücken, mitreißen und dazu beitragen, die Stimmung zu heben. Probieren Sie gelegentlich aus, ob die Zeit dafür schon gekommen ist. Es kann unendlich befreiend sein, all die angestauten Emotionen bei Musik und Tanz herauszulassen.

Besonders wohltuend bei Erschöpfung ist körperliche Nähe. In Momenten, in denen Sie diese erfahren, können Sie etwas von Ihrer Last abgeben und sich vielleicht auch fallen lassen. Ein Händedruck, eine Umarmung, die Schulter zum Anlehnen, all dies ist Seelenbalsam. Der Freund, die Freundin sind vielleicht bereit dafür, wissen nur nicht, wie sehr sie sich Ihnen nähern dürfen. Deshalb lassen Sie es nicht nur zu, in den Arm genommen zu werden, sondern bitten Sie auch Ihnen nahe stehende Menschen darum, wenn Sie das Bedürfnis nach Nähe haben. Gehen Sie auf die anderen zu und sprechen Sie aus, was Ihnen gut tun würde, denn im Umgang mit Trauernden besteht oft sehr viel Unsicherheit.

Probieren Sie aus, was Ihnen Kraft schenkt, und lassen Sie nicht davon ab, wenn Sie glauben, dass Sie nicht davon profitieren. Verspüren Sie keine unmittelbare Wirkung, ist das eher ein Zeichen dafür, wie niedrig Ihr Energieniveau ist, und bedeutet, dass Sie gerade an dieser Stelle nicht aufgeben sollten. Wenn Sie auf diese Weise für sich sorgen, wird sich mit der Zeit Ihr inneres Gleichgewicht wiederherstellen. Auch hier vollzieht sich eine Veränderung meist nicht abrupt, sondern eher unbemerkt, aber stetig.

WARUM?

Warum musste das passieren? Warum bist du nicht etwas später aus dem Haus gegangen? Warum war ich nicht da? Warum habe ich dir gestern nicht gesagt, wie sehr ich dich liebe?
Wieder und wieder gehen mir all diese und andere Fragen nach dem „Warum" durch den Kopf, weil ich nicht verstehen und begreifen kann, was jetzt bittere Realität ist. „Warum?" Manchmal klammere ich mich an die Hoffnung, dass mir Antworten helfen und etwas von meiner Ruhelosigkeit nehmen würden oder dass ich dadurch vielleicht akzeptieren und annehmen könnte, was geschehen ist. Aber vermutlich würden wohl auch Antworten nichts ändern, denn du bist nicht mehr da und nichts bringt dich zurück.

Die Frage nach dem „Warum" drängt sich Ihnen in Ihrer Trauer vielleicht immer und immer wieder auf, und Sie erhoffen sich von einer Antwort Erleichterung, obwohl Ihnen bewusst ist, dass auch eine Antwort den Tod nicht ungeschehen machen kann und somit letztlich nichts ändert. Dennoch kreisen die Fragen weiter um das Unfassbare.

„Warum musstest du mich verlassen?"
„Warum konnte niemand helfen?"
„Warum passiert mir das?"
„Warum konnte ich nicht sterben?"

Auf all diese Fragen wird es keine befriedigenden Antworten geben. Sie sind ein Ausdruck Ihrer Verzweiflung, der Sie mit einer Antwort entkommen möchten. Die ständig wiederkehrenden Fragen und die Suche nach Antworten führen zu einer Ruhelosigkeit, die sich nicht legen kann, so lange Sie nicht davon ablassen. Mit der Frage nach dem „Warum" drehen Sie sich immer

wieder im Kreis und kommen nicht weiter. Und selbst wenn Sie eine Antwort erhalten, bedeutet dies längst nicht, den erwünschten Frieden zu finden. Auch zu einer Linderung Ihres Schmerzes würde eine Antwort vermutlich nicht beitragen. Mitunter ist es einfach nicht möglich zu verstehen, warum und wieso manche Dinge geschehen. Das Leben und seine Gesetzmäßigkeiten, zu denen auch der Tod gehört, sind so vielfältig und nur ansatzweise zu begreifen. Vieles erschließt sich uns Menschen gar nicht. Erst wenn Sie das akzeptieren und sich dem schweren Schicksal ergeben, auch ohne eine Antwort auf Ihr „Warum" zu erhalten, kann in Ihnen Frieden einkehren. Dann können Sie Ihre Energie auf Ihre Trauer richten, auf all jene Emotionen, die sehr schmerzhaft, aber für die Bewältigung der Trauer unerlässlich sind.
Um diesen Punkt zu erreichen, können Sie jedem auftauchenden „Warum?" sofort mit folgendem positiv formulierten Satz, auch Affirmation genannt, begegnen:

„Ich akzeptiere mein schweres Schicksal und finde inneren Frieden."

Auch wenn hierfür eine gewisse Gedankendisziplin aufgebracht werden muss, ist die Wiederholung solcher Sätze ein wirksames Mittel, damit weniger förderliche Gedanken nicht ausufern. Lesen Sie zur näheren Erläuterung das Kapitel „Mentale Hilfe".

„Ich weiß nicht warum...
Ich werde nie wissen warum...
Ich muss es nicht wissen.
Ich mag es nicht...
und ich muss es nicht mögen.
Meine Aufgabe ist es, eine Entscheidung
über mein Leben zu treffen.
Was ich hoffe zu lernen ist:
Akzeptieren und weiterleben.
Es ist meine Entscheidung."

Iris Bolten[19]

UMGANG MIT EMOTIONEN

Manchmal überkommen mich so heftige Gefühle, dass ich befürchte, jeglichen Halt zu verlieren. Schmerz und Kummer, Verzweiflung, die kein Erbarmen kennt, ein endloser Strom von Tränen – oder anders schlimm: Wut und Hilflosigkeit. Mitunter kann ich die Emotionen kaum bändigen, dann vereinnahmen sie mich voll und ganz. Ich weiß nicht, wie ich gegensteuern und damit umgehen soll. Weinen kostet Energie, die mich entkräftet, doch das Weinen zurückhalten ebenso. Und wohin mit all der Wut? Es wird immer schwieriger, die Kontrolle zu behalten. Die Hilflosigkeit macht mir Angst und manchmal bricht alles über mich herein und ich möchte nur noch entfliehen aus diesem Wahnsinn.

Selten wird ein Mensch mit so vielen schmerzhaften Emotionen konfrontiert wie in Zeiten der Trauer. Und da kaum jemand im Umgang mit solchen Gefühlen geübt ist, fällt es sehr schwer, diese auszuhalten. Glück und Freude werden bereitwillig ins Leben gelassen, Schmerz und Kummer jedoch lieber verdrängt, um das Unangenehme nicht fühlen zu müssen. Das ist aber gleichsam so, als würde man nur den Tag akzeptieren und nicht die Nacht. Doch so wie alles im Leben in Gegensätzen verläuft, gehört zum Glück der Liebe auch der Schmerz beim Verlust. Es gibt nichts, wodurch diese schmerzhaften Emotionen einfach ausgeschaltet werden können. Was immer die Wissenschaft über Hirnstoffwechsel und Botenstoffe in Erfahrung bringen konnte, es wurde noch kein Mittel gefunden, um verletzte Herzen zu heilen. Der Schmerz ist in der Trauer ein ständiger Begleiter. Umso wichtiger ist es zu wissen, wie man mit schmerzhaften Emotionen umgehen kann. Dies verleiht eine gewisse Sicherheit, die es leichter und erträglicher macht.

Im Chaos der Gefühle:
Sie werden in Ihrer Trauer zu unterschiedlichen Zeiten mit verschiedenen Gefühlen konfrontiert sein. Zeitweise kann ein regelrechtes Gefühlschaos vorherrschen, welches Sie von einem Extrem ins andere stürzt. Tiefe Traurigkeit, Verzweiflung und Ohnmacht können das Bild ebenso prägen wie Angst, Wut und Zorn. Diese Gefühle können mit großer Intensität zum Ausdruck kommen und Ihnen jeglichen Halt nehmen. Vielleicht haben Sie noch nie in Ihrem Leben so heftige Gefühlsausbrüche erlebt und sind daher umso hilfloser, weil Sie nicht wissen, wie Sie mit diesen Gefühlen umgehen sollen. Was immer Sie jedoch empfinden ist normal im Verlauf der Trauer, deshalb erlauben Sie sich Ihre Gefühle. Möglicherweise sind Sie es nicht gewohnt, derart intensive Gefühle zum Ausdruck zu bringen, und denken vielleicht, dass Sie dies anderen nicht zumuten dürfen. Aber Rücksicht auf andere muss nur so weit erbracht werden, dass Sie Menschen in Ihrem Umfeld nicht verletzen. Es geht in Ihrer Trauer in erster Linie um Sie. Sie müssen Ihre Gefühle auch aushalten und wenn Sie diese zurückhalten, umso länger.

UMGANG MIT EMOTIONEN IN DER TRAUER

Gefühle ohne Wertung zulassen:
Ganz wichtig ist, dass Sie sich all Ihre Gefühle erlauben, ohne sie zu bewerten. Es ist wenig sinnvoll, von positiven und negativen Gefühlen zu sprechen. Vielmehr geht es darum herauszufinden, welche Gefühle der Situation angemessen sind. Wenn Sie einen Verlust erlitten haben, ist es normal, Trauer zu empfinden. Gefühle von Trauer, Wut oder Angst, die der Situation angemessen sind, gilt es wahrzunehmen und anzuerkennen. Können Sie auch die als belastend und unangenehm empfundenen Gefühle annehmen und ausleben, wirkt das ausgleichend und ist dadurch heilsam. Nur wenn Sie im Kontakt mit Ihren Emotionen sind und diese zulassen, entsteht ein Gefühl von Ganzheit, welches Sie

authentisch sein lässt und den Weg zur Heilung ebnet. Deshalb sollten Sie keine Unterschiede machen und unangenehm empfundene Gefühle nicht abwehren. Vielleicht fällt es Ihnen leichter, zu Ihrer Traurigkeit zu stehen, können jedoch Gefühle von Wut und Zorn weniger akzeptieren. Dennoch gehören auch diese Aspekte dazu und sind Teil Ihrer Trauer. Es gilt, alle auftauchenden Emotionen zu beachten. Das ist sehr wichtig, weil dagegen anzukämpfen viel mehr Kraft erfordert. Auch ein Verdrängen und Vermeiden der Gefühle bringt Sie nicht weiter, denn das Verarbeiten des Verlustes wird so nicht möglich. Verdrängter Schmerz verliert nicht an seiner Intensität, sondern wirkt auf unbewusste Art und Weise. Außerdem kostet das Unterdrücken von schmerzhaften Emotionen sehr viel Lebensenergie. Akzeptieren Sie also all Ihre Gefühle, ohne diese zu beurteilen und geben Sie ihnen ausreichend Raum.

Den Gefühlen Aufmerksamkeit schenken und ihnen Ausdruck verleihen:
Nehmen Sie wahr, wie es Ihnen tief im Inneren geht. Schenken Sie Ihren Gefühlen die notwendige Aufmerksamkeit und lassen Sie diese in dem Maße zu, wie Sie es ertragen können. Wenn Sie traurig sind, dann lassen Sie zu, diese Traurigkeit zu spüren, ohne sie abzuwehren. Suchen Sie sich dafür einen einsamen Platz zu Hause oder in der Natur. Weinen Sie, wenn Ihnen danach ist, denn Tränen können erleichtern und den Schmerz nach außen bringen. Verleihen Sie Ihren Emotionen Ausdruck. Weinen, schreien, klagen, Wut herauslassen, über den Verlust sprechen oder schreiben; all das entlastet und hilft, den Verlust zu verschmerzen. Spüren Sie den Schmerz, auch wenn er unangenehm ist. Leisten Sie keinen Widerstand. Lassen Sie die auftauchenden Gefühle kommen, da sein, aber nach einer gewissen Zeit auch wieder weiterziehen, so wie Wolken am Himmel vorbeiziehen. Nur wenn Sie die Emotionen festhalten, werden Sie von Ihnen erdrückt und können unter der Last zusammenbrechen. Stehen Sie zu Ihrer Traurigkeit, Ihrer Verzweiflung, Ihrer Wut oder Hilf-

losigkeit und kämpfen Sie nicht dagegen an, weil all diese Gefühle ihre Daseinsberechtigung haben. Was Sie in der Trauer erfahren, ist sehr, sehr schmerzvoll. Doch erst wenn Sie die Emotionen zulassen, können Sie diese mit der Zeit auch hinter sich lassen. Selbst wenn es Ihnen wie ein endloser Weg erscheint, sei gesagt, auch ein langer, schwerer Weg ist zu bewältigen. Und hinter dem tiefen Leid wartet etwas Neues.

Schmerzhafte Emotionen umwandeln:
Schmerzhafte Emotionen lassen sich auch umwandeln, jedoch nur in dem Moment, in dem Sie diese spüren und nie, indem Sie ihnen ausweichen. Finden Sie dafür über eine tiefe Atmung zu Ihrem Inneren. Schauen Sie, was in Ihnen so verletzt ist und schmerzt, und empfinden Sie Mitgefühl für Ihre verletzte Seele oder Ihr „Inneres Kind". Nehmen Sie den verletzten Teil, der all diese schmerzhaften Emotionen gerade erfährt, in Ihrer Vorstellung fest in Ihre Arme und an Ihr Herz, um ihn zu trösten. Schenken Sie diesem Teil all Ihre Liebe und sagen Sie ihm „Danke" dafür, dass er dies mit Ihnen trägt. Da die Liebe immer stärker ist als jede andere Emotion, lassen sich so mit der Zeit schmerzhafte Emotionen umwandeln. Auch ein liebevolles und dankbares Erinnern an den Verstorbenen und die gemeinsame Zeit trägt jene machtvolle Energie in sich, die mit der Zeit den Schmerz des Verlustes verändern wird.

Wenn Gefühle unpassend erscheinen:
Nicht immer, wenn Gefühle auftauchen, ist die Zeit günstig und bieten die äußeren Umstände den passenden Rahmen, um diese auszuleben. Dann können Sie die Traurigkeit auf einen späteren Zeitraum verschieben. Das fällt meist leichter, als die Traurigkeit ganz zu unterdrücken. Wenn dann der Zeitpunkt gegeben ist, können Sie all Ihren Schmerz fühlen und die Emotionen zulassen. Häufig wird das als sehr tröstlich empfunden.

Zu starke Emotionen:
Da Gefühle zuzulassen mitunter sehr schmerzhaft und schwer auszuhalten ist, wird Ihnen dies vielleicht oftmals nicht im vollen Umfang möglich sein. Wenn Sie spüren, dass Sie an die Grenzen dessen kommen, was Sie ertragen können, ist es besser, an dieser Stelle aus der Situation zu gehen. Es ist vollkommen in Ordnung, wenn Sie dann eine Ablenkungsstrategie ergreifen. Sie müssen nicht alles auf einmal bewältigen und dürfen Ihren Schmerz Stück für Stück zulassen. Das ist in jedem Fall besser, als an der Wucht der Emotionen den Halt zu verlieren.

Wenn Emotionen zu viel Raum einnehmen:
Trauer verändert alles und nimmt nun sehr viel Raum in Ihrem Leben ein. Und obwohl ich immer wieder betone, dass es sehr wichtig ist, die Gefühle der Trauer zu leben, sollten diese jedoch nicht alles beherrschen. Hier liegt ein wichtiger Unterschied, der zu beachten ist. Die Trauer wird Sie sicher, vor allem in der ersten Zeit, ständig begleiten, aber die schmerzhaften Emotionen sollten nicht Ihren Tag bestimmen. Dafür kann es hilfreich sein, Trauerzeiten in den Tagesablauf einzubauen. Hierbei können Sie selbst festlegen, wie viel Zeit Sie sich für die Trauer am Tag zugestehen wollen. Möglich wäre zum Beispiel eine Stunde am Vormittag und eine Stunde am Nachmittag oder Abend. Wenn sich dann im Verlauf des Tages Ihre Gefühle zu oft oder in einem ungünstigen Moment melden, nehmen Sie diese wahr und verschieben Sie das Ausleben der Gefühle auf jene Zeit, die Sie sich nur für die Trauer offenhalten. In dieser Zeit können Sie dann intensiv trauern und allen Gefühlen und Erinnerungen Raum geben. Vielleicht wird diese Zeit zu einer ganz besonderen Zeit für Sie, weil Sie sich sehr mit Ihrem Verstorbenen verbunden fühlen, Zwiesprache halten und alle Gefühle zulassen können. Außerhalb dieser Zeit wird sich die Traurigkeit natürlich ebenso zeigen, kann und sollte jedoch mit einer gewissen Gedankendisziplin geringer gehalten werden, bis sie zum späteren Zeitpunkt intensiv ausgelebt werden darf. Bei allem dürfen und sollten Sie sich aber auch Schwächen

zugestehen, denn was Sie in der Zeit der Trauer tragen, ist eine sehr schwere Last. Sie müssen nicht immer stark sein, auch nicht, um es anderen Menschen leichter zu machen. Haben Sie Geduld mit sich. Auf jede Nacht folgt ein neuer Morgen.

Sollten Sie jedoch auch nach der akuten Phase der Trauer nicht in der Lage sein, alltägliche Dinge zu bewältigen, weil die Trauer alles vereinnahmt und Sie keine Kontrolle mehr über Ihre Emotionen haben, ist das ein Alarmzeichen. Möglicherweise benötigen Sie dann professionelle Hilfe. Ein Arzt oder Therapeut kann ausschließen, dass eine Depression die Ursache dafür ist.

ZUSAMMENFASSUNG:

- Lassen Sie Ihre Gefühle zu.
- Unterdrücken Sie Ihre Gefühle nicht.
- Nehmen Sie all Ihre Gefühle wahr, ohne sie zu beurteilen.
- Schenken Sie Ihren Gefühlen die nötige Aufmerksamkeit.
- Verleihen Sie Ihren Gefühlen Ausdruck.
- Lassen Sie die Gefühle kommen, aber auch wieder weiterziehen.
- Begegnen Sie schmerzhaften Emotionen mit liebevoller Zuwendung.
- Bei zu starken Gefühlen verlassen Sie die Situation.
- Räumen Sie sich im Tagesverlauf Zeit zum Ausleben der Gefühle ein.
- Erlauben Sie sich schwach zu sein.
- Haben Sie Geduld mit sich.
- Nehmen Sie Hilfe in Anspruch, wenn Sie es allein nicht schaffen.

WUT

Eigentlich ist gar nicht viel passiert, es gab keinen besonderen Grund für meine völlig übersteigerte Reaktion. Ich bin durch eine Kleinigkeit an meine Grenzen gekommen, und plötzlich war sie da, diese unbändige Wut. Sie kam natürlich nicht ganz aus heiterem Himmel. Eine Zeit lang spürte ich bereits eine gewisse Unruhe in mir. Auch meine Unzufriedenheit nahm stetig zu, ohne dass ich sie einzuordnen vermochte. So lange jedoch alles funktionierte, konnte ich beides immer wieder verdrängen. Aber als zuerst dieses Problem mit dem Computer auftauchte, an dem ich scheiterte, und dann noch ein weiteres Hindernis dein Fehlen so deutlich machte, war es vorbei mit meiner Kontrolle. Ich wurde unendlich wütend. Erst wollte ich erzwingen, was ich allein nicht in den Griff bekam, und weil ich es nicht erzwingen konnte, wurde ich noch wütender. Es war eine rasende Wut, die in mir tobte, als hätte jemand die Tür zu einem Geisterschloss geöffnet und hundert Geister aufgeschreckt. Es gelang mir nicht, mich zu beruhigen, ich lief auf und ab, raufte mir die Haare, klagte und weinte. Ich wollte laut schreien, aber die Nachbarn hätten mich gehört. Ich hatte das Bedürfnis zu rennen – wollte einfach nur weit weg. Ich wusste nicht wohin mit mir und wie ich mit dieser Wut, die sich – losgelöst von meinem Willen – aufbäumte, umgehen sollte. Am liebsten wäre ich mit dem

Kopf gegen die Wand gelaufen. Ich wollte fast lieber körperlichen Schmerz spüren als diese unbeschreibliche Wut. Ich weiß nicht, wie lange dieser Zustand andauerte. Irgendwann ließ meine Kraft nach und ich weinte mich in den Schlaf. Als ich erwachte, fühlte ich mich leer und ausgebrannt, aber irgendwie auch in der Lage, den Weg weiterzugehen.

Wut – drei Buchstaben nur und dennoch eine unendlich starke Emotion. Sie kann treibende Kraft sein, aber auch zerstören. Starke Wut sucht ein Ventil und entlädt sich mitunter situationsunangemessen. Wut ist schwer aus- und unter Kontrolle zu halten. Aufgestaute Wut kann in geballter Form ausbrechen oder schleichend im Innern nagen. Wenn brennende Wut ignoriert wird, kann sie sich in schwelenden Hass verwandeln. Wut ist eine Energie, die sich nicht immer zeigt, aber unbewusst wirkt, wenn sie unterdrückt wird, und deshalb ist es wichtig, die Energie der Wut freizusetzen. Wenn dies geschieht, bevor die Wut zu groß wird und sich unbewusst auf andere richtet, kann die Anspannung freigegeben werden, ohne zu zerstören oder zu verletzen. So wirkt Wut entlastend und befreiend und kann zum Vorschein bringen, was hinter der Wut steht. Die Energie der Wut kann auch als Impuls für eine Veränderung genutzt werden, weil sie in bestimmten Situationen hilft loszulassen.

WUT IN DER TRAUER

Oft zeigt sich auch in der Trauer eine sehr starke Wut, weil das Schicksal so unabänderlich hingenommen werden muss. Dann können schon geringe Ereignisse eine unbeschreibliche Wut auslösen, denn der Trauernde ist besonders sensibel und verletzlich, weil er tiefen Schmerz in sich trägt. Sieht der Trauernde sich mit seiner Wut konfrontiert, steht er jedoch meist vor dem Problem, dass er sich diese nicht erlaubt. Wut zu zeigen, scheint wenig gesellschaftsfähig. Schon ein Kind erfährt, dass Wut mitunter heftige Reaktionen hervorruft. Einem Erwachsenen, der wütend ist, wird dies nicht selten als Schwäche ausgelegt. Und ein besonderes Tabu ist es, Wut auf einen Verstorbenen zu empfinden. So kommt es gerade in der Trauer häufig zu unterdrückter Wut. Es ist jedoch verständlich, wenn der Trauernde wütend ist auf das Schicksal, das Leben, auf Ärzte, andere Menschen, auf Gott oder auf den Verstorbenen, weil dieser ihn verlassen hat.

- Es macht wütend, wenn ein Mensch zu früh geht.
- Es macht wütend zu sehen, was nun nicht mehr möglich ist.
- Es macht wütend zu begreifen, dass nun alles allein bewältigt werden muss.
- Es macht wütend, wenn ein Mensch unerledigte Dinge zurücklässt.
- Es macht wütend, der Unabänderlichkeit ausgesetzt zu sein.
- Es macht wütend, machtlos zu sein.

Was sich hinter der Wut verbirgt:
Hinter all dieser Wut stecken eine tiefe Verletzung, Schmerz und Ohnmacht. Deshalb macht Wut hilflos! Um die Verletzung heilen zu können, ist es wichtig, sich auch mit der Wut auseinanderzusetzen, sonst kehrt sie immer wieder zurück. So kann sie vielleicht eines Tages unkontrolliert ausbrechen, getarnt hinter anderen Auslösern und anderen Ereignissen.

UMGANG MIT WUT

Wut erlauben und nach außen bringen:
Wenn Sie Wut spüren, nehmen Sie als Erstes Ihre Wut wahr und gestatten Sie sich diese! Halten Sie Ihre Wut aus, bis sie sich ausgetobt hat! Bringen Sie Ihre Aggressionen nach außen, bevor diese zerstörerische Ausmaße annehmen, und leiten Sie Ihre Wut ab! So können Sie die Anspannung lösen und die Wut verringern.

Dies ist vergleichbar mit einem Gewitter. Wenn Blitz und Donner vorbeigezogen sind, ist die Luft gereinigt und klar. Nicht immer muss ein Gewitter etwas zerstören. So kann es auch mit der Wut sein. Wird diese nicht zu lange aufgestaut, kann sie sich reinigend entladen.

Wenn die Wut kommt, sind Sie jedoch in den wenigsten Fällen darauf vorbereitet und leben diese dann vielleicht in einer Art und Weise aus, die zerstören oder verletzen kann. Sicher kennen auch Sie Situationen, in denen Sie aus einer Wut heraus Dinge gesagt oder getan haben, die Sie später bereuten. Vor allem wenn sich viel aufgestaut hat, ist Wut schwer zu bremsen. So sollten Sie lieber rechtzeitig aufspüren, wo sich eine Wut anbahnt, um die Energie kontrolliert freisetzen zu können. Es gibt viele Möglichkeiten, Wut konstruktiv auszudrücken. Wut in Motorik umwandeln hilft Wut abzuleiten. So kann sich innerer Druck abbauen, wenn Sie wachsender Wut Bewegung entgegensetzen. Sie können sich körperlich betätigen, zum Beispiel bei Gartenarbeit oder beim Sport. Sie können auch in ein Kissen schlagen, an einem Ort, wo Sie allein sind, laut schreien, sich schütteln oder auf den Boden stampfen. Lassen Sie Ihrer Wut einfach ihren natürlichen Lauf und geben Sie diese auf Ihre ganz individuelle Art nach außen. Scheuen Sie auch die Intensität dabei nicht. Wut-Energie ist kraftvoll, also darf ein Schrei auch sehr laut sein. Erinnern Sie sich, wie Sie als Kind Ihrer Wut Ausdruck verliehen haben, und probieren Sie, ob das für Sie heute auch noch funktioniert. Lassen Sie alle Hemmungen diesbezüglich fallen und trauen Sie sich auch Dinge, die ungewöhnlich anmuten. All dies wird dazu beitragen, die Energie in Ihnen als treibende, vorwärtsbringende Kraft zu nutzen. So lange Sie dabei niemanden emotional oder körperlich verletzen und anderen keinen Schaden zufügen, ist erlaubt, was Sie entlastet.

Die Wut auffangen:
Eine weitere Art, Ihrer Wut zu begegnen, wäre, dass eine andere Person, zum Beispiel ein Freund oder Vertrauter, Sie in die Arme

nimmt und ganz fest hält, bis der Ausbruch von Wut nachlässt. Die körperlichen Widerstände werden dabei aufgefangen, bis sich die Wut legt. Hierbei vermittelt die körperliche Nähe Schutz, Sicherheit und Trost und verringert das Gefühl von Verlassenheit. Es beruhigt, wenn jemand da ist und auffängt, was im tiefen Schmerz für den Moment nicht allein zu bewältigen scheint.

Der Wut mental begegnen:
Sie können auch versuchen, mental an Ihrer Wut zu arbeiten. Dies wird nicht den unmittelbaren Druck verringern, wie es bei einer Entlastung durch Freisetzen von Wut der Fall ist, aber durch bildliche Vorstellung wird das Unterbewusstsein beeinflusst und längerfristig eine Veränderung erzielt. Lassen Sie dafür bereits bei den ersten Anzeichen von Unzufriedenheit und Unruhe, hinter denen sich Wut und Aggressionen verbergen, ein geistiges Bild Ihrer Wut entstehen. Sie können diese auch zeichnen. Als nächsten Schritt entwerfen Sie eine bildliche Vorstellung, welche das Bild Ihrer Wut neutralisiert. Wenn Sie sich beispielsweise die Wut als Feuer in Ihrem Inneren vorstellen, das je nach Intensität schwelen, brodeln oder kochen kann, dann visualisieren Sie, wie Sie dieses Feuer löschen. Nehmen Sie dafür Wassereimer oder einen Feuerwehrschlauch oder tauchen Sie die innere rote Feuerkugel in einen klaren, tiefblauen See. Lassen Sie ein Gefühl dafür entstehen, wie die brennende Wunde in Ihnen heilt, indem Sie diese mit kühlenden Umschlägen und Salben versorgen. Am wirkungsvollsten sind jene Bilder, die Ihrer eigenen Fantasie entspringen. Verstärken Sie die Wirkung, indem Sie Details ausschmücken und Farben intensiv einfließen lassen. Kraftvolle Farben der Wut mit hellen Farben zu neutralisieren wirkt ausgleichend auf das Unterbewusstsein.

Der Wut nachspüren und Frieden schließen:
Wenn der innere Druck sich gelegt hat und Sie sich weniger angespannt fühlen, können Sie für sich hinterfragen, was die Wut ausgelöst hat. Meist wird die eigentliche Verletzung von der Wut

überdeckt. Zusammenhänge und Auslöser für die Wut zu erkennen kann hilfreich sein, um die tiefer liegenden Ursachen zu verstehen und zu bearbeiten. Dies können Gefühle der Einsamkeit und Hilflosigkeit ebenso sein wie das Gefühl, nicht ausreichend wahrgenommen, akzeptiert oder verstanden zu werden. Vielleicht war Ihre Erwartungshaltung an andere zu hoch, oder Menschen in Ihrem Umfeld haben Ihre Gefühle ungewollt und unwissentlich verletzt. Wenn Sie dies erkennen, können Sie für sich sorgen, indem Sie Ihre Erwartungshaltungen überprüfen, für Ihre Bedürfnisse eintreten und Ihren Mitmenschen die Chance geben, Sie besser zu verstehen. Versuchen Sie nachfolgend, einen gewissen Frieden mit den Umständen und der auslösenden Situation zu schließen, oder der Person, der die Wut galt, zu vergeben. Und verzeihen Sie auch sich selbst Ihre Wut.

„Soll ich mich schämen meiner Wut?
Spricht sie doch von meiner Hilflosigkeit,
meinem Schmerz und meinem Leid,
genau wie meine Tränen."

Diana Mirtschink

ANGST

Ich habe Angst! Einfach nur große, große Angst! Ich weiß nicht, ob ich dem, was auf mich zukommt, gewachsen bin. Werde ich den Alltag allein schaffen? Wie lange werde ich ertragen, was mich jetzt schon fast in die Knie zwingt? Ich habe Angst, allein zu sein, aber auch, wenn ich unter Menschen bin, lässt sie mir keine Ruhe. Ich habe Angst vor jedem neuen Tag, vor jeder Nacht und noch viel mehr vor der Zukunft. Manchmal habe ich Angst und weiß gar nicht genau wovor.
So lange du an meiner Seite warst, war die Welt für mich in Ordnung und ich habe mir all die Fragen um die Zukunft gar nicht gestellt. Du gabst mir Sicherheit und warst mein Fels in der Brandung. Du hast mich getröstet und mir jeden Anflug von Besorgnis sofort genommen. Und nun ist alles, was mir scheinbaren Halt gegeben hat, mit dir gegangen.
Die Angst ist so mächtig und vereinnahmend und hält mich in ihrem Würgegriff gefangen. Sie macht mich ruhelos, nimmt mir die Luft zum Atmen und sitzt wie eine Last auf meinen Schultern. Ich

möchte sie abschütteln, möchte frei sein, wenigstens etwas leichter, doch es kommt mir vor, als wenn sie stetig mehr Besitz von mir ergreift. „Angst frisst Seele auf!", habe ich einmal gehört. Jetzt weiß ich nur zu gut, was damit gemeint ist. Ich verändere mich unter der Angst mehr und mehr und erkenne mich manchmal selbst kaum wieder.

ANGST IN DER TRAUER

Wer mit dem Tod eines geliebten Menschen konfrontiert wird, erlebt ein sehr großes Gefühlschaos. Schmerz, Trauer, Hilflosigkeit, Ohnmacht und andere ungeliebte Gefühle bestimmen nun das Erleben. Eine der wohl am schwersten zu ertragenden Emotionen ist dabei die Angst. Sie schickt stetige Besorgnis und Fragen, für die sich noch keine beruhigenden Antworten finden lassen.

„Was soll nun werden?"
„Wie soll nun alles weitergehen?"
„Wie soll ich es allein schaffen?"
„Wie soll ich ohne dich leben?"

Es macht kaum einen Unterschied, ob es sich dabei um die Angst vor der Einsamkeit oder eine existenzielle Angst handelt. Das Gewicht wiegt gleich schwer. Selbst eine diffuse Angst, welche sich nicht einordnen lässt, ist stark belastend. Im Würgegriff der Angst ist es kaum möglich, einen klaren Gedanken zu fassen. Hoffnung ist nicht in Sicht, wenn die Angst Besitz ergreift. Angst kann lähmen, Angst engt ein, und dies ist sehr oft auch körperlich spürbar. Ein flaues Gefühl in der Magengegend, eine Enge in Brust oder Hals, auch Herzrasen, Zittern und Schweißausbrüche, bis hin zur Panik können Begleiterscheinungen der Angst sein. Die Angst kann schleichend kommen, als steter, unangenehmer Begleiter ständig präsent sein oder mit so großer Wucht hereinbrechen, dass das Gefühl entsteht, den Boden unter den Füßen zu verlieren. Es gilt, die Angst zu konfrontieren und ihr mit rationalen Argumenten zu begegnen, sonst nimmt sie immer mehr Raum ein. Hier erfordert es bewusst entgegenzusteuern, statt die Angst mit sorgenvollen Gedanken zu nähren.

Vielleicht sind auch Sie durch Ihren Verlust und durch die neue Realität in Ihrem Leben immer wieder Ängsten ausgeliefert, die Sie sehr belasten. Im Gegensatz zu alltäglichen Ängsten, ist der Angst in der Trauer jedoch schwerer mit rationalen Erklärungen beizukommen. Es gibt Erfahrungswerte, dass der Schmerz der Trauer sich mit der Zeit verändert, doch keiner kann Ihnen sagen, wie Ihr Leben ohne Ihren geliebten Menschen verlaufen wird. Und genau dieser unbekannte Aspekt erzeugt Angst und erhält diese aufrecht. Somit ist die Angst eine normale Reaktion auf Ihre veränderte Situation, welche sich mit der Zeit der Anpassung von selbst wieder verringert. Dennoch müssen Sie bis zu diesem Zeitpunkt der Angst nicht völlig hilflos ausgeliefert sein. Entscheidend ist, wie viel Macht Sie der Angst einräumen. Lassen Sie sich von ihr beherrschen oder beherrschen Sie die Angst? Selbst nach Momenten, in denen die Angst kurzzeitig die Oberhand hatte, ist es wichtig, nicht zu kapitulieren. Sie können sich die Stellung jederzeit zurückerobern, denn Sie bestimmen, was mit Ihnen geschieht. Das müssen Sie sich nur immer wieder vergegenwärtigen.

UMGANG MIT DER ANGST

Mit bewusster Atmung gegen die Angst:
Wenn die Angst kommt, versuchen Sie Ruhe zu bewahren, und konzentrieren Sie sich ganz bewusst auf Ihre Atmung. Halten Sie inne und nehmen Sie tiefe Atemzüge, dann wird es Ihnen auch leichter fallen, die Kontrolle über die Situation zu behalten. Durch eine bewusste, tiefe Atmung können Sie außerdem die körper-

lichen Begleiterscheinungen der Angst beeinflussen. Atmen Sie gegen Engegefühle oder Herzrasen an. Sagen Sie sich begleitend zur bewussten Atmung immer wieder, dass Sie in Sicherheit sind, und wiederholen Sie dies wie ein Mantra so lange, bis die Angst geringer wird. Sätze wie: „Ich bin in Sicherheit." und „Alles wird gut." sind kraftvolle Affirmationen, die beruhigend wirken und das Unterbewusstsein positiv beeinflussen.

Sich der Angst stellen:
Angst lässt sich nur in dem Moment überwinden, in dem sie gespürt und empfunden wird. Konfrontieren Sie sich deshalb mit Ihrer Angst und weichen Sie Ihr nicht aus. So nehmen Sie der Angst mit der Zeit die Macht über sich. Machen Sie sich bewusst, dass die Angst nicht Ihr Feind ist, sondern nur ein unbewusster Teil von Ihnen, der vorübergehend sehr mächtig erscheint.
Hilfreich ist es, bereits bei den ersten Anzeichen der Angst einzugreifen, bevor diese sich immer weiter verstärkt. Stellen Sie sich den Ursachen der Angst und versuchen Sie, eine Lösung zu finden. Bei einer diffusen, unerklärlichen Angst fragen Sie die Angst, wo sie herkommt und was sie Ihnen sagen will.

Mit Bildern die Angst besiegen:
Der Anteil in Ihnen, der angstvoll reagiert, lässt sich mit dem Inneren Kind vergleichen. Wir alle tragen diesen kindlichen Aspekt auch als Erwachsene weiterhin in uns. Deutlicher spürbar wird er jedoch zumeist, wenn der kindliche Anteil noch Verletzungen trägt. Stellen Sie sich Ihr Inneres Kind im Alter von fünf oder sechs Jahren vor. Fühlt es sich verlassen, einsam, orientierungslos und von Angst beseelt? Dann nehmen Sie dieses kleine Wesen fest in Ihre Arme und trösten Sie es mit all Ihrer Liebe. Sagen Sie dem kleinen Kind, dass Sie es lieben, sich um all seine Bedürfnisse kümmern und es nie verlassen werden und dass es von nun an in Sicherheit ist. Mit diesem starken Gefühl der Liebe lässt sich das Gefühl der Angst überwinden, denn Liebe ist immer stärker als Angst.

Eine weitere Variante wäre, sich die Angst bildlich vorzustellen. Können Sie die Angst in Form einer Person, eines Wesens oder einer Erscheinung visualisieren und sich diesem Bild gegenüberstellen, gelingt es Ihnen vielleicht besser, mit ihr umzugehen. In dem Moment, wo Sie die Angst als Gegenüber sehen, kämpfen Sie nicht mehr mit einem unbekannten Gegner und können die entsprechenden Waffen wählen. Eine Möglichkeit wäre zum Beispiel, sich die Angst als Drachen vorzustellen, den Sie am Ende des Kampfes besiegen. Sollte es Ihnen nicht gelingen, den Drachen sofort zu bezwingen, stellen Sie ihn sich nach jedem Kampf geschwächter vor. Wenn sich Ihre Angst eher nebelhaft darstellt, können Sie mit Ihrer Vorstellungskraft die Sonne aufgehen lassen, welche den Nebel auflöst.
Schmücken Sie in Ihrer Fantasie das Bezwingen Ihrer Angst so intensiv wie möglich aus. Dies ist ein sehr wirksames Instrument, welches bei wiederholtem Einsetzen die Angst verringern kann. Sollte es Ihnen sehr schwer fallen, ein geistiges Bild Ihrer Angst zu erschaffen, versuchen Sie, Ihre Angst zu zeichnen. Fehlen Ihnen konkrete Vorstellungen für ein Bild, dann denken Sie weniger darüber nach, was auf dem Blatt entsteht, sondern lassen Sie Stift oder Pinsel unbestimmt über das Papier gleiten.

Sich mit der Vorstellungskraft in Sicherheit begeben:
Nicht unerwähnt lassen möchte ich an dieser Stelle die Imaginationsübung „Der innere sichere Ort" von Luise Reddemann.[15] Diese, aus der Traumatherapie stammende Übung ist in Angstsituationen sehr hilfreich, weil Sie sich dabei in Ihrer Vorstellung in Sicherheit begeben können. Diese Sicherheit überträgt sich dann auch unmittelbar in die Angstsituation. Es ist wohltuend und beruhigend zugleich, in der Trauer solch einen Zufluchtsort aufsuchen zu können – und sei es nur in der Fantasie. Eine Anleitung dafür, in von mir abgewandelter und auf eine Trauersituation zugeschnittenen Form, finden Sie am Ende dieses Kapitels.

Der Angst rational begegnen:
In Zeiten, in denen die Angst nicht übermächtig ist, können Sie versuchen, sachliche Argumentationen gegen die Angst zu entwickeln, um diese zu entkräften. Notieren Sie alles, was Ihnen dazu einfällt und holen Sie diese Notizen in Angstsituationen zu Hilfe.
Unternehmen Sie außerdem alles, was Sie daran hindert, tiefer in die Angst hineinzugehen. Wenn Ihnen dies durch Ablenkung, Imaginationsübungen, Entspannungstechniken oder Gegengedanken nicht gelingt, können Sie auch jemanden anrufen und um Hilfe bitten.
Es gibt immer sehr viele verschiedene Möglichkeiten, der Angst zu begegnen. Wenn Sie diese wiederholt anwenden, werden Sie auch eine Veränderung spüren. Die Anwendung erfordert eine gewisse Ausdauer und Disziplin, doch jedes aktive Bemühen ist besser, als sich der Angst machtlos zu überlassen. Wenn Sie sich nicht mit Ihrer Angst konfrontieren, wird diese auch nicht aus Ihrem Leben weichen und mit der Zeit immer mehr Raum einnehmen.
Nimmt Ihre Angst ein Ausmaß an, durch das Sie Ihren Alltag immer weniger gut bewältigen können, und ziehen Sie sich auf Grund der Angst immer mehr zurück, sollten Sie therapeutische Hilfe in Anspruch nehmen, denn wenn Sie so sehr betroffen sind, schaffen Sie vielleicht den Weg aus dem Kreislauf der Angst nicht allein.

> ▸ Imaginationsübung: „Der innere sichere Ort"
> nach Luise Reddemann[15]
>
> Entspannen Sie sich und lassen Sie in Ihrer Vorstellung einen Ort entstehen, an dem Sie sich auch ohne Ihren geliebten Menschen an der Seite sehr wohl, vollkommen sicher und geborgen fühlen. Es kann ein Ihnen bekannter Ort aus Ihrer Erinnerung sein, ein Ort, an dem Sie schon immer einmal sein wollten, oder ein Ort, den Sie sich extra zum Zwecke der vollkommenen Sicherheit und

Geborgenheit erschaffen. Dieser Ort kann sich in der Natur befinden oder wo immer Sie gern sein wollen. Er kann ganz in der Nähe sein oder weit entfernt. Vielleicht sehen Sie Bilder, denken sich an solch einen Ort oder spüren etwas, was Sie mit diesem Ort in Verbindung bringen. Lassen Sie sich ausreichend Zeit, um Ihren Ort zu finden, es gibt diesen Ort auch für Sie. Gestalten Sie diesen Ort dann ganz nach Ihren Vorstellungen und wie Sie ihn sich wünschen. Es steht Ihnen alles zur Verfügung, was Sie für Ihr Wohlbefinden benötigen. Sie können an diesen Ort Menschen oder Helfer und Begleiter jeder Art einladen, die Sie gern um sich haben möchten und die Ihnen in Ihrer Trauer zur Seite stehen. Wenn Sie nun einen solchen Ort für sich geschaffen haben, spüren Sie in sich hinein und prüfen Sie, ob Sie sich ganz sicher, wohl und geborgen fühlen können oder was Sie dafür noch verändern oder hinzufügen möchten. Hat der Ort nun alles, was Sie benötigen, um vollkommen frei von Angst zu sein, dann machen Sie es sich bequem und nehmen Sie das Gefühl des Wohlbefindens und der Sicherheit ganz tief in sich auf. Spüren Sie, wie es Ihrem Körper damit geht, an diesem Ort zu sein. Wie geht es Ihrer Atmung, Ihren Muskeln, Ihrem Bauch ...? Nehmen Sie alles ganz bewusst wahr und lösen Sie nun auch die letzte Anspannung, die sich noch in Ihrem Körper befindet. Lassen Sie dieses entspannte Gefühl ganz auf sich einwirken und verabreden Sie jetzt mit sich ein Zeichen, mit dessen Hilfe Sie jederzeit an diesen Ort und in dieses Gefühl zurückkehren können. Das kann eine körperliche Geste sein, wie beispielsweise die Handfläche auf den Brustkorb zu legen. Führen Sie diese Geste einmal aus, damit Ihr Körper sich erinnert. Wann immer Sie sich unwohl und unsicher fühlen, können Sie von nun an mit dieser Hilfestellung Ihren ganz persönlichen, sicheren Ort jederzeit aufsuchen.

Verabschieden Sie sich nun ganz langsam wieder von Ihrem sicheren Ort und kommen Sie mit Ihrer Aufmerksamkeit ins Hier und Jetzt zurück.

ANGST

*Sie kann dich lähmen
und alles, was je war, in Frage stellen.*

*Sie kam ungebeten,
nahm Raum und täglich auch ein Stück von dir.*

*Aber nun ist es an der Zeit,
sie wieder gehen zu lassen.*

*Schau sie dir an, beobachte sie
und weiche ihr nicht aus.*

*Lass sie noch sagen, was sie dir zu sagen hat,
aber überlasse ihr nicht länger die Macht.*

*Sie wird ganz schwach, wenn du stark bist
und sie wird ganz klein, wenn du groß bist.*

*Nur du allein bestimmst, wohin du steuerst
und mit Liebe überwindest du die Angst!*

Diana Mirtschink

TRÄNEN

Unsagbar viele Tränen habe ich schon vergossen, rote Augen und Taschentücherberge gehören nun zu mir. Stille Tränen, lautes Schluchzen, Tränen der Verzweiflung, der Erschöpfung, der Wut und der Einsamkeit ... einen ganzen Ozean könnte ich mit ihnen füllen und es nimmt immer noch kein Ende. Doch während mir anfangs jeder meine Tränen zugestanden hat und ich sogar oft ermutigt wurde zu weinen, spüre ich jetzt, wenn die Tränen kommen, eine immer größer werdende Unsicherheit bei den anderen. Ich glaube, sie können meine Tränen schwer ertragen. Doch wie lange darf man weinend trauern? Darf ich nur noch still zu Hause weinen, damit sich niemand hilflos fühlt? Nur, wie soll ich verhindern, dass ich weine, wenn ich an dich denke, von dir spreche oder dich so sehr vermisse.

Spricht man davon, der Trauer Ausdruck zu verleihen, dann ist dies in einem hohen Maße über Weinen und Klagen möglich. Tränen bringen den Schmerz der Seele nach außen und ein Unvermögen, weinen zu können, wird zumeist als sehr belastend empfunden. Wenn Tränen fließen, ist das ein Gefühlsausdruck, der befreiende und reinigende Wirkung hat. Weinen bedeutet im Gefühl sein und wer nicht weinen kann, dem fehlt eine wichtige Verbindung zu seinen Gefühlen. Diese Verbindung kann unbewusst aus Angst vor überwältigenden Emotionen unterbunden worden sein. Sehr häufig ist jedoch auch zu beobachten, wie bewusst versucht wird, die anflutenden Tränen zu unterdrücken oder ihnen auszuweichen.

Warum Tränen verunsichern:
Für die meisten Menschen bedeutet öffentlich zu weinen, ein Eingeständnis von Schwäche, wobei Männer sich dies aufgrund ih-

rer Erziehung noch weniger erlauben als Frauen. Da, wo Tränen nicht angemessen erscheinen, machen sie vor allem das Umfeld hilflos. Und in unserer Gesellschaft, in der für jedes Problem eine schnelle Lösung parat sein muss, wird es meist für wichtig erachtet, einer angepassten Norm zu entsprechen. Wer weint, fällt auf und aus dieser Norm, deshalb wird oft versucht, das Weinen zu unterbinden. Ein Ausdruck von Emotionen, welcher mit Tränen einhergeht, befremdet zumeist und scheint in immer mehr Bereichen unangemessen. Aber was ist angemessen? Ist nur stark, wer seine Emotionen und somit seine Tränen im Griff hat? Gehören Tränen nach der Beerdigung nicht mehr in die Öffentlichkeit? Wie sehr dürfen sich Tränen bei Liebeskummer oder bei Krisen erlaubt werden? Wie wirkt ein depressiver Mensch, der häufig weint, auf sein Umfeld? Wie viele Tränen werden sich bei einem emotionalen Film erlaubt, vorausgesetzt, sie werden überhaupt zugelassen? Und wie verhält es sich mit den Freudentränen? Wie viele Sekunden dürfen sie sprudeln, bis sie verlegen weggewischt werden? Beantwortet man all diese Fragen ehrlich, dann wird schnell klar, dass das Weinen in unserer heutigen Zeit keine große Lobby hat. Den Tränen freien Lauf zu lassen heißt immer, emotional zu sein. Doch wer sich öffnet, wird angreifbar, und dazu gehört Mut – Mut vor den eigenen Gefühlen und Mut vor den Reaktionen der Öffentlichkeit.

Warum Weinen sinnvoll ist:
Weinen hat einige wichtige Funktionen. Tränen helfen, den Schmerz auszuweinen, auch wenn dies nicht immer unmittelbar spürbar ist, weil das Meer der Tränen nach einem Verlust oder einer emotionalen Verletzung sehr groß sein kann. Tränen können reinigend, befreiend, erleichternd, entlastend, lindernd und heilsam sein, und wer weint, erhält Trost. Durch Tränen werden Stresshormone nach außen gespült. Tränen öffnen einen Zugang zu dem im Unterbewusstsein Verborgenen und vermitteln mit ihrer Botschaft, wie es tief im Innern aussieht. Ist das Gefühl beim Weinen traurig, verletzt, verzweifelt, wütend oder ängstlich, so weisen diese Gefühle auf die Trauer, Verletzung, Verzweiflung, Wut oder Angst hin, welche unter der Oberfläche und hinter der Maske der Kontrolle verborgen liegen und beachtet sowie geheilt werden wollen. Die Tränen sind im übertragenen Sinne, was „aus dem Fass" überläuft, und zeigen nur die Spitze des Eisberges. So ist ein weiterer Grund, das Weinen zurückzuhalten, oft die Furcht vor einem möglichen Kontrollverlust, wenn die Schleusen erst einmal geöffnet sind. Im Versuch, die aufsteigenden Tränen zu unterbinden, bevor sie zu viel Traurigkeit anschwemmen, soll verhindert werden, diese nicht mehr kontrollieren zu können.

Wo liegt das Risiko?
Doch was würde passieren, wenn der Betroffene den Tränen freien Lauf lässt? Was wäre so schlimm, wenn er sich erlaubt, für den Augenblick die Haltung zu verlieren und sich den Tränen hingibt?
Man kann nicht endlos weinen, das Weinen hört ab einem bestimmten Punkt auf, und die Gefahr, sich dabei zu verlieren, ist gering. Ebenso wenig lassen sich aber die traurigen, verletzenden, verzweifelten, wütend oder ängstlich stimmenden Aspekte auf Dauer unterdrücken. Wenn diese kein Ventil über die Tränen finden, dann finden sie es höchstwahrscheinlich über Aggressionen oder in einer Erkrankung. Also sollte das Weinen nicht zurückgehalten werden, wenn in traurigen Momenten Tränen

aufsteigen. Natürlich gibt es auch beim Weinen Formen, die ein angemessenes Maß überschreiten. Doch weder das hysterische Weinen noch ein demonstratives Weinen sind entlastend, weil hier der Ursprung nicht in den Emotionen liegt, sondern einem Willen entspringt, der etwas bezweckt. Auch ein Weinen, an dem der Betroffene festhält und sich hineinsteigert, wird eher Kraft kosten als Erleichterung bringen.

Wenn Weinen nicht möglich ist:
Nicht weinen zu können ist auf andere Weise belastend, weil sich im Innern immer mehr anstaut. Das Unvermögen, sich durch Tränen zu entlasten, kommt einer emotionalen Sprachlosigkeit nah. Dem geht meist voraus, dass sich vor Emotionen verschlossen wurde, um sie nicht zu spüren oder weil sich diese nicht erlaubt wurden. Unser heute übliches Lebenskonzept, wo kontinuierliche Stärke und gute Laune gefragt sind, hat einen großen Anteil daran. Die Fähigkeit des Weinens wieder zu erlangen, erfordert ein Einreißen der Mauern, die als Schutz errichtet wurden, um schmerzliche Gefühle abzuschirmen. Dies gelingt nicht immer so einfach, wird aber möglich, wenn der Betroffene sich auf das schmerzliche Thema einlässt, wozu mitunter therapeutische Unterstützung hilfreich und erforderlich ist. Der Druck im Innern wird zu diesem Zeitpunkt bereits als sehr belastend empfunden und äußert sich in einem großen Leidensdruck. Oft wünschen sich die Betroffenen, weinen zu können. Wenn sich die Barriere nicht überwinden lässt, um an die Tränen zu kommen, hilft manchmal auch ein Gefühlsausdruck anderer Art. So kann zum Beispiel Wut herauszulassen den Schutzwall zum Fallen bringen und ein nachfolgendes Weinen bewirken, was dann als sehr entlastend empfunden wird.

Sich Tränen erlauben:
Wie sehr und wie lange Sie sich in Ihrer Trauer Tränen erlauben und ob Sie sich für Tränen öffnen wollen, falls Sie nicht in der Lage sind zu weinen, wird immer Ihre eigene Entscheidung sein.

Dabei sollten Sie sich nicht nach vermeintlichen Normen richten und Tränen unterdrücken, wenn Ihnen nach Weinen zumute ist. Sie dürfen Ihre Tränen auch anderen zumuten, selbst wenn diese hilflos darauf reagieren. Wenn Sie in Gesprächen oder bei Erinnerungen an einen Punkt kommen, an dem Sie emotional werden und sich Tränen anbahnen, dann weichen Sie nicht aus. Bleiben Sie bei diesem Gefühl und tauchen Sie noch tiefer ein, wenn Sie dazu in der Lage sind. Das sind unendlich kostbare Momente, in denen Ihnen der Zugang zu Ihrem Inneren und zu Ihrem Schmerz möglich wird. Und nur wenn Sie Ihren Schmerz wahrnehmen und diesen erreichen, können Sie ihn auch heilen. Durch die Tränen öffnet sich eine Tür und in den schmerzlichen Moment hineinzugehen bedeutet, Eintritt in die tieferen Schichten zu erhalten. Hier warten nicht nur Schmerz und Kummer, sondern manchmal auch Einblicke und Erkenntnisse. Gleichzeitig können durch die geöffnete Tür schmerzliche Aspekte nach außen gelangen, welche dann nicht mehr im Innern lasten.
Weichen Sie also nicht aus, wenn berührende, emotionale Momente Tränen hervorrufen. Lassen Sie die aufkommende Stimmung zu. Vielleicht können Sie sich mit ein wenig Übung sogar in das Meer der Tränen fallen lassen und auf diese Weise Entlastung und Heilung erfahren.
Befinden Sie sich jedoch in einer Situation, wo Ihnen Ihre Tränen tatsächlich unangemessen erscheinen oder Ihnen unangenehm sind, dann unterdrücken Sie diese nicht vollständig. Versuchen Sie, die Traurigkeit zu verschieben, um ihr zu einem späteren Zeitpunkt Raum zu geben. Gehen Sie dann gedanklich noch einmal zurück in jenen Moment, spüren Sie der Traurigkeit nach und lassen Sie die Tränen kommen.

„Jede Träne, jedes Seufzen, jeder traurige Gedanke
ist wie eine wertvolle Perle,
die Sie Ihrem geliebten Menschen aus Liebe schenken."

Roland Kachler[12]

VERDRÄNGEN UND VERMEIDEN

Manchmal ertrage ich es einfach nicht, die Realität deines Todes an mich heranzulassen. Alles in mir sträubt sich dagegen und ich versuche, durch Ablenkungen zu verdrängen, was so schmerzhaft ist. Ich stürze mich in die Arbeit, um beschäftigt zu sein. Mehr als nötig ziehe ich den Heimweg in die Länge und tauche ein in den geschäftigen Trubel der Stadt, wo nicht auffällt, was mich von all den anderen unterscheidet. Zu Hause läuft jetzt ständig der Fernseher, weil die Stille mich sonst erdrückt. Auch wenn ich den Sendungen kaum folgen kann, lasse ich mich berieseln, um nur ja abgelenkt zu sein. Eine Auszeit erlaube ich mir nicht, aus Angst vor dem, was passiert, wenn ich zur Ruhe komme. So jage ich durch den Tag, versuche, nicht zu denken und zu fühlen und finde doch keinen Frieden.

———— ⁓ ————

Verdrängen und Vermeiden sind Strategien, um Schmerzhaftes und Unangenehmes nicht zu spüren. Es sind unbewusste Abwehrmechanismen, durch die Erlebtes vom Bewusstsein ferngehalten wird und um sich den Umgang mit bestimmten Situationen zu erleichtern und sich von ihnen zu distanzieren. Auf diese Weise gelingt es vorübergehend und mitunter sogar über Jahre, dass belastende Ereignisse nicht bewusst erlebt und wahrgenommen werden. Jedoch alles, was unverarbeitet im Unterbewusstsein lastet, wirkt und macht sich früher oder später auf verschiedenste Art und Weise auch bemerkbar.
So kann Verdrängtes eine stetige Unzufriedenheit oder innere Unruhe verursachen, kann sich in Form von großer Verletzlichkeit, Reizbarkeit, Wut oder Aggressionen äußern, aber auch das Gegenteil bewirken und dazu führen, dass Gefühle durch Betäubung oder Fühllosigkeit nicht mehr spürbar werden.

VERDRÄNGTE TRAUER

Auch eine nicht ausgelebte Trauer setzt sich häufig als lebensbehindernde Blockade im Innern fest. Nicht selten sind eine depressive Stimmungslage und körperliche Beschwerden die Folge von verdrängter und vermiedener Trauer, und diese können sich bei längerem Bestehen in ernstzunehmenden Erkrankungen manifestieren. Das Auftreten einer Depression zwei bis drei Jahre nach dem Tod eines geliebten Menschen oder einer Herzerkrankung, selbst viele Jahre später, lassen sich zwar nicht eindeutig mit dem Verlust in Zusammenhang bringen, erscheinen jedoch naheliegend. Wenn der Verlust mit Alkohol, Drogen, Medikamenten oder Arbeit kompensiert wird, kann sich auch eine Sucht entwickeln. All das geht mit einer Einschränkung der Lebensqualität einher und führt nicht selten zu einem Gefühl der Sinnlosigkeit, welches sich mitunter sogar in einem Lebensüberdruss äußert. Verdrängte Trauer kann auch zu einem späteren Zeitpunkt ausbrechen, beispielsweise nach einer weiteren Verlusterfahrung. Wer sich dem Erleben der Trauer verschließt, verschließt sich auch der Heilung und trägt die Wunde fortan in sich. Nachfolgend zeichnen sich dann unbewusste Muster ab, die eine freie Entfaltung verhindern. So kann ein unverarbeiteter Verlust eine Verlustangst nach sich ziehen, welche das Eingehen neuer Beziehungen erschwert oder eine Beziehung dahingehend belastet, dass Freiräume nicht ausreichend gewährt werden, aus Angst, erneut zu verlieren.

Deshalb sind Abwehrmechanismen, auch wenn sie zum Teil unbewusst ablaufen, nie eine längerfristige Lösung. Auf diese Weise werden erträglich wirkende Scheinlösungen gewählt, welche aber nachhaltige Auswirkungen zeigen, die viel schwerwiegender in das Leben eingreifen können, als es beim Durchleben der Trauer der Fall ist.

Verdrängen ist jedoch bis zu einem gewissen Grad normal und völlig legitim. Es gibt wohl auch keinen Menschen, der nicht hin und wieder verdrängt. Es ist nicht möglich und auch nicht förderlich, sich aller Aspekte ständig bewusst zu sein. Verdrängen hat eine Funktion, die zum Schutz in gewisser Weise auch hilfreich ist. Erst durch eine situative Unangemessenheit, durch eine anhaltende Dauer und eine zu starke Intensität ziehen Verdrängen oder Vermeiden ernst zu nehmende Folgen nach sich.

Wenn Verdrängen eine Funktion erfüllt:
Auch in der Trauer ist es in Ordnung, wenn der Verlust zeitweise verdrängt oder nicht ganz so nah herangelassen wird. Es ist sogar sinnvoll, die Trauer nur in dem Maße zuzulassen, wie sie verkraftet und verarbeitet werden kann. Meist laufen automatisch unbewusste Schutzmechanismen ab, die vor einem zu großen Schmerz oder einer überwältigenden Angst abschirmen. Dazu zählt auch das Verdrängen. Unbewusstes Verdrängen, welches eine Schutzfunktion übernimmt, sollte aber darüber hinaus nicht so sehr erweitert werden, dass die Trauer aus Angst vor emotionalem Schmerz bewusst verdrängt, vermieden oder verleugnet wird und keinen Raum erhält. Indem schmerzhaften Emotionen über einen längeren Zeitraum ausgewichen wird, stauen sich diese im Innern an.

Die Balance finden:
Die Trauer nach dem Verlust Ihres geliebten Menschen beeinflusst Ihr gesamtes Erleben in höchstem Maß. Sowohl psychischer, als auch physischer Schmerz kann für Sie in Folge sehr beeinträchtigend sein und Ihnen viel Kraft abverlangen. Wenn Sie hierbei versucht sind, die Trauer nicht immer in vollem Umfang zu spüren, ist das nachvollziehbar und auch in Ordnung. Eine uneingeschränkte Aufmerksamkeit auf die Trauer zu richten ist ebenso wenig hilfreich, wie der Trauer keinen Raum zu geben. Wichtig ist, die richtige Balance zu finden. Lassen Sie die Trauer soweit zu, wie Sie dazu in der Lage sind und wenn Sie spüren, dass es Ihre Kräfte übersteigt, wählen Sie vorübergehend eine andere Ausrichtung oder eine Ablenkung. Für das richtige Maß kann Ihnen Ihre innere Stimme den Weg weisen, selbst wenn es nicht immer leicht ist, diese von der Angst zu unterscheiden.

Sich bewusst der Trauer zuwenden:
Um Heilung zu erfahren, werden Sie die schmerzhaften Aspekte der Trauer nicht umgehen können, dessen sollten Sie sich bewusst sein. Der Versuch, der Trauer dauerhaft auszuweichen, indem sie verdrängt oder vermieden wird, lässt die Trauer nicht weniger werden, sondern verlagert diese nur. Sie wirkt dann von innen heraus und beeinflusst Ihre psychische Belastbarkeit, raubt Ihnen Energie oder beeinträchtigt Ihre Gesundheit.
Verdrängte Aspekte sind wie Scherben im Sand. Sie können lange Zeit unbemerkt bleiben, und je mehr Sand darüber liegt, umso weiter geraten sie in Vergessenheit. Doch dabei verlieren die Scherben nichts von ihren spitzen Kanten, und wenn diese eines Tages wieder an die Oberfläche kommen, können sie tiefe Verletzungen zufügen. Besser ist es, die Scherben Stück für Stück zu entfernen und nicht mit vielen Schichten Sand zu bedecken, auch wenn dies mühsam ist und einen längeren Zeitraum in Anspruch nimmt.
Weichen Sie deshalb den traurigen Momenten und Situationen nicht aus und geben Sie sich auch schmerzhaften Emotionen hin, um die Trauer nach außen zu bringen.

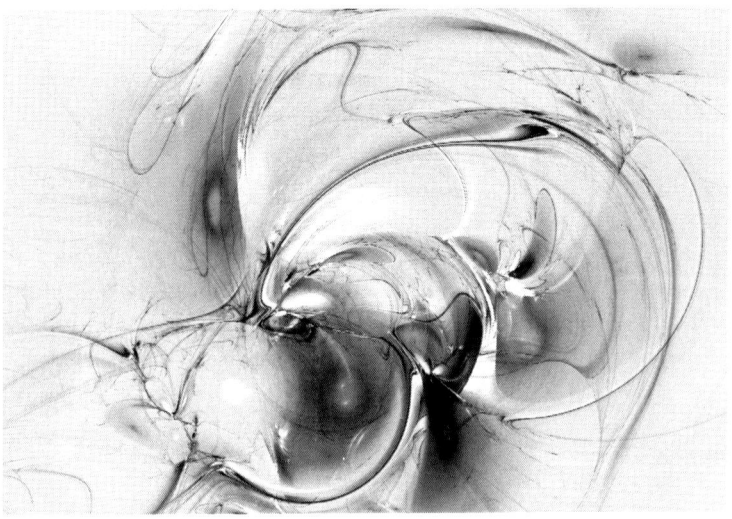

TRAUERSPLITTER

*Durch deinen Tod
ist unser gemeinsames Glück
unwiederbringlich zerbrochen.*

*Nur noch Scherben –
wohin ich auch schaue.
Matt und glanzlos
spiegeln sie mir meine Trauer.*

*Bunt sind nur
die Splitter der Erinnerung.
Sie leuchten in der Sonne
und ich baue ein Mosaik daraus.*

*Die spitzen Scherben
des Verlustes jedoch
verletzen mich
wenn ich sie vergrabe.*

*Wie ein spitzer Stachel
sitzt der Schmerz dann
unter der Oberfläche
und trifft mich unvorbereitet
mitten ins Herz.*

Diana Mirtschink

DEN WIDERSTAND AUFGEBEN

Ich will nicht mehr! Ich will nicht mehr Tag für Tag ohne einen Lichtblick und ohne Freude erleben. Ich will mich nicht mehr bemühen und kämpfen, will mich nicht mehr anstrengen und tapfer sein. Ich will nicht ohne dich einschlafen und aufwachen müssen. Ich will nicht immer diese schmerzliche, sich nach dir verzehrende Sehnsucht spüren, die mich auf Schritt und Tritt begleitet. Ich will nicht, dass das jetzt mein Leben ist, weil ich darin keinen Sinn finde. Ich will nicht ohne dich sein! Ich weiß, du würdest mir jetzt in die Augen schauen und sagen: „Das geht aber nicht." Trotzdem, ich will das alles nicht mehr ertragen müssen! In mir ist so viel Wut und Verzweiflung, aber ich weiß nicht, wohin ich sie richten soll. Das macht mich noch wütender und zugleich hilflos. Und wieder fühle ich mich ganz kraftlos und klein.

Auflehnung und Widerstand sind nicht nur in der Trauer häufige Reaktionen auf unerwünschte Veränderungen. Wer ist schon in der Lage, eine negative Situation sofort anzunehmen? Oft braucht es eine gewisse Zeit, um die Erkenntnis zu erlangen, dass die Umstände jetzt so sind und eine Anpassung erfordern. In der Trauer ist dies noch um ein Vielfaches schwieriger, ja es scheint geradezu unvorstellbar, die neue Realität anzunehmen, selbst wenn der Verstand um die Notwendigkeit weiß. Es müssen nun unfreiwillig Gewohnheiten geändert und Lebensumstände aufgegeben werden, was meist sehr tiefgreifende Veränderungen nach sich zieht. Besonders schwer wiegt vor allem auch die Endgültigkeit des Verlustes. Die Gewissheit, dass sich nichts zurückgewinnen lässt, und die Leere, welche an diese Stelle tritt, erhöhen die Last um ein Weiteres. Die Hilflosigkeit zu ertragen und völlig machtlos zu sein, ist schwer auszuhalten. So ist jedes Nicht-annehmen-Wollen sehr gut nachvollziehbar. Doch wohin führt es? Was erreicht die Wut? Was bewirkt die Auflehnung? Ist das Gefühl danach ein besseres? Ändert sich dadurch auch nur im Geringsten etwas? Meist verbraucht der Widerstand unendlich viel Kraft, ohne eine Entlastung zu bewirken. Alles, wogegen sich Widerstand richtet, kostet zusätzliche Energie. Das ist bei unliebsamen Umständen ebenso wie bei Wartezeit, gegen die man sich sträubt, oder einer Tätigkeit, der man ungern nachgeht. Andererseits ist es aber auch nicht einfach so möglich, die innere Rebellion abzustellen. Zur Einsicht, die neuen Umstände annehmen zu müssen, bedarf es nicht nur der Bereitschaft, sondern auch Zeit.

UMGANG MIT INNEREM WIDERSTAND

Wahrnehmen und beobachten:
Wenn Sie einen inneren Widerstand spüren, sollten Sie in erster Linie versuchen, ihn mit allen dazu gehörenden Emotionen einfach nur wahrzunehmen. Beobachten Sie den Widerstand und was er in Ihnen auslöst. Beurteilen Sie aufkommende Emotionen dabei nicht. Sind Sie hierbei in der Lage, unterdrückte Wut herauszulassen und wird der Widerstand dadurch geringer oder löst sich sogar auf, wäre das gut. Oft ist dies aber so noch nicht möglich.
Stellen Sie sich Ihren inneren Widerstand wie eine Blockade in einem Fluss vor, die sie errichten, um das Wasser am Fließen zu hindern. Das Wasser lässt sich jedoch nicht auf Dauer aufhalten, alles aufgestaute Wasser wird sich seinen Weg suchen. Und je mehr sich aufstaut, umso kraftvoller kann es sich einen Durchbruch schaffen. Dies wäre vergleichbar mit aufgestauter Wut, die unkontrolliert zum Ausbruch kommt. Bei allen Bemühungen, sich gegen den Lauf des Flusses oder des Lebens aufzulehnen, verausgaben Sie sich lediglich. Sie verlieren dabei sehr viel Energie und dies kann in einer Erschöpfung enden. Mag sein, dass das Wasser etwas fortträgt, was Sie nicht aufgeben möchten, durch Widerstand entsteht jedoch eine Blockade, die eine Weiterent-

wicklung verhindert und den inneren Druck erhöht. Sollten Sie diesen Umstand in Ihrem tiefsten Innern bereits erkennen und dennoch nicht in der Lage sein, anders damit umzugehen, brauchen Sie vielleicht noch diese Erfahrung, um den Widerstand aufzugeben. Erwarten Sie nicht unmittelbar, die Kontrolle über die Situation zu besitzen. Beobachten Sie einfach und lassen Sie es zu.

„Ja" sagen:
Als nächsten Schritt können Sie sich dafür öffnen, all den schmerzhaften Veränderungen einen Platz in Ihrem Leben einzuräumen. Dafür ist Ihre Bereitschaft erforderlich. Ihr „Ja" dazu ist das, was den Widerstand verändert und schließlich auflöst. Es ist so, als würden Sie sich nun an das Ufer des Flusses setzen und zusehen, wie das Wasser fließt, ohne etwas dagegen zu unternehmen. Sie spüren Ihre Verzweiflung und lassen es dennoch geschehen. In Ihrer Trauer mag Ihnen das Ufer trostlos erscheinen, der Widerstand unüberwindbar und eine bessere Zeit unvorstellbar, haben Sie dennoch Geduld und versuchen Sie, nur den gegenwärtigen Moment zu erfüllen. Beobachten Sie das Fließen des Wassers und vertrauen Sie darauf, dass der Fluss des Lebens Sie weiterträgt, an neue hoffnungsvollere Ufer. Während Widerstand einen inneren Aufruhr erzeugt, kann sich dies durch das Akzeptieren der Situation legen. All Ihre Traurigkeit und Ohnmacht dürfen da sein und Sie wehren sich nun nicht mehr dagegen. Dadurch entsteht ein neues Gefühl in Ihnen. Ein Gefühl, welches sich schwer beschreiben lässt und sehr selten und erhaben ist – ein Gefühl der Demut. Wenn Sie diesem Gefühl Raum geben, können Sie eine große Tiefe erfahren. Schmerz, Verzweiflung und Hilflosigkeit sind spürbar, aber möglicherweise weniger auflehnend, so als wäre ihnen der Stachel genommen. Sich der Trauer mit ihren Gefühlen hinzugeben, fühlt sich dann vielleicht an, wie sich in einen dunklen Mantel zu hüllen, der Sie schützt und den Sie im Moment noch brauchen, weil kein buntes Kleid jetzt zu Ihnen passen würde.

Hingabe als Weg zur Heilung:
Sich der Trauer hingeben kann tröstlich sein, so wie Tränen entlasten können. Wenn Sie diese Erfahrung zulassen, wird das Annehmen der schmerzlichen Situation möglich und ist gleichzeitig die Basis für Heilung und Weiterentwicklung. Lassen Sie sich darauf ein, wenn Sie sich in Ihrem Widerstand verausgabt haben und nicht mehr weiterwissen. Dies ist ein Prozess, der Sie weiterführt, auch wenn Sie im Moment nicht sehen können wohin. Es ist in jedem Fall ein Weg nach vorn, während Widerstand Sie nicht von der Stelle kommen lässt. Haben Sie aber auch hierbei Geduld mit sich. Bei inneren Prozessen können Sie selbst oft nur die Bereitschaft einbringen, bewusstes Kontrollieren und Steuern ist meist nicht möglich. Es fügt sich eher in dem Maße, in dem Sie die Kontrolle abgeben.

Es ist mir noch wichtig zu erwähnen, dass mit „Widerstand aufgeben" nicht Resignation gemeint ist. Ihr geht zwar ebenfalls die Einsicht voraus, dass das gewünschte Ziel nicht erreichbar ist, Resignation kommt jedoch eher einer Kapitulation mit Selbstaufgabe gleich und bedeutet, nicht weiterzuwollen. Dieser Zustand richtet sich vor allem nach innen und kann bis zum Erliegen des Überlebenswillens führen. Die Flucht in die Resignation fühlt sich auch nie befreiend an. Vor allem darin unterscheidet sie sich von dem Gefühl, den Widerstand aufzugeben.

Nehmen Sie von nun an jeden auftauchenden Widerstand wahr und erlauben Sie sich, diesen aufzugeben, wenn Sie dafür bereit sind. Sie werden erfahren, dass Sie hierbei nicht noch mehr verlieren, sondern gewinnen. Selbst wenn Ihnen dies anfangs nur von Zeit zu Zeit gelingt, wird sich in Ihrem Inneren eine spürbare Veränderung vollziehen.

Affirmation:
Ich gebe den Widerstand auf und vertraue auf das, was geschieht.

BESONDERS SCHWERE TAGE

Die letzten Tage waren besonders schlimm. In meiner Verzweiflung habe ich nur geweint und bin kaum aus dem Bett gekommen. Alles erschien ohne Sinn. Immer wenn ich begreife, dass du nie wiederkommst, ist es, als wenn sich vor mir ein großes, schwarzes Loch auftut. Wie durch einen Sog fühle ich mich da hineingezogen und kraftlos bin ich in Versuchung nachzugeben. Einfach nicht mehr aufstehen, einfach alles aufgeben. Wofür noch kämpfen? Aber eine andere Stimme in mir sagt, dass es so nicht richtig wäre und dass auch du es so nicht gewollt hättest. Manchmal fühlt es sich sogar so an, als wenn du es bist, der hinter mir steht und mich aufrichtet. Ja, manchmal spüre ich so etwas wie eine Präsenz von dir und dann ist es wie ein Aufleuchten in all der Verzweiflung. Dann entwickele ich doch die Kraft, mich nicht der Verzweiflung hinzugeben. Es ist, wie an einer Wegkreuzung zu stehen und sich für die richtige Richtung zu entscheiden, ohne zu wissen, wohin der Weg führt. Ich weiß, dass der andere Weg in den Abgrund führen würde und ich die Wahl habe, diesem zu entgehen.

Nicht nur in der akuten Phase der Trauer gibt es sehr schwer zu ertragende Tage, sie können auch noch lange nach dem Tod Ihres geliebten Menschen immer wieder auftauchen. Tage, an denen der Verlust so schmerzlich ist, dass Sie das Gefühl haben, es kaum auszuhalten. Die Verzweiflung kann so intensiv sein, dass Sie diese sogar körperlich spüren können. Ohnmacht, Hilflosigkeit, Verlustschmerz, Wut ..., all diese Emotion scheinen übermächtig, und es ist schwer, dabei nicht die Orientierung zu verlieren. Aber es gibt eine Kraft in Ihnen, welche Ihnen die Richtung weist. Vielleicht nehmen Sie diese nur sehr schwach wahr und es scheint nicht verlockend, ihr zu folgen, doch hören Sie auf Ihre innere Stimme, wie leise sie auch sein mag. Wenn Sie sich dafür entscheiden, sich von dieser inneren Stimme führen zu lassen, wird es weitergehen. Sie werden vielleicht nicht wissen, was Sie am Ende des Weges erwartet, aber Sie entfernen sich Schritt für Schritt vom Abgrund. Immer wenn Sie vor dem dunklen Abgrund stehen, gibt es Momente, in denen Sie die Wahl treffen müssen. Dann ist es an Ihnen zu entscheiden, wie es weitergehen soll. Sie können sich fallen lassen in die Tiefe der Verzweiflung oder einen Weg wählen, der Sie am Abgrund vorbei führt. Sie können nach Stunden voller Tränen einen Freund anrufen oder versuchen, sich selbst aufzurichten, indem Sie wieder aktiv werden. Es können die Alltagsdinge sein, mit denen Sie sich ablenken, oder verwöhnen Sie Ihre Seele, weil auch das Sie tröstet und stärkt. Entscheiden Sie sich für den nächsten Schritt in die Zukunft. Auch wenn er Ihnen noch so klein und unbedeutend erscheint, er wird sie voranbringen.

„Eine schwere Zeit ist wie ein dunkles Tor.
Trittst du hindurch, trittst du gestärkt hervor."

Hugo von Hofmannsthal[18]

PROBLEME BEWÄLTIGEN

Wenn nur all diese Probleme nicht wären! Sie lassen mich nicht zur Ruhe kommen und bereiten mir einen enormen Druck. Ich fühle mich oft völlig überfordert und am Ende meiner Kräfte. Nicht nur, dass ich die Alltagsprobleme nicht mehr mit dir besprechen kann, es sind nun so viele neue Sorgen hinzugekommen. Die Wohnung ist zu groß und ich kann die Miete nicht allein tragen. Aber ein Umzug würde bedeuten, dass ich unser gemeinsames Reich aufgeben und mich von vielen Erinnerungen trennen müsste. Da ist der ganze Schriftverkehr, um den du dich immer gekümmert hast, und laufend ist etwas anderes kaputt. Mir wächst das alles über den Kopf und ich habe das Gefühl, es hört einfach nicht auf.

Durch den Tod Ihres geliebten Menschen sind möglicherweise Probleme in Ihr Leben getreten, für die Sie vielleicht keine Lösung sehen. Es können die veränderten äußeren Umstände oder finanzielle Sorgen sein, aber auch Einsamkeit und innere Nöte sind sehr belastend.
Der Versuch, diese Probleme zu bewältigen, kann sehr viel Kraft erfordern und auch an die Grenzen der Belastbarkeit führen. Angst, innere Unruhe und Schlaflosigkeit können dies begleiten.

UMGANG MIT PROBLEMEN

Zuversicht und Vertrauen:
Halten Sie einen Moment inne und lassen Sie die augenblickliche Auswegslosigkeit zu. Nicht alles ist überschaubar und lässt sich unmittelbar lösen. Manche Lösungen ergeben sich erst auf dem Weg und diesen können Sie nur Schritt für Schritt gehen. Heilung von Wunden bedarf der Zeit und auch manche Probleme lassen

sich erst nach und nach bewältigen. Vertrauen Sie darauf, dass es immer weitergehen wird. Ihr Weg endet nicht in einem Abgrund, wenn Sie ihn besonnen gehen.

Sich den Problemen stellen:
Nachdem Sie sich dies verinnerlicht haben, stellen Sie sich Ihren Problemen, aber versuchen Sie bei deren Betrachtung die Emotionen so wenig wie möglich einfließen zu lassen. Angst und Besorgnis waren noch nie gute Ratgeber, besser ist es, Probleme rational anzugehen. Als Erstes sollten Sie sich fragen, welche Probleme die höchste Priorität haben, da nicht alle Aufgaben gleichzeitig gelöst werden können. Wenn Sie „auf sehr vielen Baustellen unterwegs" sind, wird Ihre Kraft möglicherweise nicht ausreichen, auch nur einen „Bau" zu beenden. Nehmen Sie sich deshalb nicht zu viel auf einmal vor, damit Sie den Überblick behalten.

Einstellung und Erwartungshaltungen prüfen:
Prüfen Sie Ihre Einstellung zu den Umständen und Ihre Erwartungshaltungen. Veränderte Situationen bedürfen einer Anpassung. Wenn Sie im Moment vieles allein bewältigen müssen und durch Ihre Trauer zusätzlich belastet sind, wird es nicht immer möglich sein, frühere Ansprüche in gleicher Weise zu erfüllen. Fragen Sie sich: „Was ist zu diesem Zeitpunkt unter den gegebenen Umständen realistisch?" Auch wenn es Ihnen schwerfällt, Abstriche hinzunehmen und Kompromisse einzugehen, wird sich dies nicht immer vermeiden lassen. Erwarten Sie auch nicht von sich, dass Sie alle Probleme allein bewältigen können, denn das ist manchmal nicht möglich und auch nicht erforderlich. Lesen Sie dazu das Kapitel: „Hilfe annehmen und um Hilfe bitten".

Neu ausrichten:
Wenn sich für ein Problem unter den gegebenen Umständen keine Lösung herbeiführen lässt, gilt es festzustellen, unter welchen Umständen eine Lösung möglich wäre und diese Umstände zu

schaffen. Wer durch einen Unfall gelähmt ist, wird fortan nicht mehr laufen, sich aber mit einem Rollstuhl fortbewegen können. Sicher bedauert der Betroffene noch oft seine eingeschränkte Mobilität, wenn er diese jedoch für sich annimmt, ist er dennoch in der Lage, ein erfülltes Leben zu führen.
So ist es in dieser problematischen Zeit an Ihnen, die Verantwortung für sich selbst zu übernehmen und eigene Entscheidungen zu treffen. Entscheiden Sie, wann es notwendig ist innezuhalten, um Kraft zu schöpfen, wann es erforderlich ist zu handeln, wann die Erwartungen den gegebenen Umständen angepasst werden müssen und wann es gut ist, Hilfe anzunehmen.

Folgende bildliche Vorstellung kann Ihnen als Übung immer dann helfen, wenn Sie sich ausweglos fühlen und die Angst, dass es nicht weitergeht, Sie einholt.

› Übung: „Problem als Mauer"
Stellen Sie sich vor, Ihr Problem gleicht einer großen Mauer, die sich vor Ihnen aufgebaut hat und unüberwindbar scheint. Immer wieder laufen Sie nun an der Mauer auf und ab und suchen einen Ausweg. Sie fühlen sich machtlos, verzweifelt und auch hilflos, manchmal steigt Angst in Ihnen auf. Mit allen Mitteln versuchen Sie, die Mauer zu überwinden. Sie verausgaben Ihre Kräfte beim

Versuch, gegen die Mauer anzukämpfen, Sie treten dagegen, schreien und werden wütend, weil es kein Durchkommen gibt. Es ist nicht schön an diesem Ort vor der Mauer, die Sonne erreicht ihn nicht, es gibt kein Grün und kein Leben. Sie sind allein und fühlen sich sehr einsam, deshalb möchten Sie nicht an diesem Ort bleiben. Doch wohin Sie auch schauen, Sie sehen keine Möglichkeit, auf die andere Seite zu kommen. Irgendwann sind Sie völlig erschöpft. Es ist Zeit auszuruhen! Erlauben Sie sich eine Pause, setzen Sie sich in den Schatten der Mauer und sammeln Sie Ihre Kräfte! Alles scheint trostlos, doch es ist gut innezuhalten. Bleiben Sie einfach eine Weile so sitzen und ruhen Sie sich aus! Sie müssen und können in diesem Augenblick nichts tun.

Spüren Sie den harten Untergrund und spüren Sie, wo Ihr Körper vom Kampf gegen die Mauer schmerzt. Vielleicht wollen Sie sich mit dem Rücken an die Mauer lehnen, um etwas Entlastung zu erfahren. Atmen Sie tief ein und aus, lassen Sie alle Anspannung heraus. Lassen Sie die Schultern locker und entspannen Sie die gesamte Muskulatur.

Im Moment wissen Sie nicht, wie es weitergehen soll. Sie haben davon gehört, dass die Mauer überwindbar ist, dass es andere geschafft haben, das gibt Ihnen Hoffnung. Doch jetzt können Sie nichts anderes ausrichten, als Kraft zu sammeln. Nur so werden Sie einen Weg finden. Vielleicht kommt Ihnen mit der Zeit eine Idee oder ein Lichtblick. Sie waren ja auch noch nicht am Ende der Mauer, denn die Mauer ist nicht nur sehr hoch, sondern auch sehr, sehr lang. So lang, dass sie das Ende von Ihrem Blickwinkel aus nicht sehen können. Möglicherweise gibt es irgendwo eine Tür, die durch diese Mauer führt, oder eine Leiter, über die Sie hinüberklettern können, oder es kommt Ihnen jemand zu Hilfe. Noch haben Sie nicht alle Möglichkeiten ausgeschöpft.

Im Augenblick ist es jedoch erst einmal erforderlich auszuruhen und anzunehmen, dass Sie an dieser Mauer sitzen, wo es trostlos ist und nicht sehr schön. Halten Sie aus, dass dies jetzt so ist. Alles hat seine Zeit. Sie werden nicht immer da sein, wo Sie jetzt sind.

HILFE ANNEHMEN UND UM HILFE BITTEN

Manchmal bin ich völlig überfordert und dann fühle ich mich sehr hilflos. Meine emotionale Verfassung ist schlimm und ich würde so gern etwas von der Last und all den Problemen abgeben. Es würde mich schon beruhigen, wenn ich wenigstens bei einem Teil der Dinge, die mir so schwerfallen oder die ich gar nicht beherrsche, Unterstützung hätte. Und manchmal wünsche ich mir einfach nur einen Menschen, der mich in den Arm nimmt und ganz fest hält, vor allem dann, wenn ich das Gefühl habe, den Boden unter den Füßen zu verlieren. Dann sehne ich mich nach Trost und hoffe so sehr, dass jemand kommt und einfach weiß, was ich brauche. Darum zu bitten, fällt mir schwer. Viele haben ihre Hilfe angeboten, aber es ist doch jeder mit sich beschäftigt, hat seinen Alltag und eigene Probleme. Irgendwie bin ich zu stolz, Hilfe anzunehmen, ich möchte niemandem zur Last fallen. Aber andererseits war ich auch schon oft für andere da. So fühle ich mich innerlich zerrissen und weiß nicht, ob ich über meinen eigenen Schatten springen soll.

Den Verlust eines geliebten Menschen und alle damit in Zusammenhang stehenden Veränderungen zu bewältigen, ist unendlich schwer und erfordert viel Kraft. Durch die veränderten Umstände kann das gesamte Lebensgefüge ins Wanken geraten. Wer dabei ganz auf sich allein gestellt ist, hat es doppelt schwer. Manche Trauernde sind der Ansicht, dass sie es allein schaffen müssen, aber diese Annahme ist nicht gerechtfertigt. Natürlich kann dem Hinterbliebenen niemand die Trauer abnehmen. Eine Trauer bleibt eine Trauer. Und sie ist letztlich auch ein wertvoller Prozess, der für die Heilung erforderlich ist. Doch wer dabei Hilfe und Unterstützung erfährt, wird sich getragen fühlen und die Zeit besser überstehen. Sowohl die Unterstützung aus dem

Umfeld, als auch professionelle Hilfe dürfen und sollen in Anspruch genommen werden. Oft fällt es jedoch sehr schwer, sich dahingehend zu öffnen, denn dies bedeutet auch, die verletzliche, schwache Seite zu zeigen.

Vom Geben und Nehmen:
Vielen Menschen ist es unangenehm, Hilfe anzunehmen, und es gelingt ihnen nur, wenn Aussicht auf einen unmittelbaren Ausgleich besteht. Dieser Umstand liegt darin begründet, dass bei einer Ausgewogenheit von Geben und Nehmen keine Seite in der Schuld bleibt. So fällt es meist leichter zu geben als zu nehmen. Manche Menschen beschränken sich auch ausschließlich auf das Geben, weil sie sich dabei besser fühlen.
Der Ausgleich zwischen Geben und Nehmen ist zwar eine Gesetzmäßigkeit des Lebens, muss jedoch nicht unmittelbar und in gleichem Maße erfolgen. Wer der Hilfe bedarf, ist ja gerade aus diesem Grund nicht in der Lage, sofort gleichwertig zurückzugeben. Es ist auch nicht in jedem Fall erforderlich, der Person, von der man Hilfe erhält, Erhaltenes auszugleichen. In dieser Situation genügt erst einmal der Dank, und ein Ausgleich kann später und in ganz anderer Weise erfolgen. Genau genommen wird es sogar oft nicht möglich sein, mit selbem Wert auszugleichen. Kinder erhalten zum Beispiel so viel von ihren Eltern, dass sie dies selbst im Alter nicht zurückgeben können. Aber über eigene Kinder wird ihnen möglich weiterzugeben, was sie erhalten haben.
Beim Austausch von Unterstützung in schwierigen Zeiten geht es weniger darum, den Einsatz aufzuwiegen. Was zählt, ist füreinander da zu sein. Und dies geschieht zumeist, weil eine Bindung besteht, in der gegenseitige Hilfe und Unterstützung ein Bedürfnis sind. Der Helfer erfährt durch den Akt des Gebens und durch den Dank eine Bereicherung. All dies sollten Sie sich vor Augen führen, wenn es Ihnen schwerfällt, Hilfe in Anspruch zu nehmen. Es ist durchaus nachvollziehbar, wenn Sie ohne Unterstützung zurechtkommen möchten. Vielleicht ist es Ihnen unangenehm,

wenn andere Menschen sehr viel Zeit für Sie opfern, und Sie wollen Ihr Umfeld auch nicht mit Ihrem Kummer belasten. In Ihrer Trauer sind Sie nicht der unbeschwerte Mensch, der Sie früher einmal waren, das möchten Sie Ihren Mitmenschen möglicherweise nicht über Gebühr zumuten. Tragen Sie dennoch keine Scheinstärke zur Schau, denn vielleicht will Ihr Umfeld Ihnen jetzt gern zur Seite stehen, damit es Ihnen besser geht und weil Sie Ihren Mitmenschen am Herzen liegen. Auch Ihnen wäre dies im umgekehrten Fall wahrscheinlich ein Bedürfnis.

Auf direkte Hilfe angewiesen zu sein ist noch schwieriger, weil hierbei das Gefühl einer Abhängigkeit erwachsen kann. Wirklich frei ist nur, wer unabhängig ist. Doch wer diese Position anstrebt, wird auch nicht die Freuden von Geben und Nehmen erfahren. Mitgefühl, menschliche Wärme und Zuneigung werden demjenigen nicht zuteil, der Wert darauf legt, völlig unabhängig zu sein. Aber genau diese Kriterien bereichern das Leben im Miteinander.

Hilfe in Anspruch zu nehmen ist kein Zeichen von Schwäche. Jeder kann in die Lage kommen, kurz- oder langfristig Hilfe zu benötigen. Und ich persönlich halte es sogar für eine Stärke, Hilfe anzunehmen oder gar darum zu bitten, wenn dies erforderlich ist.

Konkrete Hilfe erbitten:

Sie können Ihrem Umfeld die Hilfe erleichtern, indem Sie konkret formulieren, was Sie brauchen. Auf diese Weise nehmen Sie Ihrem Gegenüber viel von der Unsicherheit, welche beim Umgang mit Trauernden im Allgemeinen besteht. Wenn Sie davon sprechen, wie es Ihnen geht und was Ihnen gut tun würde, kann konkrete Hilfe unkompliziert erfolgen. Damit sind auch all die kleinen Dinge gemeint, die ohne viel Aufwand möglich sind, von denen aber meist nur selten gesprochen wird. Vielleicht wünschen Sie sich einfach, dass Ihnen jemand zuhört oder Ihnen durch Nähe Halt gibt, Ihr Gegenüber kann jedoch Ihre Bedürfnisse nicht immer erahnen, deshalb ist es gut, wenn Sie diese äußern. Sagen Sie, dass es Ihnen hilft, über den Verstorbenen und seinen Tod zu sprechen, immer und immer wieder. Bitten Sie darum, in den Arm genommen zu werden, oder bitten Sie um die Schulter zum Anlehnen, wenn Ihnen danach ist. Ihre Mitmenschen haben meist Berührungsängste und wissen nicht, wie nah Sie Ihnen kommen dürfen. Auch konkrete praktische Hilfe dürfen Sie erbitten, wenn dies nötig ist. Sie können Ihrem Gegenüber dabei von vornherein in Aussicht stellen, dass dieser auch jederzeit „Nein" sagen kann, dann haben Sie dabei weniger das Gefühl, dass er sich zur Hilfe verpflichtet fühlt.

Wo lässt sich Hilfe finden:
Dennoch sollten Sie immer versuchen, sich nicht ausschließlich auf Ihr Umfeld zu stützen. Niemand kann Ihren Verstorbenen ersetzen. Durch Unterstützung und Beistand können Sie Trost erfahren, jedoch nicht die Lücke füllen, die Ihr geliebter Mensch hinterlassen hat. Sollten Sie merken, dass Ihr direktes Umfeld überfordert ist oder die Hilfestellung nicht ausreicht, dann scheuen Sie sich nicht, professionelle Hilfe in Anspruch zu nehmen. Wenn ein Haushaltsgerät defekt ist oder das Auto nicht mehr fährt, suchen Sie auch in einer Werkstatt Hilfe und warten nicht, bis sich der Schaden von selbst behebt. Auch seelische Not bedarf mitunter der Hilfe von außen. Diese können Sie bei einem Seelsorger, Therapeuten oder ausgebildeten Trauerbegleiter finden. Dabei muss es sich nicht um eine lang angelegte Therapie handeln. Trauer ist eine normale Reaktion auf einen Verlust und muss nicht therapiert werden. Gespräche können jedoch sehr zur Entlastung beitragen und beim Umgang mit schmerzhaften Emotionen helfen. Manchmal genügt bereits ein Gespräch, um wieder Orientierung und Halt zu finden. Oft trägt ein Gespräch auch dazu bei, dass Sie erfahren, dass Ihre Gefühle und Empfindungen normal sind im Verlauf der Trauer. All dies kann Sie sehr erleichtern und entlasten.
Auch in Trauergruppen können Sie durch die Gespräche mit anderen Betroffenen Hilfe erfahren. Das Zusammentreffen mit Menschen, denen ein ähnliches Schicksal widerfahren ist, ver-

bindet und lässt Sie aus Ihrer Einsamkeit heraustreten. Wer Ähnliches erlebt hat, versteht Ihren Schmerz, Gefühle dürfen deshalb gelebt werden, ohne dass Sie diese erklären oder rechtfertigen müssen. Der Erfahrungsaustausch mit anderen kann Ihnen auch Kraft, Zuversicht und Hoffnung geben. Sie können durch Schilderungen anderer Betroffener erfahren, dass diese ebenso schwere Zeiten durchlebt haben, dass der Verlust auch immer traurig stimmen wird, aber dass der Schmerz sich mit der Zeit verändert und nachlässt.

Hilfe, die zuteil wird, ist wie ein Licht, das einen dunklen Weg beleuchtet. Sie müssen Ihren Weg durch die Trauer selbst gehen. Doch ein steiniger, schwerer Weg ist besser zu bewältigen, wenn er nicht im Dunkeln gegangen werden muss. Indem Sie Hilfe annehmen oder gar darum bitten, lassen Sie zu, dass der Weg beleuchtet wird und Sie die Last nicht allein tragen müssen.

DIE BITTEN EINES TRAUERNDEN

- Redet meine Nöte nicht weg.
- Hört mir zu, auch wenn ich mich wiederhole.
- Stützt mich.
- Habt Geduld mit mir.
- Haltet mich aus.

- Bringt Verständnis auf.
- Seid sprachlos mit mir, wo es keine Worte gibt.
- Gebt mir Zeit.
- Nehmt die tiefe Verletzung in mir wahr.
- Ertragt meine Emotionen.
- Fragt, wie ihr für mich da sein könnt.
- Helft mir bei praktischen Dingen.
- Begrenzt mich, wenn ich mich in der Opferrolle verliere.
- Schmälert nicht das Geschehen.
- Macht mir Angebote, aber drängt mich nicht.
- Wechselt nicht das Gespräch, wenn ich den Raum betrete.
- Nehmt mir nicht meine Eigenständigkeit, indem ihr Dinge für mich entscheidet.
- Gebt mir Nähe. Ein Händedruck, eine Umarmung, die Schulter zum Anlehnen, all dies tut mir gut.
- Seid erreichbar.
- Sprecht stellvertretend Hoffnung für mich aus.
- Überspielt eure Unsicherheit nicht mit Floskeln.
- Fragt, wie es mir geht, auch wenn ihr Angst vor einer ehrlichen Antwort habt.
- Schließt mich für eine Weile in eure Gedanken und Gebete ein.
- Seid Fels in der Brandung.
- Ermutigt mich, dass ich mir Zeit gebe.
- Tauscht mit mir Erinnerungen aus.
- Nehmt mich immer wieder in euren Kreis, auch wenn euer Leben normal weitergeht.
- Denkt für mich an Dinge, an die ich in meinem Schmerz nicht denke.
- Akzeptiert meine Sichtweise, indem ihr Verständnis für meine Gefühle aufbringt.
- Akzeptiert meine Art und mein Tempo zu trauern, damit ich nie das Gefühl habe, mich rechtfertigen zu müssen.
- Lasst uns zusammen lachen, wenn die Zeit dafür gekommen ist.

MENTALE HILFE

Für viele Bereiche des Lebens gibt es Maßnahmen und Hilfestellungen, die Sie selbstverständlich anwenden, um Problemen vorzubeugen oder diese zu lösen. Sie pflegen Ihre Zähne und suchen den Zahnarzt auf, wenn sich doch einmal Zahnschmerzen einstellen. Das Auto wird gewartet und bei Bedarf sofort repariert. So wird vorgesorgt und Mängel werden in fast jedem Bereich des Lebens umgehend behoben. Was aber ist mit Ihrer Psyche? Wissen Sie, wie Sie Ihre Seele stärken und ihr bei Problemen helfen können? Kennen Sie Techniken, welche es Ihnen ermöglichen, selbst Einfluss auf Ihr psychisches Befinden zu nehmen? Wenn nicht, geht es Ihnen vielleicht wie vielen Menschen, die glauben, dass es in diesem Bereich wenig Mittel zur Unterstützung gibt und dass sie deshalb den seelischen Nöten mehr oder weniger hilflos ausgeliefert sind. Die eigenen Möglichkeiten werden aus Unwissenheit oft nicht genutzt. Und auch professionelle Hilfe wird noch zu selten in Anspruch genommen, weil die Ansicht besteht, dass Psychotherapie nur etwas für psychisch Erkrankte ist und ein Gesunder mit seinen Problemen selbst klarkommen muss. Dabei lassen Betroffene meist außer Acht, dass eine große seelische Belastung ebenso, wenn nicht noch mehr, der Aufmerksamkeit und Hinwendung bedarf wie ein Auto, bei dem die Ölanzeige aufleuchtet. Beim Auto wird nicht versäumt, Öl nachzufüllen, damit der Motor keinen Schaden nimmt und um eine teure Reparatur zu verhindern. Wer käme auf die Idee, diesen Mangel zu ignorieren oder die Anzeige zu verdecken, damit sie nicht mehr sichtbar warnt. Bei seelischen Belastungen jedoch bleibt die Hilfe oft aus. Das Leiden wird verdrängt oder passiv ertragen und hat dann mitunter eine psychische oder organische Erkrankung zur Folge. Natürlich ist bei emotionalen Problemen nicht in jedem Fall eine Therapie erforderlich. So handelt es sich bei der Trauer um eine normale Reaktion auf einen schmerzlichen Verlust, aber auch für diese schwere Zeit gibt es Möglichkeiten der direkten Hilfe für die Seele, wenn die Not sehr groß ist.

In diesem Kapitel möchte ich Sie mit Techniken vertraut machen, durch die Sie selbst aktiven Einfluss auf Ihr inneres Befinden nehmen können und auf alles, was aus Ihrem Unterbewusstsein heraus gesteuert wird.

DIE KRAFT DES UNTERBEWUSSTSEINS

Das Unterbewusstsein ist eine starke Triebkraft für nahezu all unsere Motive und Handlungen. Sie beachten möglicherweise diese Triebkraft nur viel zu wenig, weil Sie Ihrem Verstand mehr Vertrauen schenken. Dieser meldet sich durch einen permanenten Gedankenstrom viel deutlicher und vermittelt so eine größere Sicherheit. Doch das Unterbewusstsein ist weitaus umfassender und intelligenter als der Verstand. In ihm sind wesentlich mehr Informationen gespeichert als im Gedächtnis, und diese gehen über ein reines Wissen hinaus – auch in den Bereich des Fühlens. Das Unterbewusstsein trägt alle Informationen aus der Vergangenheit und ist – wie an Vorahnungen immer wieder ersichtlich wird – auch in gewisser Weise vorausschauend. Mit dieser Intelligenz steuert uns das Unterbewusstsein durch das Leben.

POSITIVES DENKEN

Da das Unterbewusstsein durch unser Denken beeinflussbar ist, wird auf diese Art und Weise auch möglich, das Leben in bestimmte Bahnen zu lenken. Ein Beispiel dafür ist die Macht des positiven Denkens. Positiv denkende Menschen haben mehr Erfolge im Leben und erkranken seltener. Gegenteilig wirken negative Gedankeninhalte. Sind diese zum Beispiel über einen längeren Zeitraum angstbesetzt, erlebt der Betroffene auch mehr Unsicherheit in seinem Leben. Oftmals zieht er mit seinen Gedanken dann genau das an, wovor er sich fürchtet. Und auch wenn sich natürlich nicht alles positiv denken lässt, weil es noch mehr Gesetzmäßigkeiten des Lebens gibt, ermöglicht die Erkenntnis dieser Zusammenhänge in vielen Bereichen eine bewusste Einflussnahme auf das persönliche Erleben.

Weil positives Denken in der Phase tiefen Schmerzes und der Trauer jedoch meist nicht möglich ist, kann in Form von Affirmationen und Imaginationen in direkter Art auf das Unterbewusstsein eingewirkt werden. Somit stehen Ihnen Mittel für die Selbstheilung zur Verfügung und Sie sind nicht länger machtlos.

AFFIRMATIONEN

Affirmationen sind bewusst gewählte Sätze, die dazu dienen, dem Leben eine positive Ausrichtung zu geben. Mit Affirmationen können negative Gedankenmuster durch neue Denkinhalte ersetzt oder umprogrammiert werden. Denn auf die gleiche Art und Weise, wie negative Denkmuster angeeignet sind, lassen sich auch positive Denkmuster erlernen.

Affirmationen werden in Form eines Selbstgespräches geführt und enthalten stets positive Formulierungen. Auf diese Art und Weise können Sie dem Unterbewusstsein positive Botschaften übermitteln. Verneinungen werden vom Unterbewusstsein nicht erkannt, deshalb achten Sie darauf, dass Sie keine Sätze mit dem Wort „Nicht" verwenden. Wichtig ist auch, Affirmationen immer in der Gegenwartsform zu formulieren und diese über einen längeren Zeitraum anzuwenden. Da sich bei Unaufmerksamkeit schnell wieder alte Gedankenmuster einschleichen können, ist es notwendig, die Gedanken kontinuierlich zu beobachten und gegebenenfalls zu korrigieren. Mit etwas Übung, Disziplin und dem entsprechenden Willen werden auf diese Art und Weise positive Einstellungen verinnerlicht, welche sich auf Ihr ganzes Erleben auswirken. Verspüren Sie anfangs einen inneren Widerstand, Sätze auszusprechen, die Sie noch nicht empfinden, ist das ganz normal. Wenn Sie dennoch nicht davon ablassen, dann wird sich auch der anfängliche Widerstand mit der Zeit legen. Sie erschaffen dadurch bewusst eine neue Realität, die mit etwas Verzögerung in Ihr Leben treten wird.

Beispiele:
„Nun werde ich nie wieder glücklich sein."
„Trotz meiner Trauer warten noch viele schöne Momente auf mich."

„Ich schaff das nicht."
„Ich schaffe das."

„Ich kann nicht mehr."
„Ich erhalte alle Kraft, um mein Schicksal zu tragen."

IMAGINATIONEN

Eine Imagination ist eine bildhafte Vorstellung, bei der Ihr Körper so reagiert, als erlebe er die Situation in der Realität. Alle Sinne werden dabei angesprochen und Emotionen ausgelöst. Durch eine bildhafte Vorstellung werden zusätzliche Gehirnregionen aktiviert und zur inneren Verarbeitung genutzt. Zahlreiche Studien belegen die Aktivierung von Selbstheilungskräften durch positive Imaginationen. Die bildhafte Vorstellung wurde schon von Schamanen als wirksames Mittel zur Unterstützung von Heilungen angewendet. Eine bewusste Anwendung der eigenen Vorstellungskraft kann auch eine beruhigende Wirkung erzielen und in vielerlei Hinsicht positive Veränderungen bewirken. Da das Unterbewusstsein in bildhafter Weise kommuniziert, wie anhand von Träumen sehr deutlich wird, können Sie durch Imaginationen noch wesentlich stärker auf Ihr Unterbewusstsein Einfluss nehmen als durch Affirmationen. Es ist so, als wenn Sie in der richtigen Sprache mit Ihrem Gegenüber sprechen und nicht in einer Fremdsprache mit Hilfe von Wörterbuch und Dolmetscher.

Mit Hilfe von positiven inneren Bildern können Verletzungen geheilt und durch Stabilisierung des inneren Befindens zukünftige Entwicklungen verankert werden. Wenn Sie also friedvolle Bilder in sich entstehen lassen, wird dies für Ihr Unterbewusstsein der Auftrag sein, diese Bilder in der Realität zu erschaffen. Bei der Umsetzung bedarf es jedoch einer gewissen Zeit, und vor allem sind Wiederholungen sowie Vertrauen wichtig. Zweifeln Sie, so senden Sie diese Zweifel ebenso an Ihr Unterbewusstsein und erfahren ein zweifelhaftes Resultat. Wichtig ist auf jeden Fall auch, sich darüber klar zu werden, dass negative Bilder natürlich ebenso wirksam sind. Wer kennt nicht die umgangssprachliche Bezeichnung vom Schwarzmalen, dem kaum eine positive Entwicklung der Dinge folgt.

Beispiele:
- Wenn Sie kraftlos sind, sehen Sie sich in Ihrer Vorstellung kraftvoll und gestärkt.
- Wenn Sie traurig sind, lassen Sie ein Bild entstehen, in dem Sie sich getröstet und lächelnd sehen.
- Wenn Sie sehr einsam sind, senden Sie ein Bild aus, in dem Sie sich in Gemeinschaft lieber Menschen befinden.
- Wenn Sie Schmerzen haben, sehen Sie sich vor Ihrem geistigen Auge schmerzfrei und vollkommen gesund.
- Wenn Sie sich niedergeschlagen fühlen, kann Sie in Ihrer bildlichen Vorstellung jemand aufrichten, oder Sie sehen sich aus eigener Kraft aufrecht stehen.
- Wenn Sie unruhig sind, lassen Sie vor Ihrem geistigen Auge ein Bild entstehen, in dem Sie sich in einem ruhigen und entspannten Zustand befinden.

Auch bei Angst und Panik lässt sich gut mit inneren Bildern arbeiten. Hierbei kann zum Beispiel durch Visualisierung ein sicherer Ort geschaffen werden, der bei richtiger und regelmäßiger Anwendung Rückzug und Entspannung bietet, oder innere Helfer können zur Unterstützung hinzugezogen werden. Diese

Übungen sind von der Ärztin und Therapeutin Luise Reddemann entwickelt worden. Sie hat damit in der Traumatherapie große Erfolge erzielt. Es gibt von ihr zu diesem Thema umfangreiche Literatur, deshalb möchte ich an dieser Stelle nicht näher darauf eingehen. Eine Übung vom „Inneren sicheren Ort" finden Sie in abgewandelter Form im Kapitel: „Angst".

Was Farben bewirken:
Schmücken Sie Ihre Bilder so bunt und detailreich wie möglich und auf Ihre ganz individuelle Art aus. Es ist sehr wirksam, wenn Sie in der Lage sind, Farben einfließen zu lassen. Hierdurch können Sie Ihre Stimmungen gezielt beeinflussen. In der Trauer empfehle ich die Vorstellung von hellen Bildern, aber auch die Verwendung der Farben Violett und Grün wirken heilsam. Die mentale Anwendung von Farben kann erfahrungsgemäß weniger gute Empfindungen neutralisieren. So können Sie, wenn Sie Ihrem Gefühl eine Farbe zuordnen, die Gegenfarbe gegenüberstellen und darüber Einfluss auf Ihr inneres Befinden nehmen. Eine Reduktion von Rot senkt zum Beispiel die Schmerzgrenze und kann auch Wut beeinflussen. Farbtafeln für Gegenfarben finden Sie im Internet.
Bereitet Ihnen das farbige Ausgestalten Ihrer inneren Bilder Schwierigkeiten, versuchen Sie über Parallelen aus der Natur, die Farben in Ihnen entstehen zu lassen. Es fällt Ihnen sicher leichter, sich gelbe Zitronen, einen blauen Himmel, violettfarbenen Lavendel oder das satte Grün von Blättern vorzustellen.
Je intensiver Sie die inneren Bilder ausmalen, umso deutlicher ist der Auftrag an Ihr Unterbewusstsein. Lassen Sie die Bilder wenn möglich lebendig werden, wie in einem Film. Auch wenn Sie sich im Moment weit entfernt von der Wirklichkeit dieser Bilder empfinden, bleiben Sie beharrlich dabei. Es sind die Bilder Ihrer Zukunft, die Sie auf diese Art und Weise selbst gestalten.

GEDANKENSTOPP

Um ständig kreisende und immer wiederkehrende Gedanken einzugrenzen, können Sie die sogenannte „Stopptechnik" anwenden. Stellen Sie sich hierfür beim Auftauchen von Gedanken, welche nicht förderlich sind oder sich stetig wiederholen, vor Ihrem geistigen Auge ein Stoppschild vor und sagen sich selbst „Stopp". Unterbrechen Sie an dieser Stelle den Gedankenstrom unmittelbar und greifen Sie nachfolgend Gedanken auf, welche in eine völlig andere Richtung gehen. Wiederholen Sie die Stopptechnik, sobald das Gedankenkreisen erneut einsetzt.
Zur Anwendung dieser Technik gehört eine gewisse Disziplin, aber mit etwas Übung lassen sich gute Resultate erzielen.

Nutzen Sie die Möglichkeiten der mentalen Hilfe, auch wenn Ihnen die Veränderungen eher gering erscheinen und es Ihnen schwerfällt. Für die Seele sind genau diese Anwendungen hilfreiche Unterstützung. Vertrauen Sie darauf, dass sich mit der Zeit eine Veränderung zum Positiven einstellt.

RITUALE

Ritual bedeutet das Vorgehen nach einer bestimmten Zeremonie oder Ordnung.

In unserer Gesellschaft wird Ritualen weniger Beachtung geschenkt als in anderen Kulturen, weil das Wissen um ihre Bedeutung zum Teil verloren gegangen ist. Viele Kulturen wissen um die Symbolkraft von Ritualen und nutzen diese intensiver. Doch auch bei uns werden Rituale angewandt, oft ohne sich dessen näher bewusst zu sein. Es ist nicht immer der große Rahmen erforderlich, der ein Ritual zum Ritual macht. Der Begriff lässt sich sicher weit fassen. Schon bei regelmäßiger Abfolge einer Handlung kann diese zu einem Ritual werden. Wenn der Beginn eines Tages jeden Morgen in einem gewohnten Rhythmus erfolgt und lieb gewonnene Abläufe beinhaltet, ist auch das auf gewisse Weise ein Ritual. So hat sicher jeder seine persönlichen Rituale für bestimmte Gelegenheiten.

Es gibt auch Rituale im Familienleben und für besondere Anlässe, wie zum Beispiel für eine Hochzeit. Für viele Menschen haben religiöse Rituale eine große Bedeutung. Eine andere Form der Rituale sind jene, die über eine Symbolkraft etwas veranschaulichen, bekräftigen und bei der Bewältigung innerer Prozesse helfen. Es lassen sich für jede Veränderungsstufe im Leben Rituale finden, so auch für den Tod und das Abschiednehmen. Mit ihnen lässt sich die Vergänglichkeit greifbar machen, ebenso wie die Aussicht auf einen Neubeginn.

Rituale:
- geben Halt und Orientierung
- lösen im Inneren etwas aus
- verleihen einem Inhalt einen Rahmen, wodurch die Bedeutung anschaulicher wird
- spiegeln die innere Erlebniswelt

- ermöglichen den Ausdruck von nicht Gelebtem
- geben die Möglichkeit, mit den eigenen Gefühlen in Kontakt zu treten
- können Bewusstes und Unbewusstes miteinander verbinden
- beziehen die Sinne mit ein
- besitzen heilsame Wirkung

RITUALE IN DER TRAUER:

In der Trauer können Rituale sehr viel bewirken, indem sie den Ausdruck fördern. Das Unfassbare des Verlustes und die fehlende Vorstellungskraft, wie es nun weitergehen soll, lassen sich schwer in Worten ausdrücken. Und Worte allein reichen dem Trauernden oft nicht aus, um gespendeten Trost zu verinnerlichen oder einen Ausweg zu sehen.

Rituale und Gleichnisse aus der Natur und den Elementen helfen das Unbeschreibliche besser zu begreifen, indem sie vergleichend veranschaulichen, was der Verstand nicht erfasst.

Und Trauer ist ein sehr starkes Gefühl, welches mit Denkprozessen kaum zu erfassen ist. Deshalb greifen hier solche gefühlsverbundenen Vorgänge wie Rituale viel besser. Sie beziehen in hohem Maße die Sinne ein und geben über das Veranschaulichen Orientierung.

Rituale können durch Wiederholungen der Abläufe Halt im Gefühlschaos geben. Es gibt aber auch Rituale, die nur einmal angewendet werden und ihre heilsame, befreiende Wirkung über ihre Symbolkraft entfalten. Rituale lassen sich bei allen wichtigen Prozessen der Trauer und ebenso beim Umgang mit Emotionen gut anwenden.

Beispiele wären:
- Vergänglichkeit
- Erinnern
- Veränderung
- Wut
- Loslassen
- Hoffnung
- Neubeginn

Durch den Verlust eines geliebten Menschen ist es mitunter auch erforderlich, lieb gewonnene Rituale und Gewohnheiten aufzugeben, die bis zu dessen Tod gemeinsam gepflegt wurden. Dabei werden Sie merken, wie wichtig und bedeutsam diese Rituale für Sie waren. An diese Stelle sollten nun neue Rituale treten, die jene ersetzen, welche jetzt nicht mehr möglich sind. Wenn Sie vielleicht in der Vergangenheit die Nachmittagskaffeestunde mit Ihrem verstorbenen Partner sehr geschätzt haben, und diese für Sie zum Ritual wurde, wäre eine Möglichkeit, dass Sie nun regelmäßig in dieser Zeit sein Grab besuchen oder die Zeit nutzen, um in Erinnerungen einzutauchen. Dabei können Sie Zwiesprache mit ihm halten und sich von der Seele sprechen, was Sie besonders bewegt.

Wenn Sie noch wenig Erfahrung mit der Kraft von Ritualen besitzen, möchte ich Sie ermutigen auszuprobieren, was diese bei Ihnen bewirken. Sie können Rituale für sich allein durchführen oder in einer Gemeinschaft. Geben Sie dem Ritual dabei einen entsprechenden Rahmen und ausreichend Zeit. Je bewusster die Ausgestaltung eines Rituals erfolgt, umso größer ist auch die dahinter stehende Kraft. Sie dürfen Rituale ganz individuell nach Ihren Bedürfnissen gestalten, eine freie Entfaltung ist gewünscht, der Fantasie sind dabei keine Grenzen gesetzt.

Nachfolgend möchte ich Ihnen einige Beispiele als Anregung zur Verfügung stellen. Weitere Beispiele zu jeweiligen Themen finden Sie auch in einzelnen Kapiteln dieses Buches.

RITUAL „SORGENSCHATULLE"

Suchen Sie sich eine kleine Schachtel oder Kiste, die Sie zu Ihrer „Sorgenschatulle" ernennen. Wann immer eine Sorge oder eine schmerzliche Emotion Sie überkommt, schreiben Sie diese auf einen kleinen Zettel und stecken diesen in Ihre Sorgenschatulle. Sie können ihr alles anvertrauen. Legen Sie für sich fest, wie viele Zettel Sie darin ertragen. Wenn diese Zahl erreicht ist, gehen Sie

mit Ihrer Sorgenschatulle zu einem Fluss. Nun können Sie Zettel für Zettel herausnehmen, zerreißen und ins Wasser werfen. So wie der Fluss die Zettel fortträgt, werden auch Ihre Sorgen, Ängste und Nöte weichen, wenn Sie diese freigeben.
Eine andere Möglichkeit wäre auch, die Zettel zu verbrennen.

Affirmation: *Ich gebe alle meine Ängste, Sorgen und Nöte frei.*

RITUAL: „DEM FLUSS DES LEBENS VERTRAUEN"

Suchen Sie sich einen ruhigen Platz an einem Fluss und beobachten Sie das Wasser. Das Leben ist vergleichbar mit dem Fließen des Wassers in einem Fluss. Aus der Quelle entsprungen bahnt sich das Wasser den weiten Weg bis zum Meer. Es fließt vorbei an vielen, vielen Ufern; manche wunderschön, andere weniger. Und immer wieder halten Widerstände das Fließen des Wassers einen Moment lang auf. Aber wie groß der Widerstand auch sein mag, das Wasser bahnt sich den Weg daran vorbei und erreicht eines Tages das Meer.
Manchmal erschweren Hindernisse auch den Fluss des Lebens. So beeinflussen Verluste, Probleme, Sorgen und Ängste das Le-

ben mitunter so stark, dass kein Ausweg zu sehen ist. Halten Sie daran fest, kommt es zu einem Stau, und es geht erst weiter, wenn der Druck groß genug ist.
In Ihrer Trauer mögen die Ufer ringsum trostlos sein, die Widerstände unüberwindbar erscheinen und eine bessere Zeit unvorstellbar. Doch haben Sie Geduld! Versuchen Sie nur den gegenwärtigen Moment zu erfüllen! Beobachten Sie das Fließen des Wassers und vertrauen Sie darauf, dass der Fluss des Lebens Sie weiter trägt, an neue, hoffnungsvolle Ufer!

Affirmation: *Ich vertraue dem Fluss des Lebens und lasse mich an neue Ufer tragen.*

RITUAL: „DEN KREIS SCHLIESSEN"

Die Trauer ist wie eine offene Wunde in Ihrer Seele, die viel Zuwendung und Zeit braucht, um zu heilen. Immer wenn Worte nicht mehr ausgesprochen, Zärtlichkeiten nicht mehr ausgetauscht und Träume nicht mehr gelebt werden können, spüren Sie diese Wunde besonders. Nehmen Sie bei jedem liebevollen Gedanken an Ihren Verstorbenen, für jede Zärtlichkeit, die Sie ihm noch schenken möchten, für jeden Traum, den Sie mit ihm noch gern gelebt hätten, aber auch für jeden Moment, in dem Sie sich des Abschiedes bewusst sind, einen Stein und setzen Sie daraus einen Kreis zusammen. Sie können sich dafür einen Platz in der Natur suchen oder einen Platz zu Hause schaffen.
Der Steinkreis kann innen ausgefüllt werden oder mit weiteren Steinen umrahmt werden. Jeder gesetzte Stein trägt dazu bei, den Kreis zu schließen. Lassen Sie sich Zeit, um den Gedanken und Gefühlen dabei ausreichend Raum zu geben.
Sie können von nun an auch immer einen Stein bei sich tragen und in die Hand nehmen, wenn der Schmerz besonders groß ist.

Affirmation: *Jeder Stein, den ich setze, trägt dazu bei, den Kreis zu schließen und die Wunde zu heilen.*

RITUAL: „PERLENKETTE DER GLÜCKLICHEN MOMENTE"

Mögen Sie Perlen? Wenn ja, dann gestalten Sie sich doch eine Perlenkette der kleinen Glücksmomente. Dazu benötigen Sie Perlen Ihrer Wahl, die Sie in Bastelgeschäften erhalten. Außerdem ist es erforderlich, die Aufmerksamkeit auf die kleinen Glücksmomente im Tagesverlauf zu richten.

In der Trauer Glück zu empfinden ist nicht einfach, weil der Verlust alles überschattet. Selbst dass die Sonne scheint, kann von Ihnen als unerträglich empfunden werden. Dadurch kommt es auch oft zu der Annahme, dass es nun gar nicht mehr möglich ist, Glück zu empfinden. Die kleinen Glücksmomente des Alltags werden häufig übersehen oder außer Acht gelassen. Doch gerade sie sind es, die in schweren Zeiten Kraft und Energie spenden können. Achten Sie von nun an ganz besonders auf jene Momente, die positiv sind. Eine liebevolle Begegnung, die ersten Frühlingsblumen, das Lächeln eines Kindes, jemand, der an Sie gedacht hat, eine Nacht, in der Sie gut schlafen konnten ... Nehmen Sie all dies ganz bewusst wahr, auch wenn Sie noch keine unmittelbare Freude dabei empfinden können. Für jeden guten Moment, der Ihnen bewusst wird, können Sie eine Perle auffädeln. Wenn Sie sich dabei diesen Moment noch einmal in Erinnerung rufen, kann er Ihnen erneut ein gutes Gefühl schenken. Und gerade weil Glück zu empfinden in der Trauer nicht so selbstverständlich ist, erarbeiten Sie sich auf diese Art und Weise eine Kette von ganz besonderem Wert.

Affirmation: *Ich sehe mit Dankbarkeit das kleine Glück, das mir Kraft und Freude schenkt.*

UNAUSGESPROCHENES

So vieles wollte ich dir noch sagen. Ich dachte immer, wir haben ewig Zeit. Jetzt bedauere ich diesen Irrtum, weil mir noch so viel auf der Seele brennt. Und täglich fällt mir Neues ein. Ich glaubte, nach all den Jahren wussten wir alles voneinander, aber es gab doch manches, das unausgesprochen blieb. Was fange ich jetzt damit an? Trotz der vielen kleinen Geheimnisse, die du mir spielerisch entlockt hast, sind da die inneren Welten, die ich dir noch nicht eröffnet habe, weil es Zeit und Mut braucht, sie zu betreten. Aber ich war mir sicher, dass diese Zeit kommt. Es war mir wichtig, dir eines Tages alles anzuvertrauen. Du solltest an meiner Seite sein, wenn ich diese Türen öffne, und nun stehe ich allein hier, mit meinem inneren und äußeren Scherbenhaufen.

Und ich wollte dir auch noch sagen, wie sehr du mein Leben bereichert hast, dass du das Beste bist, was mir passiert ist, und dass es mir leid tut, dass ich manchmal so ungeduldig mit uns war. Wenn ich die Chance hätte, würde ich jedes ungerechte Wort zurücknehmen. Aber diese Chance gibt es nicht mehr und das macht mich noch einmal mehr sehr traurig.

Vor allem bei dem plötzlichen Tod eines geliebten Menschen bleibt oft Unausgesprochenes zurück. Aber auch wenn eine längere Sterbephase vorausging, kann dies der Fall sein. Bleibt Positives ungesagt, hinterlässt es ein Bedauern. Doch wenn Negatives nicht ausgesprochen wurde, kann dies auf lange Sicht belasten und noch auf Jahre hinaus das Trauererleben erschweren. Selbst in körperlichen Symptomen kann sich dies widerspiegeln.

Es gibt sogar Trauernde, die die Symptome des Verstorbenen übernehmen, den sie nicht loslassen können, weil es zu einem klärendem Gespräch nicht mehr kam. Noch schwerer wiegt, wenn im Streit auseinandergegangen wurde und nun die Chance auf Versöhnung ausbleibt. In so einem Fall gelingt es dem Trauernden kaum, sich selbst zu verzeihen, und nicht selten bleibt ein quälendes Schuldgefühl, welches sich auch in andere Lebensbereiche übertragen kann. Der Trauernde möchte die Zeit zurückdrehen, um die Chance zu erhalten, Versäumtes nachzuholen. Dass es dafür nie wieder die Gelegenheit gibt, ist schwer zu ertragen, deshalb sollte nach Möglichkeiten der Entlastung gesucht werden.

Die Last von Ungesagtem nach außen bringen:
Tragen auch Sie Unausgesprochenes auf Ihrer Seele und drehen sich Ihre Gedanken immer und immer wieder um diese Last? Dann ist es an der Zeit, sich davon zu befreien. Es hilft niemandem, wenn Sie sich mit diesem Ballast das Leben zusätzlich zur Trauer erschweren, und auch Schuldgefühle können nichts zurückholen. Versuchen Sie alles, was ungesagt blieb, nach außen zu bringen. Hierbei ist Reden die direkteste Art. Sie können in Form von Zwiesprache Ihrem Verstorbenen alles berichten, was Ihnen zu benennen noch wichtig ist. Auch Schreiben ist eine gute Variante, Unausgesprochenes mitzuteilen. Schreiben Sie sich von der Seele, was auf ihr lastet, und schreiben Sie auch alles Gute auf, was ungesagt blieb. Sie können diese Zeilen später auf den Friedhof bringen, einem Fluss übergeben, im Wald vergraben oder in Form eines Rituals im Feuer verbrennen.

Eine neue Sichtweise annehmen:
Lenken Sie von nun an Ihre Ausrichtung nicht länger ausschließlich auf das, was unausgesprochen blieb, sondern viel mehr darauf, wie Ihr Verstorbener auf Ihre Mitteilungen reagiert hätte. Und wenn die Reaktion wohlwollend und verzeihend ausgefallen wäre, dann sollten Sie sich dies jedes Mal erneut ins Gedächtnis rufen, wenn sich wieder Bedauern, Vorwürfe und Schuldgefühle in Ihr Erleben mischen. Verzeihen Sie vor allem sich selbst, wenn Sie aus Mangel an besserem Wissen etwas unterlassen haben oder Dinge ungesagt blieben und Sie dies jetzt bereuen. Machen Sie

sich auch immer wieder bewusst, dass Sie nicht fehlerfrei sein müssen, weil Sie ein Mensch sind, der ständig dazulernt.

Hilfreich ist es auch, wenn Sie ab sofort alles, was Ihnen am Herzen liegt, was Sie berührt, beschäftigt, kränkt oder verletzt, unmittelbar ansprechen. Selbst wenn Sie dadurch nichts zurückholen können, wirkt dies befreiend und verhindert, dass Sie weiteren Ballast ansammeln.

*„Gehe nie im Streit
mit einem geliebten Menschen auseinander.
Schenke ihm noch ein letztes Lächeln
und einen lieben Gruß zum Abschied.
Denn könntest du ihn nie mehr wiedersehen,
würde die Last von tausend ungesagten Worten
und das stille Flehen um Verzeihung
dein Herz unendlich erschweren."*

Diana Mirtschink

SEHNSUCHT

Wie sehr ich auch versuche, die Realität deines Todes zu akzeptieren, die Sehnsucht nach dir wird nicht geringer. Ich fühle mich nur noch halb, seit du nicht mehr an meiner Seite bist. Nicht du, sondern nur noch die Gedanken an dich begleiten mich, und wo immer ich bin, versuche ich die Leere, die du hinterlassen hast, vergeblich zu füllen. Ich sehne mich nach dir am Morgen, wenn ich die Augen öffne, und ich sehne mich nach dir am Abend, wenn ich einschlafen will und deine vertraute Nähe mir so fehlt. Ich sehne mich nach dir in den vielen Stunden, die ich nun allein verbringen muss, und ich sehne mich nach dir, wenn ich unter Menschen bin, weil du mir überall fehlst. Ich sehne mich nach dir, wenn das Telefon klingelt, weil ich weiß, dass du mich nicht mehr anrufen wirst, und ich sehne mich nach dir bei allem, was geschieht. Die Sehnsucht lauert tief in mir wie ein wildes Tier. Sie treibt mich um und ich versuche, sie mit Ablenkung zu füttern. Doch es gelingt mir nicht, sie ist immer hungrig, will mehr und schreit nach dir. Wie soll ich sie nur bändigen?

In jedem Menschen steckt die Sehnsucht nach Liebe, Geborgenheit, Halt und Zuwendung. Wurde all das mit einem Menschen gelebt und erfahren und bricht durch seinen Tod plötzlich weg, ist die Sehnsucht umso größer. Andererseits wird die Erfahrung der Liebe auch ein tiefes, bleibendes Gefühl hinterlassen, welches nachhaltig wirkt und mit Dankbarkeit verbunden ist.

Mit dem Tod der Eltern stirbt auch das Gefühl, Kind zu sein. Hier kann Dankbarkeit die Erinnerungen begleiten, aber eine Sehnsucht nach der Liebe, wie sie nur Eltern zu geben vermögen, wird bleiben. Auch der Verlust eines Partners, eines nahen Verwandten oder Freundes wird eine Sehnsucht hinterlassen, wenn zu diesem Menschen eine Verbindung bestand, die einzigartig war und nun fehlt.

Sehnsucht ist das innige Verlangen nach etwas, was man sich sehr wünscht oder begehrt. Die Nichterfüllung dieses Verlangens ist mit einem schmerzhaften Gefühl verbunden.

In Sehnsucht steckt allerdings auch das Wort „Sucht", die immer darauf ausgerichtet ist, einen inneren Zustand durch äußere Umstände zu schaffen. Meist wird von außen das erhofft, was sich selbst nicht in ausreichendem Maße gegeben wird. Der Einfluss auf die äußere Quelle ist jedoch begrenzt und weil sich auch der innere Zustand ständig verändert, ist bleibendes Glück auf diese Weise nicht erfüllbar.

Die Sehnsucht nach dem geliebten Menschen, der nicht mehr in der Nähe ist, lässt sich aber nicht einfach unterdrücken oder mit Ablenkungen kompensieren. Der Gang zum Kühlschrank, ein Telefonat, fernsehen, im Internet surfen oder die Flucht in die Arbeit, all das wird immer nur begrenzt das Gefühl der Leere überbrücken. Die Sehnsucht nach dem geliebten Menschen kann nur die Zeit mildern und das Zurückbesinnen auf sich selbst.

UMGANG MIT SEHNSUCHT IN DER TRAUER

Auch die Sehnsucht gehört zu Ihrer Trauer und kann nicht unmittelbar durch einen Ersatz gestillt werden. Nehmen Sie deshalb die Sehnsucht als Teil Ihres Verlustes wahr, welcher seine Daseinsberechtigung hat.

Sehnsucht kann Ihr Herz für die tiefen Empfindungen öffnen, die zur Heilung des Schmerzes führen, und muss deshalb nicht unterdrückt oder überspielt werden.

Möchten Sie jedoch der Sehnsucht nicht hilflos ausgeliefert sein, wäre eine Möglichkeit, sie zu integrieren und für die Trauerbewältigung zu nutzen. Sehnsucht verlangt nach Ausdruck, und so können Sie in sehr sehnsuchtsvollen Momenten versuchen, alles, was sich Ihre Seele wünscht und auf ihr lastet, kreativ nach außen zu bringen. Gedichte schreiben oder Bilder malen sind hierbei nur zwei genannte Möglichkeiten.

Mit inneren Bildern der Sehnsucht begegnen:
Wie beim Umgang mit der Angst, können Sie auch die Sehnsucht bildlich vor Ihrem geistigen Auge entstehen lassen oder auf einem Blatt Papier zeichnen.

- Wie sieht Ihre Sehnsucht aus?
- Wie groß ist sie?
- Welche Gestalt nimmt sie an?
- Hat Ihre Sehnsucht eine Farbe?
- Was wünscht sich Ihre Sehnsucht?
- Was können Sie selbst Ihrer Sehnsucht geben?

Wenn Sie in der Lage sind, sich Ihre Sehnsucht visuell vorzustellen, können Sie wiederum ein Bild entwickeln, welches die Sehnsucht kleiner werden lässt, womit sie gestillt oder verwandelt werden kann. So ist das Arbeiten mit mentalen Bildern immer wieder ein machtvolles Werkzeug, mit dem Sie direkten Einfluss auf Ihr Unterbewusstsein nehmen können.

Sehnsucht von innen heraus stillen:
Wie bereits erwähnt, spielt für Ihr inneres Befinden eine große Rolle, wie sehr Sie sich stets auf sich selbst zurückbesinnen. Sich erinnern und Sehnsucht spüren gehören zur Trauer. Aber um sich nicht in der Sehnsucht zu verlieren und dieser keinen überwertigen Stellenwert einzuräumen, ist es wichtig, sich darauf zu besinnen, wer Sie sind, was Sie können und außerhalb der unerreichbaren Sehnsucht noch wollen, und was Ihnen gut tut. Versuchen Sie in erster Linie, sich selbst zu geben, was Sie sich wünschen. Und dabei steht die Eigenliebe an erster Stelle.

So geht es bei der Bewältigung einer Verlusterfahrung immer wieder darum, alle Aspekte zu integrieren, die Trauer, den Schmerz, die Sehnsucht und das Leben, das weitergeht.

„Nur wer die Sehnsucht kennt, weiß, was ich leide!
Allein und abgetrennt von aller Freude,
seh ich ins Firmament nach jeder Seite.
Ach, der mich liebt und kennt ist in der Weite.
Es schwindelt mir, es brennt mein Eingeweide.
Nur wer die Sehnsucht kennt, weiß, was ich leide!"

J. W. von Goethe[18]

SEHNSUCHT

Sehnen und suchen ist wie ein wildes Tier in mir.
Wann wird es ruhen?

Wenn ich gefunden habe, was ich suche?
Wenn ich aufhöre zu suchen?

Doch was suche ich noch,
wo ich dich nicht mehr finden kann?

Ich habe alles besessen.
Der flüchtige Augenblick hat viel vergessen.

Er bringt Neues, aber dich nicht zurück.
Mit deinem Tod scheint verloren all mein Glück.

Doch meine Liebe zu dir überdauert die Zeit
und die Erinnerung an dich macht mein Herz ganz weit.

Diana Mirtschink

EINSAMKEIT

Einsamkeit verfolgt mich, wo auch immer ich bin. Wie durch eine gläserne Glocke, die über mich gestülpt ist, trennt sie mich von der fröhlichen Welt. Selbst mitten unter Menschen fühle ich mich einsam. Ich sehe, wie rings um mich herum das Leben weitergeht, aber es interessiert mich nicht. Ich höre, wie die anderen lachen, aber es ist für mich bedeutungslos. Ich sitze unter dieser Glocke, und das pulsierende Leben erreicht mich nicht.
Wenn ich allein zu Hause bin, spüre ich es am deutlichsten, nur muss ich es hier nicht überspielen. Ich schleiche durch die Wohnung und warte darauf, dass etwas passiert. Ich schalte den Fernseher ein und gleich darauf wieder aus. Ich laufe zum Fenster und sehe nichts, was ich wirklich sehen möchte. Das Telefon bleibt stumm, und ich weiß nicht, wen ich jetzt mit meiner traurigen Einsamkeit behelligen kann. Ich habe kein Interesse an den Nachrichten und auch nicht an den Büchern, die ungelesen darauf warten, aufgeschlagen zu werden. Ich fühle mich getrieben und will doch nirgendwohin. Verzweiflung kommt auf, still weine ich. Aber die Stille der Ein-

samkeit ist nicht beruhigend, sie fühlt sich falsch an, irgendwie kalt und leer. Was kann mich wärmen, was mich erfüllen? Vielleicht ein Lächeln, eine Berührung, Trost? Doch die Kontakte sind weniger geworden in den Wochen seit deinem Tod.

Einsamkeit ist wie ein unliebsamer Mitbewohner, der sich ungebeten einquartiert hat und in den stillen Ecken lauert. Wer sich verlassen fühlt, wird auch unmittelbar die Einsamkeit spüren. Sie beruht jedoch nur zum Teil auf den äußeren Umständen und hat immer auch sehr viel mit dem innersten Befinden zu tun. Denn so wie es möglich ist, allein zu sein, ohne sich einsam zu fühlen, kann man wiederum unter vielen Menschen einsam sein.

Durch den Tod Ihres geliebten Menschen haben Sie etwas verloren, was einen wichtigen Platz in Ihrem Leben ausgefüllt hat. Sie mussten es unfreiwillig aufgeben, nun fehlt etwas und Sehnsucht macht sich breit. Sie haben eine wichtige Verbindung verloren und – weil dies so schmerzhaft ist – möglicherweise auch die Verbindung zu sich selbst. Doch wenn keine Verbindung da ist, entsteht das Gefühl des Getrenntseins, welches mit Einsamkeit einhergeht.
Niemand kann ermessen, wie tief Ihre Einsamkeit ist. Im hektischen Alltag ringsherum ist kein Platz dafür. Einsamkeit lässt sich aber nicht einfach so abschütteln, mit oberflächlichen Ablenkungen füttern oder mit angebotener Geselligkeit stillen. Was ihrer bedarf, liegt viel, viel tiefer.

UMGANG MIT DER EINSAMKEIT IN DER TRAUER

Leider gibt es kein schnelles Rezept gegen Einsamkeit. Die Einsamkeit ist ebenso Teil Ihrer Trauer, wie andere schmerzhafte Aspekte. Und so fühlen Sie sich nach Ihrem großen Verlust nun vielleicht auch oft einsam und verlassen. Deshalb gilt es die Einsamkeit als Teil Ihrer jetzigen Lebenssituation zu sehen und diese für den Moment anzunehmen. Dulden Sie den ungebetenen Gast als vorübergehenden Begleiter für begrenzte Zeit. Gleichzeitig können Sie aber auch versuchen, wieder Verbindungen herzustellen.

Zu sich selbst finden:
An erster Stelle und als wichtigste Verbindung, steht die Verbindung zu sich selbst. Vielleicht haben Sie durch Schmerz, Angst und Enttäuschung diese Verbindung verloren und fühlen sich deshalb orientierungslos. Wie im Strassengewirr einer fremden Stadt, in der Sie sich verlaufen haben, glauben Sie nun vielleicht, nicht aus dem Gewirr der Gefühle herauszufinden, und Panik kann Sie befallen. Sie können sich aber auch darauf besinnen, dass es immer einen Weg gibt und in Ihnen stets eine innere Stimme ist, welche Sie führt und leitet. Um diese zu hören, müssen Sie Ängste und Zweifel aufgeben und sich voller Vertrauen dieser inneren Stimme zuwenden. Wenn Sie wieder Kontakt zu Ihrem Inneren hergestellt haben, kehrt ein Gefühl von Sicherheit zurück und Sie erkennen die Richtung für Ihre nächsten Schritte. Gleichzeitig lässt auch das Gefühl der Einsamkeit nach, je mehr Sie sich selbst wiederfinden. Stellen Sie Kontakt zu Ihren Gefühlen her, spüren Sie, was Ihnen fehlt, aber erkennen Sie ebenso an, was da ist, wer Sie sind und was Sie bisher geleistet haben, möge Ihnen dies im Moment auch noch so gering erscheinen. Wertschätzen Sie selbst die kleinen Dinge und bauen Sie auf bisher Erreichtem auf. Wenn es Ihnen schwerfällt, Vertrauen zu gewinnen, weil die Ängste größer sind, geben Sie dennoch nicht gleich auf. Heilung ist ein Prozess, der in hohem Maße schon durch Ihre Bereitschaft für und den Wunsch nach Veränderung in Gang gesetzt wird.

Kontakte knüpfen:
Wenn Sie sich sehr einsam fühlen, können Sie sich auch für Verbindungen zu anderen Menschen neu öffnen. Wer ein schweres

Schicksal erfahren hat, verschließt sich mitunter, um nicht erneut verletzt zu werden oder weil er sich unverstanden fühlt. Doch wo Sie sich vor Verletzungen verschließen, verschließen Sie sich auch vor Nähe, Wärme und Liebe. Hier bedarf es Mut, sich einzulassen und sich für neue Erfahrungen zu öffnen, um Schritt für Schritt wieder Vertrauen zu gewinnen.

Bereits kleine Schritte können Ihre Einsamkeit verringern. Wenn Sie ein Kinderlächeln empfangen, auch ohne es schon erwidern zu können, wenn Sie in den Augen eines alten Menschen die gelebten Jahre sehen und wenn Sie erkennen, dass Sie ebenso in diesen Kreislauf gehören – mit all Ihrer Trauer – dann ist Verbindung da, welche Ihre Einsamkeit geringer werden lässt. Schirmen Sie sich nicht ununterbrochen vor dem Leben ab. Es gibt keine Glocke der Einsamkeit, nur eine innere Mauer, die Sie selbst errichten und aufrechterhalten. Es liegt an Ihnen, diese Mauer einzureißen oder wenigstens anfangs eine Tür zu öffnen.

Lassen Sie auch Kontakte zu Freunden, Nachbarn und Menschen zu, die es gut mit Ihnen meinen. Auch wenn diese nicht das gleiche Schicksal tragen und Sie sich vielleicht nicht immer in vollem Maße verstanden fühlen, gibt es eine Verbindung zwischen Ihnen, sonst wären diese Menschen nicht an Ihrem Leben interessiert. Wenn Sie an diese Verbindungen anknüpfen, lassen Sie Trennendes hinter sich. Und wo immer Sie sich zugehörig fühlen, wird die Einsamkeit geringer.

Im Einklang mit der Natur sein:

Vielleicht fühlen Sie sich unter Menschen noch unwohl und suchen mehr die Verbindung zur Natur. Auch in der Natur kann sich Ihre Einsamkeit spiegeln, doch wenn es Ihnen gelingt, eine Verbindung zur Natur herzustellen, werden Sie unendlich viel Kraft aus ihr schöpfen. Dann empfinden Sie es vielleicht bald als wohltuend, sich allein im Wald der Traurigkeit hinzugeben oder dem Bach all Ihre Sorgen anzuvertrauen. Auf diese Weise können Sie einen Zustand der inneren Ruhe erlangen.

Glaube verbindet:
Wenn Sie ein gläubiger Mensch sind, ist es sicher hilfreich für Sie, eine Verbindung zu Gott zu spüren. Auch wenn Sie diese aus Schmerz und Gerechtigkeitsempfinden getrennt haben und Sie vielleicht sogar einen Groll gegen Gott hegen und diesen nicht unmittelbar aufgeben können, dürfen Sie im Gebet um Kraft und Hilfe bitten.

Bitten Sie darum:
- das schwere Schicksal annehmen zu können, auch ohne es zu verstehen
- den Weg bewältigen zu können
- wieder Halt und Orientierung zu finden
- die Verbindung zu Gott wiederzuerlangen

und bitten Sie auch um Hoffnung und Zuversicht und das die Einsamkeit nachlässt.

Wann immer Sie sich einsam fühlen, entscheiden Sie für sich, ob Sie die Einsamkeit in der jeweiligen Situation als Teil des Trauerprozesses aushalten können oder durch Kontaktaufnahme verändern möchten. Ihr unmittelbares Befinden kann Ihnen die Antwort darauf geben und es liegt in Ihrer Hand, dieser Antwort zu folgen. Es gibt kein „Richtig" oder „Falsch" dabei, alles ist Teil Ihres Weges.

ALLEINSEIN

Mein momentaner Zustand ist unbeschreiblich. Ich fühle mich ruhelos und getrieben. Die Decke fällt mir auf den Kopf. Ich laufe in der Wohnung auf und ab und finde keine sinnvolle Beschäftigung. Dabei gäbe es so viel zu tun, doch mir fehlt jede Motivation dafür. Wenn ich aus dem Fenster schaue, sehe ich nur graue Wolken und Regen. Kein Wetter, das einlädt, vor die Tür zu gehen. Dabei weiß ich nicht einmal, ob mir das nicht sogar lieber ist, denn bei schönem Wetter empfinde ich es manchmal noch unerträglicher, dass du nicht mehr da bist. Wenn ich darüber nachdenke, womit ich mich in unserer gemeinsamen Zeit beschäftigt habe, dann fällt mir auf, dass wir auch nicht alles zusammen gemacht haben. Ich konnte stundenlang lesen, während du am Schreibtisch oder im Garten gearbeitet hast. Wir waren auch nicht ständig miteinander, aber du warst da, ganz in der Nähe, das ist der Unterschied. Jetzt gelingt es mir nicht, mich auf die Seiten eines Buches zu konzentrieren, und ich habe auch keine Freude daran, etwas zu kochen. Alles ist anders! Und manchmal denke ich, ich werde verrückt so ganz allein.

Wenn Sie über einen längeren Zeitraum mit einem Partner zusammengelebt haben, sind Sie nach dessen Tod mit einer völlig neuen Lebenssituation konfrontiert. Alles, was bisher gemeinsam gestaltet wurde, müssen Sie nun allein bewältigen. Was auf ein Miteinander ausgerichtet war entfällt – und eine große Leere macht sich an dieser Stelle breit. Am Morgen nach dem Erwachen, ist Ihre erste schmerzhafte Erkenntnis, dass das Bett neben Ihnen leer ist. Bei den Mahlzeiten sitzen Sie nun allein am Tisch und fragen sich vielleicht, für wen es sich noch lohnt, zu kochen oder zu backen. Das Geräusch eines Schlüssels beim Öffnen der Wohnungstür fehlt ebenso wie der Mensch, der auf Sie wartet, wenn Sie nach Hause kommen. Keiner liest Ihnen nun mehr etwas aus der Zeitung vor oder kommentiert die Nachrichten. Die vertraute Nähe, ja selbst die kleinen Streitigkeiten fehlen. Tage und Nächte erscheinen jetzt viel länger, die Wochenenden werden zur Qual. Vieles ergibt für Sie nun vielleicht einfach keinen Sinn mehr und das Alleinsein kann sich unerträglich anfühlen. Aber auch wer nicht den Partner, sondern einen anderen geliebten Menschen verloren hat, mit dem er sehr viel teilte, wird sich nun möglicherweise oft allein fühlen, weil Erinnerungen und das Fehlen gewohnter Abläufe den Verlust immer wieder bewusst werden lassen.

Wer das Alleinsein sehr deutlich spürt und hierbei nicht in eine Lethargie verfallen will, aus der nur sehr schwer wieder herauszukommen ist, sollte mit Konsequenz und Beharrlichkeit versuchen, eine neue Tagesstruktur für sich aufzubauen, auch wenn dies Überwindung kostet und die Bereitschaft dafür eher aus der Vernunft heraus entsteht.

SELBST AKTIV WERDEN

Es ist nachvollziehbar, dass durch die Trauer anfangs jede Motivation fehlt. In der akuten Trauer, der ersten Zeit nach dem Verlust, ist es auch noch nicht erforderlich, ja oftmals gar nicht möglich, neue Bereiche zu erschließen. Wenn aber der Alltag zu einem späteren Zeitpunkt zu viel Einsamkeit mit sich bringt, sollten Erweiterungen hinzukommen, um den Fokus auch wieder auf andere Bereiche jenseits der Trauer zu richten. Fühlen Sie sich dabei überfordert und sind der Meinung, dass ein Patient mit einer Fraktur auch keinen Sport treiben oder ein Museum besuchen muss, so sei Ihnen gesagt, dass ein gebrochenes Bein nur anfangs ruhig gestellt wird. Nach Entfernen des Gipses ist es erforderlich, die Muskulatur durch aktives Training und Physiotherapie wieder aufzubauen. Ein verletztes Herz ist natürlich nicht mit einem Knochenbruch zu vergleichen, auch dauert die Heilung viel länger. Dennoch kann eine Parallele gezogen werden; beides bedarf zur Heilung Zeit und später eines aktiven Mitwirkens. So ist es auch in der Trauer ratsam, selbst wieder aktiv zu werden, wenn nach einigen Wochen und Monaten die von außen kommende Unterstützung und Aufmerksamkeit nachlässt.

KLEINE ETAPPEN SETZEN

Hilfreich ist in erster Linie einmal, wenn Sie sich nicht zu viel und immer jeweils einen überschaubaren Zeitraum vornehmen. Anstelle der Planung für ein ganzes Wochenende ist es besser, jeden Tag in Abschnitte einzuteilen. Bewältigen Sie immer einen Abschnitt nach dem anderen. Das ist überschaubarer, leichter zu bewerkstelligen und erdrückt Sie vielleicht auch nicht so sehr in der Vorstellung. Wenn Sie einen Abschnitt geschafft haben, erkennen Sie dies für sich unbedingt als Leistung an. Vergleichen Sie sich nicht mit Menschen, die nicht Ihr Schicksal tragen und messen Sie sich nicht an Ihren früheren Zeiten. Setzen Sie deshalb Ihre Erwartungshaltung an sich selbst nicht zu hoch an und loben Sie sich für Vollbrachtes. Und wenn Ihnen einmal etwas nicht so gut gelungen ist, wie Sie es sich vorgestellt hatten, dann resignieren Sie auf keinen Fall. Seien Sie großzügig mit sich selbst und erlauben Sie sich auch Schwächen. Wichtig ist, nicht aufzugeben und sich nicht von Niederlagen die Motivation nehmen zu lassen.

MIT HILFE EINER TAGESSTRUKTUR DAS ALLEINSEIN ERLEICHTERN

Entscheidend ist natürlich, in welcher Phase der Trauer Sie sich befinden. In der akuten Trauer müssen Sie, wie bereits erwähnt, noch nicht in der Lage sein, den Tag neu zu gestalten. In dieser Zeit geht es erst einmal nur darum, den Tag durchzustehen und so gut wie möglich die notwendigen Anforderungen des Alltages zu bewältigen. Passen Sie anfangs Ihre Ansprüche Ihrem inneren Befinden an und setzen Sie sich erreichbare Ziele. Zu einem späteren Zeitpunkt sollten Sie sich jedoch gegebenenfalls über die innere Bereitschaft hinaus fordern, auch wenn es Ihnen schwerfällt. Je nach Alter, Persönlichkeit und Interessenlage wird die Tagesgestaltung immer sehr individuell ausfallen. Eine große Rolle spielt natürlich auch, ob Sie berufstätig sind und wie eng andere Familienmitglieder an Ihrem Leben teilhaben.

Obwohl es keinen allgemeingültigen Plan für eine optimale Tagesgestaltung gibt, möchte ich an dieser Stelle dennoch versuchen, Ihnen einige Anregungen zu geben, falls Sie im Moment keine Beschäftigung für sich finden und es Ihnen überhaupt nicht gelingt, eigene Ideen zu entwickeln. Sie können daran auch erkennen, dass bereits die scheinbar kleinen Dinge gemeint sind, die in der Summe einen Tag ausfüllen und wertvoll machen.

Mahlzeiten:

Eine gesunde, ausgewogene Ernährung ist gerade in Zeiten der seelischen Belastung extrem wichtig. Den Mahlzeiten mehr Beachtung zu schenken, wird Ihnen möglicherweise anfangs sehr schwerfallen, wenn Sie nicht gewohnt sind, diese nun allein einnehmen zu müssen. Vielleicht haben Sie auch überhaupt keinen Appetit und allein am Tisch zu sitzen kostet Sie eher Überwindung. Versuchen Sie es dennoch immer wieder!

Zum Frühstück verwöhnen Sie sich mit Brötchen vom Bäcker und vielleicht einem Obstsalat. So nimmt bereits die Vorbereitung etwas mehr Zeit in Anspruch. Wenn die ungewohnte Stille Sie erdrückt, wäre eine Möglichkeit, dabei Zeitung zu lesen oder das Programm des Frühstücksfernsehens anzusehen, auch wenn dies sonst nicht zu Ihren Gewohnheiten zählte und das Interesse am Weltgeschehen noch nicht sehr groß ist.

Auch wenn Sie allein sind, sollten Sie den Tisch so decken, dass er einladend wirkt. Zünden Sie eine Kerze an, sie kann zum Gedenken an Ihren geliebten Menschen von nun an immer bei den Mahlzeiten an Ihrem Tisch leuchten.

Kochen Sie jeden Tag für sich eine ausgewogene, warme Mahlzeit! Essen Sie langsam und in Ruhe und richten Sie Ihre Aufmerksamkeit dabei immer wieder auf den Geschmack der Speisen. So können Sie lernen, auch allein zu genießen.

Bewegung:
Bewegung ist das beste Mittel gegen Lethargie und Resignation und gibt ein gutes Gefühl für den Körper. Auch wenn Sie sich erschöpft und unmotiviert fühlen, sollten Sie sich angewöhnen, regelmäßige Bewegung in Ihren Tagesablauf einzubauen. So könnten Sie zum Beispiel einen Spaziergang mit dem Gang zum Friedhof verbinden. Gehen Sie oft in die Natur, weil Sie da besonders viel Kraft tanken können.
Sollten Sie sich in der Lage fühlen, Sport zu treiben, gibt es viele Möglichkeiten dafür; allein und in der Gruppe. Selbst für Senioren sind die Angebote in Städten mittlerweile sehr zahlreich. Sich einer Sportgruppe anzuschließen hat den Vorteil, dass Sie sich in einer Gemeinschaft befinden und vielleicht auch nicht so schnell die Motivation verlieren. Sportliche Betätigung schüttet außerdem Serotonin aus, welches als Botenstoff im Hirnstoffwechsel für eine positive Stimmung sorgt. So können Sport und Bewegung Sie in der Trauer unterstützen, nicht in eine Depression zu fallen.

Gesellschaft:
In der Gemeinschaft von anderen Menschen haben Sie die Möglichkeit, für einige Stunden dem Alleinsein zu entfliehen. Es ist dabei Ihnen überlassen, ob Sie sich lieber mit Gleichgesinnten in einer Trauergruppe treffen möchten oder ob Sie eine ganz andere Zielgruppe wählen, weil Sie Gespräche jenseits der Trauer wünschen. Auch hierfür gibt es wieder zahlreiche Möglichkeiten in Kirchgemeinden, der Volkshochschule, bei Seniorentreffs oder ähnlichen Einrichtungen. Sie können auch ein Museum besuchen oder sich einer ehrenamtlichen Arbeit widmen, um unter Menschen zu kommen. Verabreden Sie sich mit Freunden, wenn die

Zeit dafür gekommen ist, und gehen Sie dabei auch auf die anderen zu, selbst wenn es Sie Überwindung kostet, denn Ihr Umfeld kann oft nicht einschätzen, was Ihnen gut tut. Auch wenn Sie noch keine große Bereitschaft zu Aktivitäten in der Gemeinschaft verspüren, sollten Sie sich nach einer gewissen Zeit dieser Aufgabe stellen, denn es ist nicht förderlich, wenn Sie immer nur allein sind. Setzen Sie sich auch einmal allein in ein Cafè, wenn sich im Bekanntenkreis niemand findet, der Sie begleitet. Falls dies zu den Unternehmungen gehört, die Sie bisher nie in Erwägung gezogen haben, lassen Sie sich ruhig trotzdem einmal darauf ein. Vielleicht sträuben Sie sich gegen die Vorstellung, weil Sie befürchten, dadurch noch schmerzlicher mit Ihrem Verlust konfrontiert zu werden. Aber jede Konfrontation ist ebenso wichtige Trauerarbeit. Hierbei wird sehr Ihre Einstellung Ihr Erleben prägen. Der Besuch in einem Lokal kann eine Abwechslung bedeuten und Sie für kurze Zeit aus Ihrem immer gleichen Rhythmus herausholen. Sie gewinnen neue Eindrücke, können dort Zeitung lesen und kommen unter Menschen. Vielleicht ergibt sich sogar ein Gespräch. Diesbezüglich sollten Sie jedoch völlig erwartungsfrei herangehen.

Einen Schritt unter Menschen zu wagen, besonders wenn er Ihnen schwerfällt, gibt Ihnen im Nachhinein möglicherweise ein viel besseres Gefühl, als die Stunden allein zu Hause verbracht zu haben.

Zeit für Seelenbalsam:

In der Trauer ist Ihre Seele viel Kummer und Leid ausgesetzt. Lassen Sie deshalb Ihrer Seele im Gegenzug so viel wie möglich Gutes zukommen. Dabei ist alles, was die Sinne verwöhnt, Balsam für die Seele. Ein entspannendes Bad, ein Blumenstrauß, Düfte und Klänge, eine Massage, ein schmackhaftes Essen, das Hören Ihrer Lieblingsmusik, der Aufenthalt in der Natur, Kinderlachen und freundliche, liebevolle Menschen, mit denen Sie sich umgeben, sind nur einige der zahlreichen Möglichkeiten. Gönnen Sie sich regelmäßig Verwöhneinheiten, damit Ihre Seele nicht unter der Last der Trauer zusammenbricht. Selbst wenn Sie dabei keine sofortige und unmittelbare Erleichterung verspüren, ist alles, was Sie für Ihr seelisches Wohlbefinden einbringen, heilsam.

Zeit zum Trauern:

Auch Zeit zum Trauern und Zeiten der Erinnerung an Ihren geliebten Menschen sollten Sie als einen festen Bestandteil in Ihren Tag einbauen. Versuchen Sie der Trauer, ebenso wie anderen Aspekten Ihres Lebens, Raum zu geben. Dies in einer guten Balance zu halten, ist wichtig. Lesen Sie dazu das Kapitel „Erinnerungen", in dem ich ausführlich auf dieses Thema eingehe.

Aktivitäten:

Es gibt viele Möglichkeiten, etwas zu unternehmen, damit ein Tag nicht dem anderen gleicht. Dabei geht es auch weniger darum, bereits alles mit Freude aufzunehmen und zu genießen. Selbst der Sinn dahinter kann noch infrage gestellt sein, weil Sie als Trauernder eigentlich nur wollen, dass es wie früher ist. Aber Sie wissen tief im Inneren, dass Sie sich der neuen Realität stellen müssen, und dabei können Aktivitäten behilflich sein. Auch Ungewohntes kann Ihnen hier eine neue Ausrichtung geben.

Mögliche Aktivitäten:
- einen Stadtbummel oder Spaziergang unternehmen
- sich etwas Schönes kaufen oder sich neu einkleiden
- ein Café oder Restaurant besuchen
- Garten- oder Handarbeit
- Malen oder Zeichnen
- Lesen oder Musik hören
- Fotografieren
- Briefe oder Tagebuch schreiben
- sich künstlerisch oder handwerklich betätigen
- Kreuzworträtsel lösen
- ein Puzzle legen
- sich mit Tieren beschäftigen

- Pflanzen versorgen
- Fotoalben ansehen
- alte Dinge ordnen
- etwas Neues lernen
- mit Freunden telefonieren oder Freunde treffen
- zum Friseur oder zur Kosmetik gehen
- ein Bad nehmen
- Kochen oder Backen
- Wandern, Rad fahren oder Sport treiben
- Meditieren oder eine Kirche besuchen
- Dinge sammeln
- einen Lieblingsfilm ansehen
- etwas Spontanes versuchen
- in einen Tierpark oder ins Museum gehen
- ein Theater- oder Konzert besuchen
- ans Meer oder in die Berge fahren
- einer ehrenamtlichen Arbeit nachgehen

Dies sind einige Anregungen, von denen Sie aufgreifen können, was Ihnen am meisten liegt. Lassen Sie Ihre innere Stimme entscheiden, wonach Ihnen ist. Nicht immer werden Sie sich sofort wohl dabei fühlen. Ungewohnte Situationen, gegen die Sie sich eventuell anfangs noch sträuben, benötigen mitunter Zeit, bis Sie sich dabei sicher fühlen. Es ist verständlich, dass es Ihnen sehr, sehr schwer fällt, Dinge allein zu unternehmen, wenn Sie dies bisher nicht gewohnt waren. Vielleicht macht es Sie zuweilen sogar wütend, dies nun zu müssen. Aber jeder Widerstand erschwert Ihr Leben.
Sie werden auch nicht immer in der Lage sein, geplante Vorhaben umzusetzen. Wenn die Trauer Sie einholt und Sie sich nicht in der Verfassung befinden, Aktivitäten nachzugehen, dann erlauben Sie sich dies auch. Doch die Trauer sollte nicht alles beherrschen. Lassen Sie sich also immer wieder darauf ein, etwas aktiv zu unternehmen, auch wenn Ihnen mitunter die Motivation für Aktivitäten fehlt und es Sie zuweilen Überwindung kostet.

Die Entdeckung der Langsamkeit:
Erfüllen Sie all Ihre Aufgaben und Vorhaben immer ruhig, mit Bedacht und Achtsamkeit. Hektische Betriebsamkeit ist nicht nötig. Wenn Sie vielleicht bisher ein anderes Tempo gewohnt waren, versuchen Sie, dies Schritt für Schritt zu ändern. Auf diese Art und Weise kann sich mit der Zeit auch eine bestehende innere Unruhe legen. Nehmen Sie sich ausreichend Zeit für Ruhepausen und Entspannung. Es ist auch sehr hilfreich, wenn Sie sich feste Gewohnheiten schaffen. In Zeiten der Orientierungslosigkeit kann gerade das den nötigen Halt geben.

Was auch immer Sie unternehmen, um das Alleinsein erträglicher zu gestalten, Sie können lernen, allein oder zumindest ohne den Anderen zu sein. In welchem Maße Sie dies zulassen und annehmen, wird Ihre Lebensqualität bestimmen. Es liegt in der Natur des Menschen, sich zur Gemeinschaft hingezogen zu fühlen, aber der Mensch ist auch in der Lage, allein zu leben und zu genießen. Jede Form von Gemeinschaft ist eine Bereicherung, die nicht als Bedingung ans Leben gestellt werden kann.
In Zeiten des Alleinseins haben Sie die Chance, in Ihre eigene

Kraft zu kommen. Das mag schwer nachvollziehbar sein, wenn Sie sich im Moment durch das Alleinsein eher schwächer und hilflos fühlen. Aber wenn Sie auf sich selbst gestellt sind, können Sie Kräfte mobilisieren, von denen Sie bisher nichts ahnten. Sie können über sich hinauswachsen und daran stark werden. Wenn Ihre Ausrichtung nun auf Ihre eigene Person zielt und nicht mehr auf ein Miteinander, können Sie sich selbst intensiver entfalten. Vielleicht ist nun die Gelegenheit da, etwas in Angriff zu nehmen, was Sie immer schon einmal tun wollten, wofür Sie sich aber nie die Zeit genommen haben. Es gibt viele Menschen, die erst in Phasen des Alleinseins Ihre Individualität entwickelten. Dann haben diese die Staffelei vom Dachboden geholt oder eine Ausbildung begonnen. Der Wunsch schlummerte vielleicht schon viele Jahre in ihnen, aber erst das Alleinsein gab den Auslöser, diesen Wunsch auch umzusetzen.

Die Kunst des Alleinseins kann man erlernen, aber nichts lässt sich erzwingen. Lassen Sie sich beim Versuch, eine neue Lebensform für sich zu finden, mit Geduld durchs Leben tragen. Sehen Sie es als Prozess, den Sie durch Ihre Bereitschaft aktivieren. Versuchen Sie, einen Ausgleich zu finden zwischen den stillen Momenten des Alleinseins, in denen anfangs noch die Trauer überwiegen wird, und Momenten der Abwechslung in der Gemeinschaft mit anderen Menschen.

Sie allein haben die Wahl. Wenn Sie nicht bereit sind, sich dafür zu öffnen und sich in Resignation und Rückzug begeben, werden Sie sich auch nicht weiterentwickeln. Das Resultat ist Stagnation und ein Verharren in der Trauer. Sich für neue Aktivitäten zu öffnen bedeutet nicht, die Traurigkeit über den Verlust des geliebten Menschen aufzugeben, sondern mit der Traurigkeit das Leben weiter zu leben. Wenn Sie sich darauf einlassen und aufkommende Widerstände ablegen können, setzt eine Wandlung ein. Sie werden sich verändern und gestärkt aus diesem Prozess hervorgehen.

ERINNERUNGEN

Ich befürchte, je mehr Zeit vergeht, umso weniger bleibt mir von dir. Werde ich den Klang deiner Stimme in mir halten können, gegen die Zeit? Werden meine Erinnerungen verblassen, so wie sich dein Geruch in deinen Sachen mehr und mehr verflüchtigt hat? Werden letztlich nur noch die Sehnsucht und der Schmerz in mir brennen, weil deine Nähe immer weiter entrückt? Wie kann ich festhalten, was nach dem Tod nun auch noch die Zeit mitnehmen will? In mir ist ein Drängen nach vorn, raus aus dem Schmerz und gleichsam widerstrebt mir der Gedanke weiterzugehen, weil ich mich dann mehr und mehr von dir entferne.
Manchmal schaue ich mir deine Bücher an. Sie zu lesen gelingt mir noch nicht, doch ich erinnere mich mit Wehmut an die Stunden, als du mir daraus erzählt hast. Auch deine Musik kann ich nur selten hören, weil es so schmerzhaft für mich ist. Doch wenn ich unsere gemeinsamen Fotos ansehe, erinnere ich mich lebhaft an unsere glückliche Zeit. Die Erinnerungen sind schön und bringen dich mir immer wieder ganz nah. Ich betrete gern dieses Reich, in dem ich von dir träumen darf. Aber gleichzeitig kommen mir die Tränen, wenn ich begreife, dass ich nie wieder mit dir reden, lachen und dich berühren kann. Und so wird alles, was mich erinnert, zur Zerreißprobe. Ich möchte eintauchen in die Erinnerung, weil nur sie mich noch mit dir verbindet, und gleichzeitig spüre ich dadurch verzweifelt die Wunde des Verlustes umso mehr.
Alles verändert sich und dennoch fehlst du mir wie am ersten Tag. Ich kann den Lauf der Zeit nicht aufhalten und die Vergangenheit nicht zurückholen und manchmal habe ich Angst, dass die Zeit auch noch die Erinnerung an dich mit sich nimmt.

———

Was immer im Lauf der Zeit erlebt wird, prägt auf die eine oder andere Art und Weise und ist im Unterbewusstsein gespeichert.

So gibt es in jedem Leben positive und negative Ereignisse, welche bewusst oder unbewusst erinnert werden können. Durch die Erinnerung lässt sich noch einmal mehr oder weniger intensiv in die Zeit des Erlebten eintauchen.

Erinnerungen sind wie Meilensteine des Weges. Sich zu erinnern ist sehr wertvoll, wer sich nicht erinnern kann, dem fehlt auch immer ein Stück Identität. Erfahrungen, die erinnert werden, beeinflussen das Handeln. So können positive Erinnerungen bereichern sowie Kraft und Freude schenken. Negative oder angstbesetzte Erinnerungen lassen vorsichtig werden, verdeutlichen aber auch, dass Unverarbeitetes danach drängt, aufgearbeitet zu werden.

Sich an Erlebnisse zu erinnern, ist stark mit den Sinnen verknüpft und spricht auf diese Weise die Seele an. Ein Duft, der Besuch von bestimmten Orten oder der Klang einer bekannten Melodie können Erinnerungen wachrufen, und dadurch lässt sich auch in die Stimmung zum damaligen Ereignis eintauchen. Bei positiven Erinnerungen wird das als sehr wohltuend empfunden, bei traumatischen Erinnerungen können die mit dem Ereignis gekoppelten Sinnesreize Schmerz, Angst und Panik auslösen. Immer aber sind Erinnerungen wichtige Botschafter.

Erinnerungen in der Trauer:
In der Trauer ist die Erinnerung die unmittelbarste Weise, auf die Sie dem Verstorbenen nah sein können.
Erinnerungen können tröstlich sein, ein Gefühl von Dankbarkeit hervorrufen und eine tiefe Bereicherung hinterlassen. Sie können aber auch Sehnsucht auslösen und als sehr schmerzlich empfunden werden, denn diese Erinnerungen verdeutlichen Ihnen gleichzeitig, dass gemeinsam Erlebtes unwiederbringlich ist. Durch diese schmerzliche Erkenntnis wird Ihnen die neue Realität jedoch zunehmend mehr bewusst.
So verbindet und trennt die Erinnerung gleichermaßen, was sehr widersprüchliche Gefühle hervorrufen kann.

In Erinnerungen eintauchen:
Sie sollten dennoch Erinnerungen nicht aus Angst vor Gefühlen vermeiden, sondern sich sogar ganz bewusst Zeit zum Erinnern nehmen. Erinnerungen an den Verstorbenen dürfen und sollen gelebt werden. Sich bewusst zu erinnern, dient einerseits dazu, die Verbundenheit zum Verstorbenen aufrechtzuerhalten und gibt durch die schmerzhafte Erkenntnis, dass die gemeinsame Zeit der Vergangenheit angehört, stets aufs Neue auch die Einsicht, dass die Beziehung zum Verstorbenen eine andere Rolle einnehmen muss. Durch das Bewusstwerden des Verlustes beim Erinnern wird Ihnen immer wieder deutlich, dass Ihr Verstorbener nicht mehr greifbar ist und nur noch in Ihrem Inneren einen festen Platz hat. So wandelt sich mit der Zeit das Bild Ihres geliebten Menschen und er wird mehr und mehr zu Ihrem inneren Begleiter, der so lange an Ihrer Seite sein darf, wie Sie es wünschen. Auf diese Art und Weise verarbeiten Sie Trauer durch Erinnern.

Geben Sie sich Zeit für diesen Prozess, indem Sie die schmerzhaften Aspekte zulassen und sich die schönen Momente erlauben. Vertrauen Sie darauf, dass der Verlust Ihres geliebten Menschen eines Tages weniger schmerzlich erinnert werden wird. Sehen Sie dabei Erinnerungen aber auch als Teil der Vergangenheit, die Sie immer wieder verlassen müssen, aber in die Sie jederzeit erneut eintauchen können, wenn Ihnen danach ist. Erinnern heißt auch akzeptieren, dass die vergangene Zeit vorbei ist, heißt, dass Schönes nicht auf gleiche Weise wiederholt und Fehler nicht wiedergutgemacht werden können. Wenn Sie damit Ihren Frieden schließen und nicht an der Vergangenheit festhalten, werden Sie die Erinnerungen immer mehr als Bereicherung und immer weniger als schmerzlich empfinden.

Einen Ort der Erinnerung schaffen:
Richten Sie sich zu Hause einen Platz ein, der für Sie zum Ort der Erinnerung wird. Gestalten Sie diesen Ort mit Erinnerungsstücken an Ihren Verstorbenen aus. Fotos, bedeutsame Gegenstände, Kerzen und Blumen können diesen Ort schmücken. Ziehen Sie sich an diesen Ort zurück, wann immer Sie das Bedürfnis haben, Ihrem geliebten Menschen nah zu sein, wenn Sie mit ihm Zwiesprache halten oder wenn Sie Bilder aus der Vergangenheit aufleben lassen möchten. Tauchen Sie ganz ein in die Erinnerungen und tanken Sie Kraft aus den Gefühlen der Liebe, der Wärme und der Dankbarkeit, die Sie dabei empfinden. Verlassen Sie aber nach einer gewissen Zeit diesen Ort auch wieder, mit dem Wissen, jederzeit zurückkommen zu können, und dem Entschluss, sich nun bewusst der Gegenwart zuzuwenden, denn Sie können an keinem Ort unbegrenzt verweilen.

SOMETIMES

*Manchmal
sind Erinnerungen wie ein Regenguss
kommen auf dich herab,
erwischen dich ganz unvermutet.*

*Manchmal
sind Erinnerungen wie Gewitter,
schlagen auf dich ein,
gnadenlos in ihrem Auftauchen,
und dann, wenn sie aufhören,
lassen sie dich ermüdet und geschafft zurück.*

*Manchmal
sind Erinnerungen wie Schatten,
schleichen sich heimlich von hinten an,
verfolgen dich rundherum,
dann verschwinden sie,
lassen dich traurig und verwirrt zurück.*

*Manchmal
sind Erinnerungen wie eine Daunendecke,
umgeben dich mit Wärme,
üppig, überreichlich
und manchmal bleiben sie,
hüllen dich in Zufriedenheit.*

Marsha Updike[18]

SCHLAFLOS

Jeden Abend falle ich müde und erschöpft in mein Bett und hoffe, schnell erholsamen, befreienden Schlaf zu finden. Ich wünsche mir so sehr, in den Schlaf zu entfliehen, wo ich fern bin von den Sorgen und der Trauer um dich. Aber immer seltener kann ich wirklich gut einschlafen. Wenn ich das Licht gelöscht habe und alle Ablenkung um mich herum ruht, verstärkt sich das Gedankenkarussell, welches mich schon über den Tag hinweg so vereinnahmt hat, und ich vermag es nicht zu bremsen. Ich wälze mich im Bett von einer Seite auf die andere. Meine Blicke auf den Wecker machen mir bewusst, dass Stunde um Stunde ohne Schlaf vergeht und ich morgen wieder unendlich müde sein werde. Meine Hand greift schmerzlich ins Leere, ich flüstere voller Sehnsucht deinen Namen, und deine fehlende Nähe ist fast unerträglich. Die bittere Realität erfasst bedrohlich mein ganzes Sein und lässt mich nicht zur Ruhe kommen. So sehne ich einerseits den Schlaf als Erlösung herbei und habe andererseits fast Angst vor jeder Nacht. Finde ich nach Stunden endlich Schlaf, ist dieser meist unruhig und ich fühle mich am Morgen selten ausgeruht.

Schlaflosigkeit ist eine sehr häufige Begleiterscheinung in der Trauer. Das Begreifen des Verlustes ist unendlich schmerzlich, und erst nach und nach wird das volle Ausmaß bewusst. So kommen die Gedanken nicht zur Ruhe und werden vor allem nachts, wenn keine Ablenkung da ist, richtig präsent. Die ständig kreisenden Gedanken hindern am Einschlafen, und Erholung stellt sich nicht ein. Gedanken, die unentwegt auftauchen, können auch in Träume einfließen und belasten den Trauernden so noch zusätzlich. Schlafstörungen in der Trauer sind ein sehr gravierendes Problem, weil schon nach kurzer Zeit ohne ausreichend Schlaf die nervliche Belastbarkeit immer geringer wird. Der Trauernde wird dadurch noch sensibler und gerät mehr und mehr aus dem inneren Gleichgewicht. Und jede Anstrengung, das Einschlafen zu erzwingen, erschwert dies noch weiter. So befindet sich der Trauernde bald in einer Spirale, in der er vielleicht zu Schlafmitteln greift, um endlich erholsamen Schlaf zu finden. Dadurch kann er sich aber auch schnell in eine Abhängigkeit begeben.

SCHLAFMITTEL – EINE LÖSUNG?

Schlafmittel machen bei regelmäßigem Konsum nicht nur abhängig, sondern erzeugen einen künstlich Schlaf, der nicht der Qualität eines natürlichen Schlafes entspricht. Dies geht vor allem zu Lasten des Tiefschlafes, welcher aber in hohem Maße für die Leistungsfähigkeit entscheidend und für Körper und Geist so wichtig ist. Auch die Träume verringern sich durch die Einnahme von Schlafmitteln, und eine Verarbeitung vom Geschehen des Tages ist nicht in gleichem Maße möglich, wie sie bei einem natürlichen Schlaf gegeben ist. Und gerade dieser Aspekt ist bei der Trauerbewältigung von großer Bedeutung.
Besonders bedenklich bei der Einnahme der meisten Schlafmittel ist jedoch, wie schon erwähnt, die relativ rasche Abhängigkeitsentwicklung. Bereits nach einigen Wochen kommt es bei regelmäßiger Anwendung zu einem Gewöhnungseffekt und einer Toleranzentwicklung, das heißt, die eingenommene Dosis muss erhöht werden, um den gleichen Effekt zu erzielen, und ohne Einnahme eines Schlafmittels findet der Betroffene dann meist kaum noch in den Schlaf.
Eine Alternative zu abhängig machenden Schlafmitteln sind Präparate auf pflanzlicher Basis, meist in Form von Tee, aber auch als Dragees. Pflanzliche Präparate entfalten eine beruhigende und den Schlaf fördernde Wirkung, wobei ihre Wirksamkeit jedoch etwas geringer ist als bei chemisch erzeugten Mitteln. Die Schlafqualität auf natürliche Weise verbessern kann zum Beispiel Hopfen (bevorzugt als Hopfenzapfentee anwendbar) durch beru-

higende pflanzliche Hormonstoffe. Auch Baldrian, Melisse und Lavendelblüte werden eine beruhigende Wirkung zugeschrieben.

Schlaftrunk-Rezept:
Zwei Teelöffel Hopfenzapfentee in 250 ml Milch aufkochen und 7-10 Minuten abgedeckt ziehen lassen. Anschließend durch ein Sieb geben und mit einem Teelöffel Honig süßen.

Bei Schlafstörungen sollten aber Präparate, egal welcher Art, immer das letzte Mittel der Wahl sein und nicht zur regelmäßigen Anwendung dienen. Besser ist es, in erster Linie andere Maßnahmen zu ergreifen, wozu besonders die sogenannte Schlafhygiene zählt, welche im Nachfolgenden beschrieben wird.

DAS EINMALEINS BEI SCHLAFSTÖRUNGEN

Der Verlust Ihres geliebten Menschen hat Sie in einen Ausnahmezustand versetzt. Unter diesen Umständen ist Abschalten und Ruhe finden sehr schwer. Das Erfassen und Begreifen der neuen Situation braucht Zeit und so gehen Ihnen vielleicht vor dem Einschlafen tausend Fragen und viele sorgenvolle Gedanken immer wieder durch den Kopf und behindern Ihren Schlaf. **Wenn das Gedankenkreisen einsetzt, ist es nicht günstig, dem nachzugeben.** Gelingt Ihnen eine Unterbrechung nicht, ist es besser, noch einmal aufzustehen und eine Ablenkung zu suchen. Auch wenn es Ihnen durch große Müdigkeit sehr schwer fällt, diese Variante zu wählen, ist sie dennoch besser, als stundenlang zu grübeln. Fortwährendes Grübeln lastet auf der Seele und prägt sich in Ihr Unterbewusstsein ein. **Wählen Sie für 20 bis 30 Minuten eine Ablenkung** und versuchen Sie dann erneut, Schlaf zu finden. Sie können eine heiße Milch trinken, welche die beruhigende Substanz Tryptophan enthält, Sie können in einer Zeitschrift blättern, den Fernseher einschalten, oder vielleicht sind Sie auch in der Lage, einige Seiten in einem Buch zu lesen. Man nennt diese

Vorgehensweise „ein neues Schlaffenster öffnen", und sie ermöglicht eher ein Einschlafen, als unter der Endlos-Gedankenschleife. Manchmal stellt sich der Erfolg nicht unmittelbar ein, geben Sie dennoch nicht auf und versuchen Sie es erneut, aber ohne Druck. Eine sehr effektive Methode, um zur Ruhe zu kommen, ist das **Hören von Entspannungsmusik**. Auch eine geführte Meditation kann sehr hilfreich sein. Wenn Sie sich auf die Musik einlassen oder dem Meditationstext folgen, erreichen Sie den sogenannten Alphazustand, in dem sich das Gehirn in einer niedrigeren Frequenz befindet und das Denken sich reduziert. Der Alphazustand kann als eine Brücke zwischen Wach- und Schlafzustand gesehen werden.

Wenn man von Schlafhygiene spricht, bezieht sich dies jedoch nicht nur auf die Nacht, sondern in hohem Maße auch auf den Tag. Bei fehlendem Nachtschlaf sind Sie vielleicht versucht, der Müdigkeit am Tag nachzugeben. Dadurch gerät Ihr natürlicher Biorhythmus jedoch immer mehr aus dem Gleichgewicht. **So sollte der Schlaf am Tag weitestgehend vermieden werden**, vor allem in der zweiten Tageshälfte. Versuchen Sie auch, zu annähernd gleichen Zeiten ins Bett zu gehen, da Regelmäßigkeit förderlich ist. Nur so können Sie über kurz oder lang einen normalen Schlafrhythmus aufrechterhalten.

Wesentlich zur Unterstützung des Schlafes beitragen können **körperliche Betätigung und Bewegung**. Ein Spaziergang am Abend kann Ihre Gedanken ordnen und die frische Luft ist wohltuend. Intensiven Sport sollten Sie jedoch nicht unmittelbar vor dem Zubettgehen betreiben.

Ebenso sollten Sie **am Abend auf schwere Kost und vor allem auf aufputschende Mittel verzichten**. Dazu zählen Kaffee, Tee, Alkohol und Nikotin. Alkohol kann zwar zu leichterem Einschlafen verhelfen, beeinträchtigt jedoch die Qualität des Tiefschlafes in hohem Maße.

Ihr Schlafplatz sollte nur dem Schlaf vorbehalten sein. Wenn Sie auch tagsüber viel Zeit im Bett verbringen, dort womöglich sogar die Mahlzeiten einnehmen, wird dieser Ort immer weniger

zur Stätte der Ruhe und des Schlafes. Gestalten Sie Ihr Schlafzimmer als einen Ort der Entspannung. Bringen Sie eine gewisse Harmonie in diesen Raum. Er sollte nicht die Funktion eines Abstellraumes besitzen, in dem Sie zufällig auch schlafen. Die Dinge um Sie herum beeinflussen nicht nur Ihr Wohlbefinden, sondern auch Ihr Unterbewusstsein sehr stark.
Sorgen Sie für ausreichend Ruhe und Dunkelheit in Ihrem Schlafraum. Die Raumtemperatur sollte 18 Grad Celsius nicht überschreiten und vor der Nacht sollte gut durchgelüftet werden, wenn Sie nicht bei geöffnetem Fenster schlafen.
Auch Ihnen **angenehme Düfte** können beruhigend und für den Schlaf förderlich sein. Die Tiefschlafphasen unterstützen Zedernholz und Jasmin. Hierbei sollten Sie bevorzugt auf natürliche ätherische Öle zurückgreifen, weil synthetisch hergestellte Öle diese Wirkungen nicht in gleichem Maße entfalten.
Bringen Sie Uhren und Wecker außer Sichtweite. Wenn es Ihnen schwerfällt einzuschlafen, setzt der Blick auf die Uhr Sie noch zusätzlich unter Druck.

All diese Maßnahmen können im Einzelnen hilfreich sein und dazu beitragen, Ihren Schlaf zu verbessern. Dennoch wird die Trauer um Ihren geliebten Menschen Ihnen möglicherweise viele schlaflose Nächte bereiten. Ein so einschneidendes Erlebnis kann wohl kaum spurlos vorübergehen und dass dies manchmal auf Kosten des Schlafes geht, ist ganz normal. Schlaflose Stunden des sorgenvollen Trauerns sind nicht immer abwendbar. So gehört auch eine gewisse Akzeptanz dazu, dass Sie in dieser schweren Zeit mitunter weniger gut schlafen können. Es ist jedoch wichtig, darauf zu achten, dass der Zeitraum und die Intensität des Schlafmangels verträglich bleiben, in dem Maße, dass Sie in der Lage sind, alltägliche Dinge weiterhin zu bewältigen. Steigt der Schlafmangel über dieses Maß hinaus, ist es auch hier möglich, Hilfe in Anspruch zu nehmen. Wenn der fehlende Schlaf zu sehr auf Kosten Ihrer Kräfte geht, wenden Sie sich an einen Arzt, Heilpraktiker oder Therapeuten.

TRÄUME

Heute bin ich wieder vollkommen irritiert aufgewacht, weil du erneut in meinem Traum erschienen bist. Noch immer kann ich es in jeder Zelle meines Körpers spüren. Ich weiß nicht, was ich denken soll, weil das Gefühl so intensiv ist. Ich will wieder zurück in diesen Traum, um dir zu begegnen, und gleichzeitig bin ich wütend, dass du in meinen Träumen erscheinst, weil es mich so verwirrt. Diese Träume, in denen du vorkommst, sind so anders als meine sonstigen Träume. Sie sind viel lebendiger und erscheinen fast real, sie geben mir ein angenehmes, geborgenes Gefühl. In diesen Träumen lächelst du mir zu, und es geht dir gut. Ich spüre unsere vertraute Nähe, obwohl du immer in einer Distanz zu mir bleibst. Alles scheint in Ordnung, das schenkt auch mir Frieden. Doch wenn ich aufwache, ist die Erkenntnis, dass alles nur ein Traum war und du nicht da bist, umso schmerzlicher.
Wer oder was macht diese Träume? Du? Ein Gott? Mein Unterbe-

wusstsein? Und was bedeuten Sie? Geht es dir jetzt wirklich so gut? Ist alles in Ordnung? Dies wäre zumindest ein Trost für mich. Aber woher weiß ich, dass stimmt, was ich träume?

Viele Trauernde haben Träume, in denen ihnen der Verstorbene begegnet. Es kann ein einmaliger Traum sein oder eine ganze Traumserie. Diese Träume können unmittelbar nach einem schweren Verlust auftreten, aber auch noch lange Zeit später. Anfangs unterstützen sie das Abschiednehmen in der Trauer, später können sie dabei helfen, den Prozess des Loslassens zu begleiten. Solche Träume sind in ihrer Qualität meist viel intensiver, als Träume in weniger bewegten Zeiten. Sie können selbst in kurzen Sequenzen inhaltlich viel vermitteln und erscheinen mitunter auch wie ein Film. Im Gegensatz dazu erinnern Träume in weniger bewegten Zeiten manchmal nur bruchstückhaft, und es erschließt sich oft kein Sinn.

Aus den intensiveren Träumen lassen sich mitunter Bedeutungen ableiten, die auch der Trauernde versteht. Oft sind es Träume, die die innere Verbundenheit mit dem Verstorbenen weiterhin verkörpern, aber ebenso eine Distanz. Diese Distanz ist manchmal nur eine fühlbare, so wie aus einer anderen Ebene heraus, sie verdeutlicht aber dennoch sehr genau die neue Realität. So werden diese Träume meist ambivalent aufgenommen. Teilweise können sie ein angenehmes Gefühl vermitteln, anderseits wird der Verlust erneut bewusst und beim Erwachen dann wieder schmerzlich erfahren. Doch genau das gehört zur Trauerarbeit.

Träume deuten:
Die Bedeutung von Träumen zu erschließen ist ein weites Feld, oftmals bleiben sie ein Rätsel. Carl Gustav Jung[11], der Psychiater und Mitbegründer der Tiefenpsychologie, sagte dazu: „Man kann den Traum nicht mit einer Psychologie erklären, die dem Bewusstsein entnommen ist."
Was wir über Träume wissen, ist wenig, aber dies sollte dennoch

nicht daran hindern, sich diese zunutze zu machen. Träume sind Projektionen aus dem Unterbewusstsein. Sie setzen sich aus bewussten und unbewussten, bekannten und unbekannten Elementen zusammen. Auf diese Art und Weise werden Informationen zugänglich, die mitunter tiefere Zusammenhänge erschließen. Träume lassen sich wenig beeinflussen, dieser Aspekt kann Angst machen. Es gibt Methoden, Träume häufiger herbeizuführen, sie besser zu erinnern und sogar in Trauminhalte einzugreifen, aber diese Art der Einflussnahme ist schwierig und eher selten gezielt möglich.

Bei der Traumdeutung können allgemein gültige Symbole genutzt werden, hilfreicher ist es jedoch, die mögliche individuelle Bedeutung zu betrachten. So spiegeln sich häufig die momentane Lebenssituation, Erlebnisse des Tages, Wünsche oder ungelöste Probleme und unverarbeitete Ereignisse in Träumen wider. In erster Linie spielt für die Deutung das Gefühl im Traum und beim Erwachen eine große Rolle. Durch das Erleben dieser Emotionen lässt sich das Unbewusste meist sehr deutlich interpretieren.

Traumbilder nutzen:
Was immer Sie träumen, Sie werden spüren, ob es eine tiefere Bedeutung für Sie hat oder nicht. Auch wenn nicht Ihr geliebter Verstorbener oder eine höhere Macht dahinter stehen, vertrauen Sie auf die Stimme aus dem Inneren. Sie kann richtungsweisend sein, beim Verarbeiten der Trauer helfen oder inneren Frieden schenken. Sollten Sie jedoch wiederholt beunruhigende Albträume haben, ist dies ein Zeichen, dass Unverarbeitetes auf Ihrer Seele lastet. Wiederkehrende Albträume können sehr beängstigen und den Schlaf ungünstig beeinträchtigen. Deshalb stellen Sie sich Ihren Träumen, um auch die dahinterliegenden Ursachen zu erkennen. Hier sollte aufgearbeitet werden, was als belastendes Ereignis im Unterbewusstsein wirkt, gegebenenfalls auch mit professioneller Hilfe. Bis dies erreicht ist, wäre eine Möglichkeit des Umganges, die Situation des Traumes im Wachbewusstsein umzugestalten, beziehungsweise ein positives Ende für die

beängstigende Situation zu schaffen. Wenn Sie sich in solch einem Traum beispielsweise in einer ausweglosen Situation befinden, schaffen Sie in Ihrer Vorstellung einen Ausweg oder lassen Sie Hilfe hinzukommen. Der Fantasie sind keine Grenzen gesetzt. Auch hier können die Imaginationsübungen vom „Inneren sicheren Ort" und den „Inneren Helfern" nach Luise Reddemann[15] gut angewendet werden. Wenn Sie sich in Ihrer Vorstellungskraft einen sicheren Ort schaffen, an dem Sie sich völlig geschützt und geborgen fühlen, und jenen Ort oft aufsuchen, wirkt sich dieses Gefühl auf Ihr Unterbewusstsein aus und wird Ihre Träume beeinflussen. Auch die Vorstellung innerer Helfer, die Ihnen zur Seite stehen und auch Wundersames bewirken können, kann Ihnen Kraft und Sicherheit verleihen, wann immer Sie der Hilfe bedürfen. Mit etwas Geduld können Sie durch Wiederholungen solcher Imaginationen positive Veränderungen herbeiführen. Lesen Sie hierzu auch das Kapitel „Mentale Hilfe".

„Ich bin nicht tot, ich tausche nur die Räume,
Ich leb in euch und geh durch eure Träume."

Michelangelo[18]

SCHULDGEFÜHLE UND SCHULDZUWEISUNGEN

Als wenn nicht alles schon schlimm genug wäre, denke ich manchmal, dass ich schuld daran bin, wie alles gekommen ist. Ich habe dich gebeten, noch mit mir zu frühstücken, obwohl du früher aus dem Haus wolltest. Vielleicht warst du deshalb in Eile und bist zu schnell gefahren?
Ich kann nicht aufhören, mir dafür Vorwürfe zu machen. Immer wieder kreisen meine Gedanken darum, was gewesen wäre, wenn du das Haus eher verlassen hättest. Würdest du dann noch leben? Ist dein Tod meine Schuld? Diese Selbstvorwürfe und Schuldgefühle belasten mich unendlich, und ich würde gern die Zeit zurückdrehen, um es anders zu machen. Es ist so verdammt schwer zu ertragen, dass ich das nicht kann.

Zusätzlich zu Schmerz und Kummer quälen sich manche Trauernde nach einem schweren Verlust auch mit immer wiederkehrenden Schuldgefühlen. Als könnten sie dadurch etwas ungeschehen machen, klammern sie sich an Selbstvorwürfe und Selbstbeschuldigungen. Es kann das Schuldgefühl sein, sich in der Stunde des Todes mit etwas Banalem beschäftigt zu haben. Es können auch die Vorwürfe sein, zu wenig oder nicht da gewesen zu sein oder nicht alles getan zu haben, was den Tod hätte verhindern können. Schlimmstenfalls kann sich sogar die Schuld gegeben werden, für den Tod verantwortlich zu sein, und die Gedanken kreisen dann fortwährend um diese Ausrichtung.

„Wenn ich das Haus nicht verlassen hätte, würde er noch leben."
„Wenn ich eher da gewesen wäre, ..."
„Wenn ich den Spezialisten noch aufgesucht hätte, ..."
„Wäre ich doch nur ..."

Dabei belastet sich der Trauernde häufig mit einer irrationalen Schuld. Das heißt, er fühlt sich für etwas verantwortlich, was nicht in seiner Verantwortung lag und durch seine Einflussnahme auch nicht veränderbar gewesen wäre. Besonders schwer ist es für den Trauernden natürlich, wenn seine Einflussnahme möglicherweise tatsächlich etwas an der Situation verändert hätte. Doch auch hier ist eine Schuldzuweisung meist unberechtigt, weil ganz sicher nicht vorsätzlich gehandelt wurde.

Wenn ein Trauernder das eigene Verhalten falsch bewertet und verurteilt, können die quälenden Schuldgefühle sehr viel Raum einnehmen. Eine rationale Betrachtungsweise gelingt ihm in seinem Kummer und Schmerz nur schwer. Dadurch kommt es jedoch keinesfalls zu einer Erleichterung, sondern die Last nimmt zu. Dennoch können Trauernde, welche sich mit Schuldgefühlen belasten, nicht einfach davon ablassen. In der ersten Zeit der Trauer sind Schuldgefühle mitunter eine normale Form der Auseinandersetzung mit dem Verlust und müssen auch nicht über die Maßen wegargumentiert werden. Meist lassen sie im weiteren Verlauf der Trauer von selbst nach.

Mit Schuldgefühlen dem Unfassbaren begegnen:
Eine Schuldzuweisung, auch wenn sie der eigenen Person gegenüber erfolgt, ist immer auch ein Erklärungsversuch für das Unfassbare. Es ist der Versuch, die Kontrolle über etwas zu erhalten, wo Ohnmacht und Hilflosigkeit das Erleben bestimmen. Hinter Schuldgefühlen steht manchmal der Wunsch, etwas ungeschehen machen zu wollen, noch einmal eine Chance zu erhalten, wenn die Schuld übernommen wird. Doch Schuldgefühle ändern nichts mehr an Geschehenem und geben auch die Kontrolle nicht zurück, dennoch erfüllen sie in gewisser Weise eine Funktion für den Trauernden. Mitunter ist es leichter, sich selbst anzuklagen, als die Unabänderlichkeit des Todes anzunehmen. Konzentriert sich der Trauernde auf die Schuldgefühle, muss er andere schmerzhafte Gefühle nicht in vollem Ausmaß spüren. So können Schuldgefühle Angst, Wut oder Hilflosigkeit überla-

gern, und das Haften an Schuldgefühlen wird in gewisser Weise zum unbewussten Schutz. Auf Dauer ist dies jedoch nicht dienlich, weil der Trauernde dadurch in der Situation steckenbleibt und auch keine Entlastung erfährt. Es sollte allerdings berücksichtigt werden, dass jeder Trauernde sein eigenes Tempo und die Art des Umganges mit seiner Trauer bestimmen darf. Es ist seine ganz individuelle Entscheidung, wann und inwieweit er bereit ist, schmerzhafte Gefühle an sich heranzulassen. Letztlich kann auch die Erkenntnis, dass Schuldgefühle nicht entlasten, zu der Einsicht führen, sich davon lösen zu wollen.

Schuldig fühlen als Selbstbestrafung:
Schuldgefühle sind mitunter auch ein Mittel der Selbstbestrafung. Sie erzeugen ein ungutes Gefühl, welches als Reue in Kauf genommen wird. Und sich selbst anzuklagen nimmt vorweg, dass es ein anderer tun könnte. Dies würde der Trauernde als noch belastender empfinden.

Unter dem Deckmantel der Schuld:
Oft verbergen sich hinter Schuldgefühlen auch verdrängte Aggressionen. Wer sich nicht gestattet, Wut und Enttäuschung auszuleben, weil er dies für unangemessen hält, der wird vielleicht seine Emotionen in Form von Selbstanklage nach innen richten. Selbstanklage und Selbstvorwürfe werden sich eher erlaubt und dann auch wiederholt geäußert, in der insgeheimen Hoffnung, von außen Entlastung zu erhalten. Die Entlastung von Schuldgefühlen soll hier auch stellvertretend für die Entlastung von anderen unangenehmen Gefühlen stehen. Und obwohl das auf diese Weise nicht gelingt, kann der Trauernde sich nur schwer davon lösen.

Der Einfluss der Vergangenheit:
Wer zu starken Schuldgefühlen neigt, hat diese Neigung meist schon in der Kindheit entwickelt. Vielleicht hat ihn eine strenge Erziehung mit vielen Verboten und Bestrafungen dahingehend

geprägt, sich als Kind oft schuldig zu fühlen. Diese Prägung kann beim Erwachsenen jederzeit aktiviert werden, wenn er sich unsicher, hilflos und ohnmächtig fühlt – so wie in Kindertagen. Auch später wirken dann noch jene Emotionen, die mit den Erfahrungen in der Kindheit in Zusammenhang stehen. Besonders diese unverarbeiteten Gefühle erschweren es, sich frei von Schuld zu fühlen.

Doch welche Gründe und Ursachen auch immer für Schuldgefühle verantwortlich sind, es ist nie hilfreich, sich mit Schuld zu belasten, weil dies eine Weiterentwicklung verhindert. Der Schritt in die Zukunft ist nicht möglich, wenn durch Schuldgefühle an der Vergangenheit festgehalten wird.

Schuldgefühle und Schuldzuweisungen geben den Weg nach vorn nicht frei. Sie sind wie unsichtbare Ketten, die erst durch ein Akzeptieren der Situation und der sich vorgeworfenen Schuld gelöst werden können.

UMGANG MIT SCHULDGEFÜHLEN

Die Umstände realistisch betrachten:

Wenn Sie erkennen, dass auch Sie sich mit Schuldgefühlen belasten, und so Ihre Trauer zusätzlich erschwert wird, dann prüfen Sie, wie realistisch Ihre Selbstvorwürfe sind.

- Wären Sie tatsächlich in der Lage gewesen, den Tod zu verhindern?
- Inwieweit hatten Sie wirklichen Einfluss?
- Hätten Sie vorhersehen können, was passierte, um zur rechten Zeit einzugreifen?
- Tragen Sie Verantwortung für die Umstände und Ereignisse?
- Lag es in Ihren Möglichkeiten, anders zu handeln?
- Haben Sie vorsätzlich gehandelt, beziehungsweise etwas bewusst unterlassen?

Und fragen Sie sich weiterhin ehrlich, ob Sie mit dieser Art des Umganges von schmerzhaften Gefühlen ablenken wollen und ob Sie auf diese Weise unbewusst versuchen, der Akzeptanz des Todes auszuweichen. Fragen Sie sich, wovor Sie Angst haben und was es bedeuten würde, wenn Sie sich nicht mehr schuldig fühlen. Hierbei kann die Technik des „Sätze Beendens" hilfreich sein. Beenden Sie nachfolgende Sätze ganz spontan und ohne Überlegungen. Sie können dies in einem ruhigen Moment wiederholen oder wann immer die Schuldgefühle erneut auftauchen.

„Wenn ich mich nicht mehr schuldig fühle, …"
„Wenn keiner für den Tod verantwortlich ist, …"

Oft wird der erste Satz damit beantwortet, dass der Betroffene dann noch mehr Traurigkeit, Angst oder Wut spüren würde. Der zweite Satz zieht meist nach sich, dass der Tod ohne Schuldzuweisung akzeptiert werden muss. Es fällt natürlich schwer, diese Einsichten anzuerkennen, und doch geht es nicht daran vorbei. Der Verlust eines geliebten Menschen ist unendlich schmerzvoll und traurig, es gibt kaum Worte, um diese Gefühle annähernd zu beschreiben. Aber es ist wichtig, dass Sie diese Emotionen zulassen, weil kein anderer Weg zur Heilung führt.
Sich durch Schuldgefühle abzulenken oder anders zu fühlen ist vielleicht eine Strategie, die Sie in Ihrer Hilflosigkeit wählten, um nicht das Gefühl zu haben, im Meer der Trauer zu ertrinken. Doch Sie werden nicht ertrinken! Vertrauen Sie darauf, dass es auch auf andere Art und Weise für Sie weitergeht, und versuchen Sie zu erkennen, was hinter den Schuldgefühlen steht. Es wird Ihnen sicher nicht unmittelbar gelingen, Ihre Schuldgefühle abzulegen. Prüfen Sie deshalb bei auftauchenden Schuldgefühlen stets aufs Neue, wofür Sie wirklich verantwortlich sind, und übernehmen Sie auch nur dafür die Verantwortung. Finden Sie zur Akzeptanz dessen, was geschehen ist und akzeptieren Sie die Unabänderlichkeit.

Hintergründe erkennen:

Des Weiteren sollten Sie sich fragen, welche Funktion die Schuldgefühle bei Ihnen übernehmen. Auch hier ist die Erkenntnis der Zusammenhänge der erste wichtige Schritt. Wenn diesem Schritt die Bereitschaft folgt, etwas ändern zu wollen, bedarf es noch des Mutes, sich den schmerzhaften Gefühlen zu stellen, welche von Schuldgefühlen überlagert werden.

Immer wiederkehrenden Schuldgefühlen zu begegnen, erfordert Konsequenz und Ausdauer. Seien Sie beharrlich, aber auch geduldig dabei. Und verzeihen Sie vor allem sich selbst, was auch immer Sie sich vorwerfen, indem Sie akzeptieren, dass niemand unfehlbar ist.

Wenn Ihre Schuldgefühle auch bei fortgeschrittener Trauer weiterhin so stark ausgeprägt sind, dass Sie allein keinen Ausweg finden, sollten Sie professionelle Hilfe in Anspruch nehmen. Wie bereits erwähnt, kann eine frühe Prägung für die Neigung zu Schuldgefühlen mitverantwortlich sein, und mitunter ist eine begleitende Therapie erforderlich, um sich von diesem Muster zu befreien.

Eine Therapie möchte ich in jedem Fall auch unbedingt empfehlen, wenn Schuldgefühle in Umständen begründet sind, die tatsächlich zum Tod des geliebten Menschen geführt haben. In solch einem Fall trägt der Trauernde eine sehr große Last, und es gelingt ihm meist nicht, sich allein davon zu befreien, sich selbst zu verzeihen und inneren Frieden zu finden. Unterstützung bei der Bewältigung in Form von entlastenden Gesprächen und einer Aufarbeitung des Geschehens ist hierbei hilfreich.

Auch bei Trauernden, die einen Angehörigen durch Suizid verloren haben, spielen Schuldgefühle eine so große Rolle, dass professionelle Hilfe zu empfehlen ist.

SCHULDZUWEISUNGEN

An dieser Stelle möchte ich noch auf das Thema Schuldzuweisungen eingehen, die ebenso wie Selbstvorwürfe ein Mittel sind, dem Unfassbaren mit Kontrolle zu begegnen. Auch hier geht es darum, die schmerzhaften Gefühle umzuleiten. Einen Schuldigen zu finden soll erleichtern. Die Wut und der Schmerz über den Tod werden dabei in Form von Schuldzuweisungen auf andere gerichtet. Durch Schuldzuweisungen wird versucht, dem Verstorbenen gerecht zu werden. Doch auch hierbei wird der Trauernde keinen inneren Frieden finden.
Dennoch sollte bedacht werden, dass jeder Mensch anders mit Trauer umgeht. Dabei Umstände oder Ursachen, die zum Tod führten, anzuklagen, kann manchem Trauernden den Halt geben, den er benötigt, um die Trauer zu ertragen, und besonders über die schwere erste Zeit der Trauer hinweghelfen. Wenn dies darüber hinaus dazu dient, tatsächliche Missstände zu verändern, wie zum Beispiel eine gefährliche Straßenkreuzung sicherer zu machen, oder auf Risiken, die zum Tode führten, öffentlich hinzuweisen, dann kann das nicht nur dem Trauernden helfen. Der Trauernde begegnet mit seinem Handeln der Ohnmacht. Es gibt ihm das Gefühl, etwas zu bewirken, was weitere Todesfälle verhindern kann, wenn er schon nicht den Tod des geliebten Menschen verhindern konnte. In gewisser Weise überdeckt auch an dieser Stelle jedes Aktivwerden die schmerzhaften Gefühle zum Teil, doch der Trauernde sollte seine Art im Umgang mit der Trauer wählen dürfen. Wenn bei allem Engagement die Zeit zum Trauern nicht außen vor bleibt, ist auch dieser Weg ein Weg, mit der Trauer umzugehen. Allerdings sei gesagt, dass es wie bei allen Dingen im Leben wichtig ist, ein angemessenes Maß zu finden. Eine einseitige, alleinige Ausrichtung auf die Suche nach Schuldigen und ein verbissenes Handeln sind niemals gut. Letztlich lässt sich innerer Frieden ohnehin nur über Annahme und Vergebung wirklich erreichen und dies ist ein Prozess, der Zeit erfordert – manchmal sehr viel Zeit.

DER TRAUER
AUSDRUCK VERLEIHEN

Kennen auch Sie das Gefühl, dass seit dem Tod Ihres geliebten Menschen ganz viel auf Ihrer Seele lastet und diese dadurch immer schwerer wird? Da ist Trauer, Wut, Angst und Sorge ... doch das meiste davon bleibt unausgesprochen. So sammelt sich mit der Zeit immer mehr Kummer an, welcher jedoch zum größten Teil in Ihrem Innern verborgen bleibt. Wenn Sie spüren, dass Ihr Umfeld Ihre Trauer nur noch in einem begrenzten Maße mitgehen kann, sind Sie möglicherweise versucht sich anzupassen, um gesellschaftsfähig zu bleiben. Halten Sie jedoch Ihre Trauer sehr zurück, kann sie sich aufstauen, deshalb ist es besser, die Gefühle und Empfindungen nach außen zu bringen. Das bedeutet, nicht nur innerlich zu trauern und zu leiden, sondern die Trauer und das Leid auszudrücken, bevor Sie von der Trauer erdrückt werden. Eine Sprache finden für das stumme Leiden dient der Entlastung und hilft gleichzeitig, Trauer zu verarbeiten.
Es gibt verschiedene Arten, wie Sie der Trauer Ausdruck verleihen können. Die unmittelbarste und entlastendste Art ist, Weinen und Klagen zuzulassen und sich zu erlauben, über den Verlust und den Verstorbenen zu reden. Sehr effektiv ist aber auch jede Form des kreativen Ausdrucks. Über die Trauer schreiben oder Malen sind dabei die gängigsten Varianten. Ebenso gut geeignet, der Last im Inneren ein Ventil zu geben, sind Tanz und Bewegung. Wodurch auch immer Ihnen möglich wird, die Trauer nach außen zu bringen, hilft es Ihnen, Ihre Trauer zu bewältigen, durchbricht die Starre und lässt Lebendigkeit spürbar werden. Sie sollten ganz individuell für sich wählen, welche Art des Ausdrucks Ihnen am meisten liegt.
Auf zwei der Varianten möchte ich im Folgenden noch einmal näher eingehen, um Ihnen zu verdeutlichen, dass es schon die einfachen Dinge sein können, die etwas erreichen.

ÜBER DEN VERLUST REDEN

Die wenigsten Trauernden sind wahrscheinlich in der glücklichen Lage, mit Freunden oder dem Partner in dem Maße über den Verlust, ihre Trauer oder ihren geliebten Menschen zu sprechen, wie sie es sich vielleicht wünschen. Eine Sprache finden für das schwere Leiden entlastet jedoch sehr, und deshalb möchte ich Sie ermutigen, Möglichkeiten dieser Art der Entlastung zu suchen.

Ihr Umfeld trägt meist nicht auf die gleiche Art am Verlust wie Sie, deshalb werden Freunde und Bekannte möglicherweise nur eine Zeit lang auf ebensolche Weise wie Sie das Bedürfnis haben, mit Ihnen über den Verlust sprechen zu wollen. In gewisser Hinsicht ist dies zu akzeptieren. Manchmal ist Ihr Gegenüber aber auch nur unsicher im Umgang mit Ihnen und versucht deshalb, das Gespräch auf andere Themen zu lenken. Hier ist es an Ihnen zu signalisieren, was Sie brauchen und sich wünschen. Wenn Sie deutlich aussprechen, dass es Ihnen im Moment sehr gut tut, über den Verstorbenen oder Ihre Trauer zu reden, kann auch Ihr Gegenüber möglicherweise die Befangenheit ablegen und ist dann vielleicht bereit, mit Ihnen Erinnerungen zu tauschen. Lassen Sie Angehörige und Freunde wissen, wenn Themen außerhalb der Trauer im Moment für Sie nebensächlich sind und es Ihnen schwerfällt, sich darauf zu konzentrieren. Der Verlust hat Ihre Welt erschüttert, es ist verständlich, dass dieser schwere Einschnitt für Sie jetzt alle anderen Ereignisse überschattet.

Aber auch wenn Ihre Signale vom Umfeld aufgegriffen werden, erleben Sie vielleicht mitunter, dass trotz des Bemühens Ihres Gegenübers sein Verständnis begrenzt ist. Wirkliches Verständnis erfahren Sie am ehesten bei Menschen, die Ähnliches erlebt haben. Wenn Sie das Bedürfnis spüren, sich auszutauschen, dann suchen Sie Kontakt zu Betroffenen, die Ihr Schicksal teilen. Es gibt in vielen Orten Trauergruppen und im Internet inzwischen eine Vielzahl von Foren, in denen sich Betroffene mitteilen können. Hier lernen Sie Menschen kennen, mit denen Sie über Ihre

Trauer kommunizieren können. Nutzen Sie diese Möglichkeiten, weil die Erfahrungen anderer Menschen oft hilfreich sind und Sie sich von ebenso Betroffenen verstanden fühlen können.

ÜBER DEN VERLUST SCHREIBEN

Schon Anne Frank[6] schrieb in ihren Tagebüchern: „Papier ist geduldiger als Menschen." Und so setzt das Schreiben bei vielen Trauernden meist in einer Zeit ein, wo sie ihre Trauer nicht mehr so sehr nach außen tragen können, weil ihr Umfeld bereits weitergegangen ist.

Schreiben dient ebenso wie Reden der Entlastung. Welche Form auch immer Sie dabei wählen, Schreiben kann viele Funktionen erfüllen. Sie können ein Tagebuch führen oder Briefe, Gedichte und Geschichten schreiben. Immer werden durch das Schreiben innere Gefühle nach außen gebracht und Gedanken können geordnet werden. So kann sich das innere Chaos legen, wenn Sie die ständig wiederkehrenden Gedanken niederschreiben. Werden diese Zeile für Zeile, Seite für Seite aufgereiht, geht dies gleichzeitig auch immer mit einer inneren Ordnung einher. Das in Worte Gefasste verliert etwas vom Unfassbaren und wird dadurch greifbarer. Wie durch ein Ventil öffnet sich beim Schreiben eine Tür zum Inneren und es kommt etwas in Fluss. Dadurch erwächst das Gefühl, nicht mehr starr und untätig zu sein. Das Aufschreiben der Lebensgeschichte oder des widerfahrenen Schicksals hilft bei der Aufarbeitung und ebenso bei der eigenen Selbsterkenntnis. Weil beim Schreiben auch unvermittelt Einsichten erlangt werden können, dient Schreiben manchmal sogar der Klärung von Problemen. Somit ist Schreiben immer auch Therapie.

Schreiben kann auch gegen das Vergessen helfen. So wie die Zeit Wunden heilt, bringt die Zeit auch mit sich, dass Erinnerungen verblassen. Beim Schreiben können Sie auf dem Papier festhalten, was Ihnen wichtig ist, und wirken dem Schwinden der Erinnerungen entgegen. Lesen Sie zu einem späteren Zeitpunkt Ihre Aufzeichnungen, können Sie Erinnerungen wachrufen, aber ebenso feststellen, dass sich Ihre Trauer verändert hat. Wenn Sie Ihrem Verstorbenen in Briefform schreiben, kann dies die fehlenden Gespräche nicht ersetzen, aber es ist eine Form des Kontaktes, bei der eine Verbindung bestehen bleibt. Der geliebte Mensch rückt Ihnen beim Schreiben ganz nah, Unausgesprochenes kann niedergeschrieben werden und Sie halten Erinnerungen aufrecht. In solchen Zeilen können Sie Ihre Dankbarkeit und Liebe ausdrücken, aber ebenso Schuldgefühle, Wut und alles, was Sie nie auszusprechen gewagt haben. Auf dem Papier dürfen Gefühlsausbrüche stattfinden. Hier darf, ohne dass eine Bewertung folgt, alles herausgelassen werden. Das Papier kann zum geduldigen Freund werden, dem Sie alles anvertrauen dürfen. Solche Zeilen können Sie später in Form von Ritualen der Natur übergeben. Geschriebenes einem Fluss übergeben, es zu verbrennen oder zu vergraben, kann sehr befreiend sein und einen inneren Frieden bewirken, weil Sie dabei Ballast abgeben können. Sich etwas von der Seele schreiben, kann daher sehr erleichtern. Eine Niederschrift ist wie ein symbolisches Ablegen. Dadurch entsteht

Abstand, der auch jederzeit wieder verringert werden kann, indem das Geschriebene erneut aufgenommen wird.

Über das Schreiben können Sie auch mit anderen Menschen in Kontakt treten. Einen Brief zu schreiben, ist immer noch einmal etwas ganz anderes, als ein Gespräch zu führen, weil Geschriebenes stehen bleiben darf, ohne dass eine sofortige Erwiderung erfolgt. Leider ist in unserer heutigen Zeit diese Art der Kommunikation sehr in den Hintergrund getreten. Dafür haben sich aber andere Möglichkeiten des Austausches erweitert. Über das Internet gibt es neue Formen, mit denen die Kontaktaufnahme zu Menschen, die ein ähnliches Schicksal teilen, möglich wird.

Wenn auch Sie nun den Wunsch verspüren, Ihre Gefühle und Erinnerungen niederzuschreiben, dann lassen Sie sich darauf ein und erfahren Sie, was Schreiben bewirken kann. Schreiben sollte allerdings nie zum Ersatz für den Dialog mit anderen werden. Sie brauchen Menschen um sich herum. Und auch wenn Sie beim Schreiben Erinnerungen wach halten, sollten Sie in der Gegenwart leben und den Blick nach vorn richten.

AUF DIE INNERE STIMME HÖREN

In Ihrer Trauer fühlen Sie sich vielleicht oft unsicher und hilflos. Sie müssen nun Schritt für Schritt in eine unbekannte Landschaft setzen und haben sicher manchmal das Gefühl, dass der Boden unter Ihren Füßen schwankt. Alles ist anders. Was ist jetzt richtig? Was ist falsch? Manchmal wissen Sie vielleicht einfach nicht weiter und suchen Orientierung. Dann sind Sie möglicherweise bemüht sich anzupassen und der Norm zu entsprechen, in der Hoffnung, dass damit auch schnell eine Normalität zurückkehrt. Um anderen nicht zur Last zu fallen, unterdrücken Sie vielleicht in gewisser Weise Ihr Bedürfnis zu trauern und vom Verstorbenen und von alten Zeiten zu sprechen. Leben Sie jedoch die inneren Bedürfnisse nicht aus, schwächt Sie das zusätzlich.

Halt und Orientierung werden meist im äußeren Umfeld gesucht. Von dort erfahren Sie im günstigsten Fall auch Hilfe und Unterstützung. Sie hören sicher viele gut gemeinte Ratschläge, einen dauerhaften Halt kann Ihnen diese Unterstützung jedoch nur begrenzt geben, denn niemand außer Ihnen selbst kann wirklich wissen, was für Sie im gegenwärtigen Moment das Beste ist. Nur Sie wissen, wie es in Ihrem Inneren aussieht, wie Sie sich fühlen, was Sie brauchen und auch, was als Nächstes erforderlich ist. Alle Antworten sind immer in Ihnen selbst, in Ihrem Unterbewusstsein. Sie erhalten diese Antworten über Ihre innere Stimme, auch Intuition genannt. Sie ist es, die vor Gefahr mit einem unguten Gefühl warnt und bei Erschöpfung nach Ruhe verlangt. Würde dieser inneren Stimme mehr vertraut und die Wahrnehmung dahingehend geschärft werden, würde das Leben sicherer und reibungsloser verlaufen.

Der Verstand und seine Grenzen:
Die meisten Menschen sind gewohnt, in erster Linie auf den Verstand zu hören. Er ordnet die Situationen in Erfahrungen ein, die er kennt und bewertet. Gut oder schlecht, angenehm oder unangenehm, gefahrvoll oder ungefährlich ... alles erhält einen Stempel, aus dem sich die nachfolgenden Handlungen ableiten. Aus diesen Bewertungen resultieren jedoch oftmals Handlungen, die begrenzt sind. Zum einen basiert der Verstand nur auf Erfahrungen, Erlebtem, Bekanntem und zum anderen sind die darauf folgenden Handlungen verzögert, weil sie immer erst den Verstand mit seinen Zuordnungen passieren müssen.

Intuition – der geheimnisvolle Bote:
Bei der Intuition ist es anders, sie kann sogar vorausschauend wirken. Wer kennt sie nicht, die Vorahnungen, denen leider oft zu wenig Beachtung geschenkt wird.
Die innere Stimme ist eine Art Navigationsgerät, welches Sie stets auf den richtigen Weg führt. Es ist sinnvoll auf die innere Stimme zu hören, weil Sie auf keine andere Art und Weise besser für sich selbst sorgen können. Wenn Sie Ihrer Intuition vertrauen und folgen, verbinden Sie sich mit Ihrer inneren Kraft und haben Zugang zu dem tieferen Wissen aus Ihrem Unterbewusstsein. Das Unbewusste in Ihnen weiß um all Ihre Bedürfnisse, darum, was Sie in der jeweiligen Situation brauchen, und auf nicht erklärliche Weise auch um Zukünftiges.
Im Laufe der Zeit habe ich persönlich zahlreiche Erfahrungen im

Umgang mit der Intuition gesammelt. Nachdem ich begann, immer mehr auf meine Intuition zu hören, fügten sich viele Dinge in nahezu perfekter Art und Weise, im Kleinen wie im Großen. Sendete meine innere Stimme zum Beispiel, noch einmal zurück in den Raum zu gehen, hatte ich tatsächlich etwas vergessen. Als ich dem Impuls folgte, mit dem Auto langsamer zu fahren, entging ich nur wenige Minuten später einer Geschwindigkeitskontrolle. Selbst ein Arbeitsplatzwechsel, den meine innere Stimme immer wieder einforderte, zeigte sich, trotz aller Zweifel und Bedenken, als die richtige Entscheidung. Dies sind nur drei Beispiele von vielen, vielen guten Erfahrungen. Mittlerweile verlasse ich mich fast ausschließlich auf die Signale meiner Intuition und bin wesentlich sicherer in ihrer Wahrnehmung geworden.

Auf die innere Stimme hören:
Versuchen auch Sie von nun an Ihrer inneren Stimme mehr Beachtung zu schenken. Wenn diese Ihnen Erschöpfung signalisiert, sagen Sie verschiebbare Termine ab und geben Sie dem Bedürfnis nach Erholung nach. So leisten Sie, wenn Sie auf Ihre innere Stimme hören, auch den tieferen Bedürfnissen Folge und leben im Kontakt mit sich selbst.
Wenn Sie in Verbindung mit Ihrer Intuition gehen, wird auch relativ bald Ihr Gefühl der Orientierungslosigkeit schwinden und Sie sind viel weniger auf Rat von außen angewiesen. Sie wissen dann jederzeit selbst, was für Sie das Beste ist. In den meisten Fällen wird jedoch noch zu wenig auf die innere Stimme gehört, weil diese viel leiser ist, als die Stimme des Verstandes oder nicht so greifbar wie Ratschläge von außen. Der Verstand mit seiner ständigen Präsenz drängt sich so sehr in den Vordergrund, dass die innere Stimme oft kaum eine Chance hat. Vielleicht sagt Ihre innere Stimme: „Ruh dich aus!". Das ist dann das tiefe Bedürfnis dessen, was Sie wirklich brauchen, damit es Ihnen weiterhin gut geht. Doch noch bevor Sie dem nachgeben, meldet sich der Verstand und sagt: „Es ist keine Zeit zum Ausruhen." oder „Wenn ich jetzt zur Ruhe komme, muss ich an all die traurigen Dinge

denken.". Und schon sind Sie in Versuchung, der Stimme des Verstandes nachzugeben, aus einer Angst heraus oder weil Sie andere Prioritäten setzen, obwohl Sie dringend Ruhe benötigen. Ihre innere Stimme kann Ihnen auch das Bedürfnis senden, der Traurigkeit in Ihnen nachzugeben. Doch wenn Ihr Verstand dies als schmerzhaft einordnet, vermeiden oder verdrängen Sie vielleicht die Traurigkeit, obwohl diese Ausdruck Ihres wahren inneren Befindens ist und Ihr tiefstes Inneres in diesem Moment der Trauer bedarf. An dieser Stelle ist die Angst vor intensiven Gefühlen ein Grund, der Intuition nicht zu folgen. Wenn Sie ungeübt im Umgang mit Gefühlen sind und diese scheuen, wählen Sie vielleicht lieber einen anderen Weg. Dabei bleibt ganz außer Acht, dass dies allenfalls ein Umweg ist, denn durch Verdrängung und Vermeidung kann Trauer nicht aufgearbeitet werden.

Die innere Stimme wahrnehmen:
Die innere Stimme ist immer da. Sie sendet Ihnen genau so häufig Signale wie der Verstand, wird aber auf andere Art und Weise wahrgenommen. Während sich der Verstand mit unentwegt auftauchenden Gedanken ständige Aufmerksamkeit verschafft, kommt die Intuition viel unauffälliger daher, eher als Ahnung oder inneres Gefühl. Wer an dieser Stelle das innere Gefühl nicht aufgreift, erlebt häufig, dass es sofort von Gedanken, Ängsten oder Zweifeln, welche alle vom Verstand gesendet werden, überrollt wird. Doch der Intuition folgen heißt, unmittelbar dem inneren Gefühl zu vertrauen und eben auch ganz spontan danach zu handeln.
Die Wahrnehmung für die innere Stimme lässt sich schärfen. Sie können die Aufmerksamkeit in diese Richtung verstärken und Zweifel durch Vertrauen ersetzen. Dazu ist es in erster Linie erforderlich, immer wieder den inneren Impulsen nachzugeben. Mit der Zeit werden Sie diese Impulse häufiger und deutlicher wahrnehmen und Ihr Vertrauen wächst mit den Erfahrungen, die Sie dabei sammeln. Anfangs werden Sie womöglich noch viel Unsicherheit spüren. Wenn Sie gewohnt sind, dem Verstand blind

zu folgen, fühlen Sie sich darin sicher. Nun einen anderen Weg einzuschlagen erfordert Mut. Sie werden sich vielleicht fragen, ob Sie den zaghaften inneren Gefühlen trauen können. Gefühle sind nicht greifbar und nicht messbar, das macht sie allem, was mit dem Verstand erfasst wird, scheinbar unterlegen. Doch Gefühle sind die eigentliche Triebkraft. So darf und sollte den Gefühlen durchaus mehr Beachtung geschenkt werden, auch dem leisen inneren Gefühl.

Eine weitere Möglichkeit, die Intuition besser zu vernehmen, ist, sich in innerer Einkehr zu üben. Verringern Sie die Reize von außen und wenden Sie Entspannungs- und Meditationsübungen an, so wird Ihr Geist ruhiger und dadurch die innere Stimme auch deutlicher.

Der inneren Stimme vertrauen und folgen:
Es bedarf sicher einer gewissen Übung, um an manchen Stellen zu unterscheiden, ob Intuition oder Verstand die Signale senden. Mitunter scheint es aber sehr deutlich, und trotzdem entscheiden Sie sich vielleicht noch gegen Ihre innere Stimme. Dafür kann es vielerlei Gründe geben – Unsicherheit ebenso, wie vielleicht die eingangs erwähnte Erwartungshaltung anderer, die Sie erfüllen möchten.

Entscheiden Sie bei Ihren Handlungen aber besser danach, was Sie wollen und Ihre innere Stimme Ihnen sendet, und nicht danach, was den Erwartungen anderer entspricht. Es hilft Ihnen nicht, wenn Sie noch so gut gemeinte Ratschläge befolgen, im Innern aber ganz anders empfinden. Vielleicht hören Sie gelegentlich Sätze wie:

„Genug von all den traurigen Dingen, lass uns von etwas anderem sprechen."
„Es wird Zeit, dass du nach vorn schaust, du hast nun lange genug getrauert."
„Lass uns mal wieder einen lustigen Film anschauen, damit du auf andere Gedanken kommst."

Doch Sie ganz allein dürfen entscheiden, wann der richtige Zeitpunkt gekommen ist, um weiterzugehen. Wenn Sie Trost benötigen, suchen Sie Trost und keine Ablenkungsmanöver. Wenn Sie trauern möchten, dann geben Sie diesem Gefühl nach und wenn Sie über Ihre Trauer und den Verstorbenen sprechen möchten, dann teilen Sie das Ihrem Umfeld mit. Auf diese Weise leben Sie Ihre wahren Bedürfnisse. Fragen Sie sich also in Zukunft immer, was Ihnen gut tut! Fragen Sie sich:

„Was brauche ich jetzt – in diesem Augenblick?"
„Wen möchte ich um mich haben – oder will ich lieber allein sein?"
„Was würde mich jetzt trösten?"

und greifen Sie die Antworten auf. Überhören Sie Ihre innere Stimme nicht länger, weil Sie Ihr kein Vertrauen schenken! Verdrängen Sie Ihre Gefühle nicht, weil Sie glauben, sich diese nicht erlauben zu dürfen, oder aus einer Angst heraus! Und unterdrücken Sie Ihre Trauer nicht, nur damit es für andere leichter ist, mit Ihnen umzugehen! Das alles ist nicht erforderlich, denn Sie müssen Ihre Trauer auch aushalten. Beschließen Sie von nun an, für sich zu sorgen, indem Sie Ihrer inneren Stimme vertrauen und ihr folgen. Und haben Sie den Mut, zu Ihren Bedürfnissen zu stehen, diese auszusprechen und danach zu leben! Doch versuchen Sie dabei, immer ehrlich mit sich selbst zu sein, und finden Sie heraus, wann Ihre Bedürfnisse nicht Ihrem Inneren entspringen, sondern vielleicht aus einer Angst, Unsicherheit oder Bequemlichkeit. Es gehört ein wenig Übung dazu, diese Unterscheidung zu treffen.

ACHTSAMKEIT IN DER TRAUER

Achtsam zu sein bedeutet, im jeweiligen Augenblick des Lebens wirklich gegenwärtig und präsent zu sein. Indem die Gedanken nicht in die Vergangenheit schweifen oder um die Zukunft kreisen, erhält der gegenwärtige Moment mehr Intensität, das Leben erweitert sich und die Probleme verringern sich, weil nur das wichtig ist, was unmittelbar gelöst werden muss. Im Verweilen und Innehalten wird Achtsamkeit und dadurch das Ausschöpfen der ganzen Fülle möglich, deshalb kann nur achtsam sein, wer im Hier und Jetzt lebt. Es macht einen großen Unterschied, ob man die Schönheit einer Blüte bewusst wahrnimmt, indem die volle Aufmerksamkeit darauf gerichtet wird, oder ob man nur im Vorbeigehen gedankenverloren hinschaut, während man für Konflikte eine Lösung sucht. Die wirkliche Vielfalt einer Sache oder Situation zu entdecken und somit das volle Erleben, wird erst durch achtsame Aufmerksamkeit möglich. Daraus ergeben sich dann viele Möglichkeiten für kleine Glücksmomente. Und wer das kleine Glück überall findet und zu schätzen vermag, braucht nicht ständig auf der Suche nach dem großen Glück zu sein. Durch Achtsamkeit stellt sich mit der Zeit ganz automatisch innerer Frieden und Gelassenheit ein. Und gerade das ist in unserer hektischen Zeit der größte Gewinn.

ACHTSAMKEIT IN DER TRAUER

Um Achtsamkeit im Alltag zu praktizieren, gibt es sehr viele Anregungen, die Sie in zahlreicher Literatur finden können. Ich möchte an dieser Stelle jedoch mehr darauf eingehen, wie Achtsamkeit für Sie in der Trauer hilfreich sein kann und wie Sie diese anwenden können. Hierbei geht es weniger darum, die Fülle des Lebens zu genießen und unmittelbares Glück zu empfinden. Es wird für

Sie wohl auch noch nicht möglich sein, dem jeweiligen Moment zuzulächeln, wie es Buddhisten praktizieren. Durch Achtsamkeit in der Trauer können Sie jedoch mit der Zeit inneren Frieden finden, und schmerzhafte Momente erreichen mehr Tiefe, was diese zur Wachstumschance werden lässt. Auf diese Weise kann durch Achtsamkeit eine demütige Traurigkeit erwachsen.

Trauer und Schmerz ganz bewusst erfahren heißt, das Leben zu erfüllen mit allem, was es zum jeweiligen Zeitpunkt für Sie bereithält. Wählen Sie diesen Weg, dann leisten Sie direkte Trauerarbeit, und Sie werden gestärkt daraus hervorgehen.

Der gegenwärtige Moment als Schlüssel:
Wenden Sie sich, abgesehen von Zeiten der Erinnerung, die Sie ganz bewusst erleben, immer wieder dem gegenwärtigen Augenblick zu und versuchen Sie, nur diesen zu erfüllen. Dadurch wird die Last, die Sie tragen, und die Aufgabe, die es zu bewältigen gilt, auch überschaubar. Und alles, was nicht im gegenwärtigen Moment geklärt werden muss, dürfen Sie getrost verschieben. Das kann entlastend sein und Ihnen die Angst vor der Zukunft nehmen.

Auch wenn es unendlich schwer ist, Achtsamkeit in traurigen Zeiten zu leben, sollten Sie es immer wieder versuchen. Indem Sie sich achtsam und bewusst den alltäglichen Dingen zuwenden, richten Sie Ihre Aufmerksamkeit auch automatisch immer wieder weg vom Schmerz.

Achtsamkeit durch bewusstes Handeln:
Sie können Achtsamkeit entwickeln, indem Sie das Tempo bei allem, was Sie tun, verringern und alles bewusster ausführen. Beginnen Sie Ihren Morgen achtsam, auch wenn Sie trostlos in den Tag blicken. Nehmen Sie achtsam Ihre Mahlzeiten ein und trinken Sie Ihr Glas Wasser einmal ganz aufmerksam und bewusst. Versuchen Sie, so achtsam wie möglich durch den Tag zu gehen, und nehmen Sie wahr, was Ihnen dabei begegnet und was Sie ohne diese aufmerksame Achtsamkeit vielleicht übersehen hät-

ten. Flüchten Sie auch nicht in ängstlicher Hast vor der Trauer, sondern gehen Sie achtsam und bedacht mit sich um, indem Sie dem Ruf Ihrer Seele folgen. Dann werden sich nach und nach Unruhe und Verzweiflung in inneren Frieden wandeln, auch wenn der Verlust noch schmerzt.

Achtsamkeit durch bewusste Atmung:
Ein wichtiger Aspekt, um Achtsamkeit zu praktizieren, ist die Atmung. Achten Sie auf eine bewusste Atmung und beziehen Sie diese überall ein. Atmen Sie immer wieder tief ein und aus, bevor Sie morgens den Tag beginnen, während Sie duschen, bevor Sie sich einer Arbeit zuwenden oder mit jemandem sprechen. Selbst wenn Ihnen das nur begrenzt gelingt, entwickeln Sie auf diese Weise Schritt für Schritt ein Gefühl dafür, und eine gewisse Routine kann sich einstellen. Üben Sie sich darin, achtsam die Zähne zu putzen, zu kochen, zu essen oder zu laufen, indem Sie alles mit bewusster Atmung begleiten. Wenden Sie sich so auch Ihrer Trauer zu. Am Ende des Kapitels finden Sie hierfür eine Anleitung, die sich gut in den Alltag integrieren und in viele Richtungen erweitern lässt und die auch gut in einer Meditation vertieft werden kann.

Mitunter genügt es jedoch für den Anfang bereits, immer wieder bewusst innezuhalten, auch wenn Sie Ihre Situation und Ihre Gefühle noch nicht annehmen können, denn dies wird in Ihrer Trauer nicht immer möglich sein. Doch es wird Zeiten geben, wo Sie in der Lage sein werden, in die schmerzhaften Emotionen der Trauer einzutauchen. Dann wird das Ausleben der Trauer ein tiefes Bedürfnis für Sie sein, weil es Ihrem inneren Gefühl entspricht und alles andere viel anstrengender wäre. Wenn Sie achtsam auf Ihr inneres Bedürfnis hören, werden Sie erkennen, wann es Zeit ist, der Trauer Raum zu geben, um sie ganz bewusst zu leben.

> **Achtsamkeitsübung**
> nach Thich Nhat Hanh[8]
>
> Ich atme ein und bin mir des neuen Morgens bewusst,
> ich atme aus und beginne den neuen Tag.
>
> Ich atme ein und bin mir meines Körpers bewusst,
> ich atme aus und nehme meinen Körper an.
>
> Einatmend bin ich mir meines Schmerzes bewusst,
> ausatmend nehme ich meinen Schmerz an.
>
> Einatmend bin ich mir meiner Traurigkeit bewusst,
> ausatmend nehme ich meine Traurigkeit an.
>
> Einatmend bin ich mir meiner Ängste bewusst,
> ausatmend nehme ich meine Ängste an.
>
> Einatmend bin ich mir meiner Wut bewusst,
> ausatmend nehme ich meine Wut an.
>
> Ich atme ein und komme zur Ruhe,
> ich atme aus und entspanne mich.
>
> Es können hierbei beliebig Emotionen oder auch Situationen eingesetzt werden.

„Was immer der gegenwärtige Moment enthält,
nimm es an, als hättest du es selbst gewählt.
Mache den Moment zu deinem Freund und Verbündeten,
nicht zu deinem Feind.
Das wird auf wunderbare Weise dein ganzes Leben verwandeln."

Eckhart Tolle[16]

ZEIT DES WANDELS

Alles hat seine Zeit und alles verändert sich. Und so wie die Jahreszeiten einer festen Ordnung im Ablauf folgen, beinhaltet jeder Lebenszyklus das Wachsen, Reifen und Sterben. Was im Frühling gesät wird, entwickelt sich und kann im Sommer und Herbst geerntet werden. Nach dem Herbst folgt der Winter, eine Zeit, in der die Natur ruht, eine Zeit der inneren Einkehr, bevor Neues erwachen kann.

Die Trauer ist vergleichbar mit der kalten, dunklen Jahreszeit. Die Fülle der vergangenen Tage liegt in schmerzlicher Erinnerung, Glück und Freude sind nicht in Sicht. Es fühlt sich so an, als könnte sich gerade nichts zum Positiven entwickeln. Nun bedarf es der Ruhe und der Einkehr, um Wunden zu heilen. So wird der Nährboden bereitet, bevor Neues wachsen kann.

Nach einem Verlust bestimmen Trauer und Sehnsucht das Erleben. Es braucht einige Zeit, bevor die neue Realität verinnerlicht und angenommen werden kann. Eine Veränderung im Prozess der Trauer ist nicht deutlich fassbar, sondern vollzieht sich lange Zeit unbemerkt im Inneren. Weil er sich der Kontrolle und direkten Einflussnahme entzieht, ist dies ein sehr schmerzhafter Prozess und lässt sich deshalb nur schwer ertragen. Er stellt die Geduld auf eine harte Probe. Oftmals ist es ein Auf und Ab im Gefühlschaos. Doch hinter all diesen Emotionen erfolgt eine Neuordnung. Schmerz, Ohnmacht, Verzweiflung oder Wut sind Begleiter auf diesem Weg des Wandels. Aber auch Erinnerung und Dankbarkeit können diese Zeit bestimmen und tragen dazu bei, den Kreis zu schließen.

Die Erfahrungen von Vergängnis und Tod prägen und öffnen den Blickwinkel für tieferes Erleben. Wer in der Lage ist, den Wandel im Rhythmus des Lebens zu erkennen und anzunehmen, öffnet sich für Neues und wird sich immer weiterentwickeln.

„Trauer kann man nicht überwinden wie einen Feind.
Trauer kann man nur verwandeln:
den Schmerz in Hoffnung,
die Hoffnung in tieferes Leben."

Sascha Wagner[18]

TRAUERPHASEN

Trauer ist immer etwas sehr Persönliches und verläuft hinsichtlich Intensität, Art und Dauer sehr individuell. Jeder trauert anders. Dennoch gibt es Abläufe im Trauerprozess, die sich ähneln. Es gibt Muster von Trauerphasen, in denen sich viele Trauernde wiederfinden. Die Kenntnis solcher Abläufe kann zur Orientierung dienen und Sicherheit in der fremden, neuen Gefühlswelt schenken. Sie sollte aber kein Maßstab sein, um sich danach zu richten.
Trauer verläuft auch nicht geradlinig oder nach einem Schema. So kann es immer wieder zu Rückfällen kommen, wenn der Trauernde glaubt, sich bereits stabilisiert zu haben. Wechselnde Gefühle können die Trauer lange Zeit begleiten. Dadurch erwächst vielleicht der Eindruck, dass es nie besser wird. Und doch stellt sich im Verlauf des Trauerprozesses eine Veränderung ein, auch wenn diese vom Trauernden nicht unmittelbar wahrgenommen wird.
Ich möchte an dieser Stelle nicht näher auf die unterschiedlichen Modelle der Trauerphasen eingehen. Um den Verlauf des psychischen Prozesses der Trauer zu veranschaulichen, beziehe ich mich auf die Beschreibung der Trauerphasen nach Verena Kast.[13]

PHASE DES „NICHT-WAHRHABEN-WOLLENS"

Unmittelbar nach Kenntnis des Todes kommt es zum Schock. Verzweiflung, Klagen, Leid, Tränen und Schmerz können das Bild bestimmen. Vieles, was rings um den Trauernden herum geschieht, kann er nicht aufnehmen und erfassen. Auch eine Empfindungslosigkeit ist sehr charakteristisch für diese Phase. Der Tod scheint nicht vorstellbar und deshalb kann auf die Nachricht vom Tod mit Gefühlslähmung und Gefühlsstarre reagiert werden. Die Empfindungslosigkeit wird nicht durch fehlende Gefühle, sondern durch einen Gefühlsschock ausgelöst. Der Trauernde wird von so starken Gefühlen überwältigt, dass er darunter erstarren kann. Fassungslos steht er dem Verlust gegenüber, der nicht begreifbar ist. Dies geht mit einem Nicht-wahrhaben-Wollen des Geschehens einher. Diese Phase kann von einigen Stunden bis zu mehreren Tagen andauern.

Um das Unfassbare zu begreifen, braucht es Zeit, und so werden Sie unmittelbar nach dem Tod Ihres geliebten Menschen oft das Gefühl haben, „neben sich zu stehen". Es ist hilfreich, wenn Sie in dieser Phase viel Beistand erfahren und diesen zulassen. Vielleicht lässt es sich ermöglichen, dass Sie einen gewissen Zeitraum nicht allein sein müssen. Das kann Ihnen Halt in der schweren Zeit geben. Es wäre gut, wenn Sie Unterstützung in vielerlei Hinsicht erhalten. Lassen Sie sich jedoch nicht alle Entscheidungen abnehmen. Sie werden ein selbstbestimmtes Handeln zu einem späteren Zeitpunkt zu schätzen wissen.

PHASE DER AUFBRECHENDEN EMOTIONEN

Nach der ersten Empfindungslosigkeit und der Phase des „Nicht-wahrhaben-Wollens" folgt die Phase der aufbrechenden Emotionen. Sie ist gekennzeichnet durch ein starkes emotionales Erleben der Trauer. Wut, Traurigkeit, Angst und Zorn sind nur einige der Emotionen, die sich sehr heftig äußern können. Tiefe Verzweiflung und Schmerz prägen das Bild. Trauernde in dieser Phase sind ruhelos und befinden sich in einem Gefühlschaos. Sie fühlen sich hilflos und ohnmächtig, auch Angst zeigt sich sehr häufig. Es besteht die Angst, mit der veränderten Situation nicht umgehen und das Leben nicht allein bewältigen zu können.
Wut und Zorn des Trauernden können in verschiedene Richtungen gehen. Weil die Ohnmacht schwer zu ertragen ist, wird manchmal mit Betriebsamkeit ein Schuldiger gesucht. Dabei

können andere beschuldigt werden, etwas unterlassen zu haben, was den Tod hätte verhindern können. Der Zorn kann sich auch gegen den Verstorbenen richten, weil dieser ihn verlassen hat, und bei aller Hilflosigkeit sucht der Trauernde nicht selten auch bei sich selbst die Schuld. Dennoch kann sich neben all den schmerzhaften Gefühlen in dieser Phase auch immer wieder Dankbarkeit zeigen. Durch den Verlust wird der Wert der gemeinsam erlebten Zeit besonders bewusst und als solcher auch oft dankbar geschätzt.

In dieser Phase der Trauer gilt es, den auftauchenden Emotionen Aufmerksamkeit zu schenken. Ihre Gefühle sind Ausdruck Ihres inneren Befindens und haben eine Daseinsberechtigung. Es geht darum, sie wahrzunehmen, alle Gefühle zuzulassen, ohne sie zu beurteilen, und sie auszuhalten und auszuleben. Dies ist immer wieder sehr schwer zu ertragen und erfordert viel Kraft. Wenn Sie jedoch Ihre Gefühle verdrängen und vermeiden, trägt das nicht dazu bei, die Trauer zu verarbeiten.

PHASE DES SUCHENS UND SICH-TRENNENS

Weil das Fehlen des Verstorbenen lange Zeit nicht erfasst und verinnerlicht werden kann, erinnert den Trauernden im Alltag immer wieder vieles bewusst und unbewusst an den Verstorbenen. Gewohntes kann nicht schnell abgelegt werden. So gibt es Situationen, in denen der Trauernde auf den Verstorbenen wartet. Er verbindet Geräusche mit ihm oder glaubt ihn in einer Menschenmenge zu sehen. Unbewusst sucht er nach dem Verstorbenen, muss sich dann jedoch eingestehen, dass er ihn nicht mehr finden kann. Das wird jedes Mal erneut schmerzlich empfunden, trägt aber dazu bei, sich von der Vergangenheit Stück für Stück zu lösen.
In dieser Phase wird auch oft das Zwiegespräch mit dem Verstorbenen gesucht. Die Zwiegespräche ersetzen zunächst die direkten

Gespräche, welche nun nicht mehr möglich sind. Der Verstorbene erhält auf diese Weise weiterhin einen wichtigen Stellenwert. So erwächst aus dem äußeren Partner ein innerer Partner. Dieser innere Partner verändert sich aber mit der Zeit und wird mehr und mehr zum neuen Gegenüber.

Durch eine intensive Auseinandersetzung mit dem Verstorbenen wird die tiefe Verbundenheit deutlich. Demgegenüber steht dann immer wieder das schmerzliche Erfahren des Verlustes, welches mit der Erkenntnis des „Sich-trennen-Müssens" einhergeht. So bringt diese Phase ein Auf und Ab der Gefühle mit sich. Der Trauernde erlebt viele Facetten. Von der Erfahrung zu funktionieren bis zur tiefsten Verzweiflung ist alles möglich. Der Umbruch ist ein schmerzhafter Prozess, der lange Zeit in Anspruch nehmen und auch Jahre dauern kann. An Intensität nimmt er im Normalfall jedoch immer mehr ab.

Was Sie in dieser Phase auch empfinden mögen, lassen Sie es zu. Stehen Sie zu Ihren Gefühlen und Ihren Bedürfnissen. Halten Sie Zwiesprache, egal was andere Menschen darüber denken. Erinnern Sie die Zeit mit dem Verstorbenen, wenn Ihnen danach ist. Drängen Sie sich nicht, irgendetwas davon aufzugeben, nur weil es Ihnen vielleicht unvernünftig erscheint. All dies dient der Auseinandersetzung mit dem Verlust, und dadurch werden immer auch Emotionen geweckt, welche bei der Verarbeitung helfen.
Es ist eine schwere Zeit, die es jetzt für Sie zu bewältigen gilt, deshalb ist Geduld gefragt. Doch jede schwere Stunde bringt Sie weiter auf dem Weg des Abschiednehmens.

PHASE DES NEUEN SELBST- UND WELTBEZUGS

Über den Prozess der Trauer und mit dem Erleben der neuen Realität wird mit der Zeit bewusst, dass vieles, was vorher in der Beziehung gelebt wurde, nun der eigenen Verantwortung entspricht. Durch den gelebten Alltag werden die neuen Umstände mehr und mehr integriert und die Ausrichtung geht nicht mehr nur noch zum Verstorbenen und dem Verlust. Wenn der Verlust akzeptiert wurde und dem Leben ohne den Verstorbenen kein Widerstand mehr entgegengesetzt wird, können sich neue Lebensmöglichkeiten eröffnen und der Trauernde orientiert sich weiter.

Auf diesem Weg können Sie an Selbstvertrauen gewinnen und sich völlig neue Werte erschließen. Doch auch hierbei kann es, wie zu jedem Zeitpunkt in der Trauer, zu Rückschlägen kommen. Es ist ein weiter Weg, bis sich nach dem Tod Ihres geliebten Menschen eine neue Zuversicht und Ausrichtung gewinnen lässt. Oft ist der Weg steinig und fast nie verläuft er geradlinig. Gehen Sie dennoch unbeirrbar weiter und halten Sie nur inne, wenn Sie eine Pause benötigen. Vor allem beim Beschreiten neuer Wege können immer wieder Unsicherheiten und Zweifel aufkommen. Das alles ist normal. Lassen Sie sich trotzdem ein auf das Leben mit seinen vielen Möglichkeiten, und wagen Sie auch Neues, Unbekanntes.

> *„Drei Dinge überleben den Tod.*
> *Es sind Mut, Erinnerung und Liebe."*
>
> Ann Morrow Lindbergh[18]

WEIHNACHTEN ALLEIN

Als du in mein Leben getreten bist, war das wie Weihnachten, Ostern und Geburtstag zusammen. Jeder Tag mit dir wie ein Geschenk! Ich fühlte mich so glücklich, wie nie zuvor. Der Alltag war viel leichter, die Wochenenden viel schöner und die Feiertage wurden erst recht zu etwas Besonderem. Wie sehr habe ich mich zum Beispiel immer auf Weihnachten gefreut. In meiner Erinnerung sind strahlende Augen, Lachen, Überraschungen, ein wohliges Gefühl und Geborgenheit. Bereits die Vorfreude hat Wochen erfüllt. Ich werde nie vergessen, wie wir beide uns von der Weihnachtsstimmung verzaubern ließen. Glühwein, Weihnachtsduft und Kerzenschein, Bachs Weihnachtsoratorium ... alles war schön mit dir.
Jetzt naht wieder Weihnachten; zum ersten Mal ohne dich. Wohin ich auch schaue, es ist mehr als präsent, so dass ich mich dem Ganzen gar nicht entziehen kann. In den Auslagen der Geschäfte, in der Fernsehwerbung, auf Arbeit ... einfach überall. Dies erinnert mich so sehr an die Weihnachtszeit mit dir und hält mir einmal mehr vor Augen, wie sehr du mir fehlst. Und so ist alles, was mir bisher an

Weihnachten lieb gewesen ist, nun eine besondere Last. Es macht mein Herz ganz schwer und fühlt sich so traurig an. Und wenn mir die Menschen „Fröhliche Weihnachten" wünschen, steigen Groll und Wut in mir auf, weil nichts daran für mich fröhlich ist, sondern das ganze Gegenteil. Ich habe sogar Angst vor den Feiertagen. Wie soll ich die Zeit nur überstehen? Wie soll ich die Tage verbringen, an denen der Alltag ruht, der mich ablenkt, wenn alle Freunde mit ihrer Familie feiern? Ihre Einladungen, am Weihnachtsabend bei ihnen zu sein, sind lieb gemeint, auch ehrlich, aber ich kann sie nicht annehmen. Ich würde ihnen mit meiner Traurigkeit doch nur das Fest verderben. So werde ich Weihnachten, das Fest der Liebe und der Familie, ganz allein und voller Sehnsucht verbringen. Wieder einmal kann ich kaum glauben und noch immer nicht begreifen, dass du nie mehr wiederkommst. Es darf einfach nicht wahr sein! Ich möchte erwachen aus diesem Traum, und dabei bin ich doch schon längst in der Realität.

Weihnachten ist das Fest der Liebe und der Herzen. Auch wenn der Konsum sehr von Weihnachten Besitz ergriffen hat, ist es immer noch in erster Linie ein Fest, an dem Familien und auch Fremde näher zusammenrücken. Doch Fest der Liebe und der Herzen bedeutet eben auch, dass Einsamkeit und Schmerz noch deutlicher spürbar werden, wenn die Welt nicht in Ordnung und heil ist. Verletzte Herzen sind sensibel und verwundbar. Und trauernde Menschen spüren den Verlust in dieser Zeit umso stärker und können noch schwerer damit umgehen. Erinnerungen prägen das Bild der Tage und es scheint kein Entrinnen zu geben: überall Weihnachten, überall Traurigkeit. So wecken besonders die schönen Momente schmerzliche Erinnerungen. Wie soll man in tiefer Trauer das „O, du Fröhliche ..." in der Christmesse ertragen? Was richtet auf, wenn Hoffnung und Zuversicht nicht greifbar sind? Gleichsam sind diese Tage jedoch unendlich wertvoll, weil durch die Schmerzlichkeit und Tiefe der Emotionen auch großes inneres Wachstum möglich wird.

Egal an welchem Punkt der Trauer Sie stehen und wie sehr Sie Ihren geliebten Menschen gerade in der Weihnachtszeit vermissen, das starke Spüren des Verlustes kann Sie weiterbringen, weil genau das die Trauerarbeit ausmacht. Selbst wenn Sie bereits bessere Tage erlebt haben und nun glauben, dass ein emotionaler Einbruch an Weihnachten einen Rückschritt bedeutet, muss das nicht so sein. Die Trauer verläuft nicht in festgelegten Bahnen, es gibt immer ein Auf und Ab. Und jeder traurige Moment gehört genauso dazu, wie die Momente, in denen Sie sich bereits stabiler fühlen. Lassen Sie den Schmerz zu, soweit Sie dazu in der Lage sind, und lassen Sie auch Trauer, Wut und Ohnmacht zu, wenn das Ihre derzeitigen Gefühle sind. Sie gehören jetzt in Ihr Leben und in diesem Jahr auch in besonderem Maße zu Ihrem Weihnachten. Spüren Sie all diese schmerzhaften Emotionen, und versuchen Sie nicht, mit viel Energie den Schein zu wahren, wenn Sie im Moment die Kraft dafür nicht haben. Geben Sie den Menschen in Ihrer Nähe die Chance, Ihnen zu helfen, indem Sie authentisch sind und offen für diese Hilfe.

Weihnachten ist die Zeit der Besinnung. Sich besinnen im Schmerz heißt, den Verlust zu spüren und ihn anzuerkennen. Aber Besinnen heißt auch zur Ruhe kommen und zu sich selbst finden, vor allem unter den neuen Umständen. Sie können dabei Ihre innere Balance zurückgewinnen, sich neu ausrichten und vielleicht sogar neu orientieren, wenn Sie bereits an diesem Punkt der Trauer stehen. Sich besinnen kann Frieden bringen, aber auch Fragen aufwerfen, die im Alltag vielleicht weniger Raum finden, weil die Zeit und die Umstände es nicht zulassen. Sich zu fragen:

„Wer bin ich?"
„Was will ich?"
„Was fange ich jetzt an?"
„Wie soll mein Leben weitergehen?"
„Wer oder was kann mir helfen?"

erfordert Mut, weil die Antworten darauf mitunter die Aufforderung für die nächsten Schritte nach sich ziehen. Und hierfür ist wieder eine gewisse Bereitschaft erforderlich. Doch es ist die richtige Richtung, selbst wenn die Erkenntnis aus Stunden der Trauer und Besinnung erwachsen ist.

Vielleicht bedeutet Weihnachten für einige Trauernde, sich wieder stärker im Glauben zu orientieren. Werden bei einem Kirchenbesuch Erinnerungen geweckt, die Geborgenheit vermitteln, öffnet sich das Herz. Das Gemeinschaftsgefühl und neue Kraft aus dem Gebet zu schöpfen, können stützen und stärken. Auch hier liegt eine Chance verborgen.

Wenn Ihr Schmerz an Weihnachten jedoch unerträglich wird, sollten Sie versuchen, Linderung und Trost zu finden, indem Sie nicht die ganze Zeit allein verbringen. Dies kann in ganz unterschiedlicher Form möglich sein. Vielleicht müssen Sie sich dafür erst öffnen oder sogar über den eigenen Schatten springen. Es ist an Ihnen, dies zuzulassen.

Sie sollten sich bewusst machen, dass die Feiertage nun anders verlaufen als bisher, auch wenn Sie sich dies niemals so gewünscht haben. Wenn Sie nicht an gewohnten Abläufen festhalten und bereit sind, die veränderten Umstände zu akzeptieren, können Sie sich für Neues öffnen.

Besteht die Möglichkeit, die Stunden im Kreis der Familie zu verbringen, dann sind Sie mit Ihrem Schmerz nicht allein. Die Verbundenheit in der Trauer kann Sie stützen und trösten. Die Erinnerungen an den Verstorbenen werden sicher sehr viel Raum einnehmen, und durch die Gespräche würdigen sie ihn. Vielleicht tröstet es Sie, eine Kerze für den Verstorbenen anzuzünden und gemeinsam eine Gedenkzeit zu halten. Lassen Sie zu, dass er in ihren Herzen dabei ist und auf diese Weise mitten unter ihnen sein darf. Lassen Sie aber, ebenso wie die Traurigkeit, auch ein Lachen oder frohe Momente zu, wenn diese sich ergeben.

Gibt es keine Familie, mit der Sie die Stunden verbringen können, ist vielleicht ein Besuch bei Freunden möglich, auch wenn Sie bisher Weihnachten immer zu Hause verbracht haben. Nehmen Sie Einladungen von Freunden an, wenn Ihr Inneres eine Bereitschaft dafür signalisiert, selbst wenn Sie Bedenken haben, anderen zur Last zu fallen. Wer solch eine Einladung ausspricht, ist sich sicher auch bewusst, was dies bedeutet. Freunde möchten Sie vielleicht gern dabei haben, weil Sie ihnen wichtig sind und diese Ihnen eine Freude bereiten möchten. Manchmal ist es die Zeit im Leben, einfach nur zu nehmen. Auch damit können Sie Freude bereiten. Sie müssen nicht immer stark und perfekt sein. Mitunter verbinden gerade solche gemeinsam verbrachten Stunden in schweren Zeiten sehr nachhaltig und können für alle zur besonderen Bereicherung werden.

Möglicherweise kennen Sie auch Menschen, die ebenfalls allein sind oder trauern. Warten Sie nicht auf ein Angebot, sondern ergreifen Sie die Initiative, wenn Ihre Kraft es zulässt. So erhält Ihr Fokus durch das Aktivwerden eine andere Ausrichtung und kann Ihren Schmerz in den Hintergrund stellen.

Wie auch immer Sie Weihnachten in Ihrer Trauer erleben, wissen Sie, dass alles, was Sie tief in Ihrem Innern berührt, auch heilt, wenn Sie es annehmen.

*„Euer Schmerz
ist das Zerbrechen der Schale,
die Euer Verstehen umschließt.
Er ist der bittere Trank,
mit dem der Arzt in Euch
das kranke Ich heilt."*

Khalil Gibran[7]

NICHT AUFGEBEN!

Manchmal weiß ich einfach nicht mehr weiter. Meine Kräfte sind am Ende, und immer öfter verlässt mich der Mut, diesen Weg, den ich allein nie gehen wollte, zu beschreiten.
Ringsherum läuft alles so, als wäre nichts geschehen. Die Welt scheint nicht einen Moment still zu stehen, deine Abwesenheit hält sie nicht auf. Der Bäckerladen gegenüber öffnet wie jeden Morgen zur selben Zeit, doch du wirst nie wieder diesen Laden betreten. Alle gehen ihrer Arbeit oder dem Alltag nach, nur du bist nicht mehr dabei. Es werden Feste gefeiert, Verträge geschlossen und Pläne geschmiedet, und es macht keinen Unterschied, ob du noch davon Kenntnis nimmst.
Wie soll ich je verschmerzen, dass du nie wiederkommst? Alles ist so unendlich schwer – und die Last erdrückt mich fast. Am liebsten würde ich aufgeben. Ich weiß auch nicht, wofür ich kämpfen und durchhalten soll, ich sehe keinen Sinn darin. Wozu Tag für Tag all die Trauer spüren und dabei wissen, dass es auch morgen nicht besser sein wird. Am Abend habe ich Angst vor der Nacht und am Morgen Angst vor dem neuen Tag. Wenn es besonders schlimm ist, sage ich mir: „Das Leben geht weiter!". Aber so einfach ist das nicht, weil ich ganz oft gar nicht will, dass es weitergeht. Und im Moment will ich auch nicht über deinen Tod hinwegkommen, wie es mir von anderen manchmal ans Herz gelegt wird. Es ist ein Gefühl, als würde ich mich noch mehr von dir entfernen, wenn ich weitergehe.

Die ersten Tage nach einem schmerzlichen Verlust sind meist geprägt von Fassungslosigkeit. Der Trauernde funktioniert und lässt vieles einfach geschehen, weil der Schock so tief sitzt. Später wird das Begreifen immer mehr verinnerlicht, Schmerz und Trauer sind ständige Begleiter, und es ist noch nicht vorstellbar, wie es weitergehen soll. Liegt der Verlust dann einige Zeit zurück, ist das Umfeld längst wieder zur Normalität übergegangen und der Trauernde wird mit einer Welt konfrontiert, in der um ihn herum alles so läuft wie bisher. Doch seine innere Welt liegt in Scherben. Wenn der Alltag weiter geht, als wäre nichts geschehen, ist auch das noch einmal eine sehr schmerzliche Erkenntnis, denn für den Trauernden ist nichts mehr wie vorher. Irgendwann setzt jedoch eine Zeit ein, in der auch der Trauernde spürt, dass er wieder zu einer Normalität finden muss. Schmerzhafte Gefühle werden nach wie vor da sein, aber nicht mehr alles bestimmen. Doch auch an dieser Stelle ist es für den Trauernden nicht ohne Weiteres möglich, sich unbeschwert der Zukunft zuzuwenden. Was sich hier als normalen Verlauf der Trauer mit wenigen Sätzen theoretisch beschreiben lässt, erfasst jedoch nicht im Geringsten das tatsächliche Gefühlserleben eines Trauernden. Er durchlebt Wochen und Monate voller Schmerz, Verzweiflung und Hoffnungslosigkeit. Und der Trauernde wird oft nicht wissen, wie es weitergehen soll und versucht sein aufzugeben.

Ganz gleich in welcher Phase der Trauer Sie sich gerade befinden, es wird wohl auch bei Ihnen immer wieder Tage geben, an denen Sie nicht weiterwissen, nicht weiterwollen und einfach alles infrage stellen.
Wenn Sie sich kraftlos und traurig fühlen, keinen Sinn erkennen und auch die Hoffnung fehlt, dass sich dieser Zustand ändern könnte, erscheint alles aussichtslos, und die Frage, wofür es sich zu kämpfen lohnt, bleibt vielleicht unbeantwortet. Noch können Sie sich nicht vorstellen, dass es eines Tages besser wird und Sie sogar wieder Freude empfinden können. Vielleicht wollen Sie nur die Zeit zurückdrehen und nicht weiter voranschreiten in einer Welt ohne Ihren geliebten Menschen. Dieser Wunsch ist nachvollziehbar, aber nicht zu erfüllen. Die Welt verändert sich in jedem Augenblick, so ist der Lauf der Dinge, und auch Sie sind gefordert weiterzugehen. Das können Sie einerseits als Last empfinden, andererseits ist genau dieser Lauf der Dinge auch tragendes Element.

Weitergehen:
Wenn Sie sich trotz Schmerz und Trauer bewusst dafür entscheiden nicht aufzugeben, wird es einfacher. Und eines Tages werden auch Sie den großen Schmerz hinter sich lassen können, denn nicht nur schöne Zeiten gehen vorbei, auch die schweren Zeiten verändern sich. Dies gehört ebenso zum Lauf der Dinge. Richten Sie, wann immer Sie zweifeln oder nicht weiterwissen, die Aufforderung zum Weitermachen an sich selbst. Lenken Sie Ihre Ausrichtung auf die Zuversicht, dass Sie das Tal der Trauer eines Tages durchschritten haben. Wenn Ihre Zweifel und die innere Not sehr groß sind, können Sie das Wort „Weitergehen" so lange wie ein Mantra wiederholen, bis sich eine innere Ruhe einstellt. Verinnerlichen Sie dieses Wort und setzen Sie es immer dann ein, wenn Sie nicht weiterwissen oder glauben, nicht weiterzukönnen. Dadurch senden Sie eine wichtige Botschaft an Ihr Unterbewusstsein, welche in Zeiten der Orientierungslosigkeit zur kraftvollen Hilfe wird.
Um den Weg zu gehen, ist es nicht immer erforderlich zu wissen, wie es weitergeht und wohin der Weg Sie führt. Es reicht aus, wenn Sie sich dem Fluss des Lebens anvertrauen. Möglicherweise fällt Ihnen genau das besonders schwer, denn ohne Frage lebt es sich mit Sicherheiten leichter. Garantien kann Ihnen keiner geben, und doch sind diese im sicheren Wandel der Zeit verborgen und benötigen einzig Vertrauen und Geduld.
Also gilt es weiterzumachen: jede Stunde, jeden Tag, jede Woche aufs Neue, auch wenn Sie noch keinen Sinn erkennen und keine Freude dabei spüren. Zahlreiche Erfahrungsberichte Trauernder sind Zeugnis dafür, dass es sich lohnt nicht aufzugeben.

> **Übung: „Weitergehen"**

Stellen Sie sich vor, wie Sie Ihren Weg in kleinen Schritten voranschreiten - immer weiter und weiter. Es ist im Moment ein sehr beschwerlicher und mühsamer Weg für Sie. Er ist trostlos und Sie fühlen sich allein, weil Ihnen Ihr Wegbegleiter fehlt. Sie gehen dennoch Ihren Weg stetig und unermüdlich weiter.

Wenn Sie erschöpft sind, erlauben Sie sich, einen Moment lang auszuruhen. Setzen Sie sich an den Wegesrand, atmen Sie tief durch und nehmen Sie die Umgebung um sich herum einmal besonders deutlich wahr. Selbst ein unwegsames Gelände kann Schönes bergen, und auch wenn Sie es noch nicht genießen können, schöpfen Sie vielleicht Kraft daraus.

Sollten Sie beim Beschreiten des Weges einmal stolpern, so fangen Sie sich auf und richten Sie sich neu aus. Wenn Sie fallen, stehen Sie wieder auf und gehen Sie weiter. Halten Sie es wie ein Kind, welches beim Laufenlernen stetig und unermüdlich einen neuen Versuch unternimmt.

Noch können Sie kein Ziel erkennen, und dennoch gehen Sie immer weiter, weil Sie wissen, dass bei vielen Wegen das Ziel hinter dem Horizont verborgen liegt.

Sehen Sie in Ihrer Vorstellung, wie Sie einen Schritt vor den anderen setzen. Diese Schritte sorgen dafür, dass Sie nicht auf der Stelle stehen bleiben, und führen Sie immer weiter. Dafür müssen Sie jedoch bereit sein, die Vergangenheit hinter sich zu lassen. Als Reisegepäck dürfen Sie so viele Erinnerungen aus der Vergangenheit mitnehmen, wie Sie wünschen. Und wann immer Sie eine erneute Pause benötigen, dürfen Sie diese Erinnerungen aus Ihrem Reisegepäck auspacken und in Ruhe genießen.

AUS MOMO

Wenn er die Straßen kehrte, tat er es langsam aber stetig:
Bei jedem Schritt einen Atemzug
und bei jedem Atemzug einen Besenstrich.
Schritt – Atemzug – Besenstrich
Schritt – Atemzug – Besenstrich
Dazwischen blieb er manchmal ein Weilchen stehen
und blickte nachdenklich vor sich hin.
Und dann ging es wieder weiter.
Schritt – Atemzug – Besenstrich
Es ist so:
Manchmal hat man eine sehr lange Straße vor sich.
Man denkt, die ist so schrecklich lang;
das kann man niemals schaffen, denkt man.
Und dann fängt man an sich zu eilen.
Und man eilt sich immer mehr.
Jedes Mal wenn man aufblickt, sieht man,
dass es gar nicht weniger wird, was noch vor einem liegt.
Und man strengt sich noch mehr an, man kriegt es mit der Angst
und zum Schluss ist man ganz außer Puste und kann nicht mehr.
Und die Straße liegt immer noch vor einem.
So darf man es nicht machen.
Man darf nie an die ganze Straße auf einmal denken, verstehst du?
Man muss nur an den nächsten Schritt denken,
an den nächsten Atemzug, an den nächsten Besenstrich.
Und immer wieder nur an den nächsten.
Das ist wichtig, dann macht man seine Sache gut.
Und so soll es sein.

Michael Ende[5]

HALT FINDEN

Es gibt Momente, da habe ich einfach nur große Angst vor dem nächsten Tag, der nächsten Woche und erst recht vor der Zukunft. Besonders wenn mir bereits die Kraft für die alltäglichen Dinge fehlt. Wie soll ich nur alles bewältigen? Und niemand ist hier, der mich stützt und auffängt, weder bei Problemen, noch bei der Einsamkeit an den langen Abenden und Wochenenden. Alles ist jetzt so anders. Wir waren ein eingespieltes Team und haben uns wunderbar ergänzt. Selbst Unstimmigkeiten konnten uns nicht viel anhaben. Ich habe deine praktische Art bewundert und du hast meine Kreativität geschätzt. Wir haben Dinge füreinander und miteinander getan. Nun fehlen mir nicht nur dein Lachen und deine Nähe, sondern auch der Halt, den du mir gegeben hast. Das gibt es nun alles nicht mehr und geblieben ist diese unerträgliche Leere. Ohne dich fühle ich mich allein, unsicher und haltlos.

Stirbt ein geliebter Mensch, der bisher zum Lebensmittelpunkt gehörte, bricht für Hinterbliebene eine Welt zusammen. Die Ausrichtung auf Gemeinsames und der Halt im Miteinander fehlen schmerzlich. Letzteres ist nicht nur schmerzlich, sondern mitunter auch sehr beängstigend. Was gibt es noch für eine Sicherheit, wenn der Tod jederzeit das Leben beenden kann? Wo gibt es Halt, wenn das gesamte bisherige Lebensgefüge zerstört ist? So kann die Angst, den Halt zu verlieren, manchmal sehr stark werden. Halt, Sicherheit und Kontrolle sind Kriterien, die das Leben in ruhigen Fahrwassern fließen lassen. So lange darauf zurückgegriffen werden kann, ist alles überschaubar. Selbst anstrengende, stressige Zeiten sind dann gut zu bewältigen. Wenn aber die vermeintliche Sicherheit und der Halt im Außen verloren gehen, wird dies als sehr bedrohlich empfunden. Noch ohne zu ahnen, welche Schwierigkeiten auftreten können, breiten sich ein ungutes Gefühl und Angst aus. Mögliche Auswirkungen werden heraufbeschworen und in Gedanken ausgemalt, obwohl es sein kann, dass diese nie so eintreten. Der Verstand klammert sich an solche Aussichten, als würde die Vorahnung von Dingen ihr Ausmaß verringern. Hierbei ist das Ausschmücken einer vermeintlichen Zukunft manchmal eine Strategie, um wieder Kontrolle zu erlangen – frei nach dem Motto: „Was nicht überrascht, wirft nicht aus der Bahn." Ein Haften an negativen Zukunftsvisionen wirkt sich jedoch eindeutig nicht entlastend aus und sollte deshalb immer wieder bewusst unterbunden werden.

Das Gefühl, den Halt zu verlieren, ist besonders in der akuten Trauer nicht ungewöhnlich. Der Schmerz über den Verlust überschattet alles, und ein rationales Herangehen an Schwierigkeiten sowie eine sachliche Beurteilung der neuen Umstände sind kaum möglich. Wie stark das Gefühl der Haltlosigkeit ist, hängt jedoch in hohem Maße auch davon ab, wie sehr sich bisher auf eine Sicherheit von außen gestützt wurde. Wer sein Leben trotz Partner relativ selbstständig verantwortet hat, wird weniger davon betroffen sein als jemand, der in vielen oder allen wesentlichen Bereichen vom Anderen abhängig war. Doch der Tod nimmt darauf keine Rücksicht, er fordert seinen Tribut auch von jenen, die sich bisher sehr auf den Partner gestützt haben. Die Folge ist, dass bei diesen Menschen zur Trauer auch noch der fehlende Halt und Unsicherheit hinzukommen. Hier führt nur der Schritt zu Selbstbestimmung und Eigenständigkeit heraus. Wurde der Halt bisher überwiegend aus dem Außen bezogen, ist es nun umso wichtiger, den inneren Halt zu suchen und zu finden. Weil dies eine zusätzliche Erschwernis darstellt, gibt es hierfür immer die Möglichkeit, therapeutische Hilfe in Anspruch zu nehmen.

Doch auch sehr eigenständige Menschen können infolge eines schweren Verlustes ins Wanken geraten, denn die neue Situation stellt vieles infrage. Interessen treten in den Hintergrund, und was bisher wichtig erschien, kann in Zeiten der Trauer belanglos werden. So kann es sein, dass Hobbys, die in der Vergangenheit einen großen Stellenwert einnahmen, nun nicht mehr gepflegt werden. Nicht alles ist unter den veränderten Umständen möglich. Wichtig ist aber, dass es nach einem gewissen Zeitraum auch wieder außerhalb der Trauer etwas gibt, worauf die Aufmerksamkeit gerichtet wird. Sich auf Derartiges einzulassen, kann Überwindung kosten. Vielleicht fehlt es an Interesse, Mut oder Vorstellungskraft, und eine neue Aufgabe wird sogar als zusätzliche Belastung empfunden. Aber es gibt viele Beispiele, wo erst durch die Beschäftigung mit einer bestimmten Aufgabe die Leidenschaft dafür gewachsen ist.

Halt von außen:

Nach einem schweren Verlust können Sie Halt in der Familie oder bei Freunden suchen, doch niemand ist in der Lage, Ihren geliebten Menschen zu ersetzen. So ist es möglich, dass Sie Unterstützung finden, jedoch nie in dem Maße, dass es Ihren Verlust aufwiegt. Und vor allem sollten Sie Ihre Erwartungen in dieser Hinsicht gering halten, denn hohe Erwartungshaltungen gehen häufig mit Enttäuschungen einher. Wenn Sie das Gefühl haben, den Halt zu verlieren, ist es hilfreich, den Halt immer wieder an den profanen Dingen des Alltags zu suchen. Eine Regelmäßigkeit im Tagesrhythmus gibt bereits eine gewisse Sicherheit. Lassen Sie Dinge zur Gewohnheit werden, und lassen Sie auch nicht von diesen Gewohnheiten ab, wenn Sie an einem Tag weniger Motivation verspüren oder das Wetter als Ausrede herhalten könnte. An einer ausgewogenen Tagesstruktur, die mit Disziplin eingehalten wird, können Sie sich halten und orientieren. Selbst wenn Sie anfangs einfach nur funktionieren und weder Freude noch Sinn an den Dingen finden, hilft Ihnen dies doch, die schwerste Zeit zu überstehen. Darüber hinaus ist es wichtig, eine Ausrichtung zu suchen, bei der Sie sich selbst verwirklichen können.

Der innere Halt:

Sobald Sie sich einer Idee oder Aufgabe zuwenden und sich weniger auf andere Menschen stützen, wächst Ihr Selbstvertrauen. Es geht hierbei auch nicht um das erbrachte Endresultat. Ziel ist viel mehr die Selbstverwirklichung im Rahmen der individuellen Möglichkeiten. In jedem Menschen schlummern Fähigkeiten und Neigungen oder Erfahrungen, die weitergegeben werden können. Finden Sie heraus, was Ihnen besonders liegt oder wo eine stille Leidenschaft erweckt werden kann, und lassen Sie sich darauf ein. Schon die kleinen Dinge können hier bereichern. Die Beschäftigung mit einer Aufgabe kann gleichzeitig den Ausdruck Ihrer Trauer fördern – und das nicht nur im kreativen Bereich. Vielleicht ist es die Gartenarbeit, etwas Handwerkliches, oder Sie erinnern sich, dass Sie seit vielen Jahren wieder zeichnen wollten. Es kann ein ehrenamtliches Engagement sein oder die Beschäftigung mit einer Trauerseite, die Sie im Internet zur Erinnerung an Ihren Verstorbenen gestalten lassen. Auch Schreiben zählt zu den wertvollen Aufgaben und kann gleichzeitig den Ausdruck der Trauer fördern. Sie können Ihre Lebensgeschichte aufschreiben oder Ihre Erfahrungen mit der Trauer. Wenn Sie leidenschaftlich gern kochen, können Sie all Ihre Rezepte und Haushaltstipps für die Familie, Freunde oder die Öffentlichkeit festhalten. Dabei lässt sich an die Zeiten erinnern, als Sie noch für den Menschen gekocht haben, der Ihnen nun so sehr fehlt. So ist die Beschäftigung mit einer Aufgabe auch wichtige Trauerarbeit. Sie durchleben dabei Erinnerungen, ohne den Halt zu verlieren, weil die Aufgabe Sie trägt. Die Ergebnisse, die Sie dabei erzielen, müssen nicht die Welt verändern. Was zählt sind Ihr Bemühen und Ihre Freude über das Erreichte. Besonders wertvoll ist dabei die Erfahrung, dass Sie mit Ihrem Einsatz etwas beeinflussen und bewirken können. Diese Erkenntnis nimmt, im Gegensatz zur Unabänderlichkeit des Todes, das Gefühl von Ohnmacht und gibt somit Halt. Erwähnen möchte ich jedoch noch, dass die Beschäftigung mit einer Aufgabe immer in den Grenzen bleiben sollte, die ein gesundes Maß nicht überschreiten. Ein verbissenes Bemühen geht in die falsche Richtung, denn ein Engagement ist nur so lange gut, wie es Ihre Kräfte nicht überfordert. Es soll Ihnen Positives geben und nicht so viel abverlangen, dass Sie sich daran verausgaben.

DIE LAST DER TRAUER

An manchen Tagen erscheint es mir, als würde mich die Trauer erdrücken. Die Last wiegt zentnerschwer und liegt auf meiner Brust wie ein dicker, schwerer Stein. Ich kann kaum durchatmen und mich auch nicht frei bewegen. Wenn ich es geschafft habe, mich etwas von der Schwere zu lösen, rollt Stunden oder Tage später ein neuer Stein, wie von einem gewaltigen Berg Trauer, herab. Dieser Berg türmt sich riesengroß vor mir auf und wirft seinen dunklen Schatten auf mich.

Wenn Sie sich Ihre Trauer als Berg vorstellen, den es gilt, Stück für Stück abzutragen, haben Sie, wie bei der Personifizierung der Angst, ein Instrument in der Hand, mit dem Sie aktiv Trauerarbeit leisten können.

> ▸ **Übung: „Berg der Trauer"**
>
> Stellen Sie sich vor, dass der Berg Ihrer Trauer aus vielen sehr schmerzhaften Gefühlen und all den Begleiterscheinungen, die der Verlust mit sich bringt, besteht: aus Verzweiflung, Sorgen, Ängsten und Nöten, aus Ohnmacht, Hilflosigkeit, Sehnsucht, Wut und Zorn. Auch Verwirrung, Kummer und Hoffnungslosigkeit ergeben diesen Berg, ebenso Einsamkeit, Tränen, Klagen, Schuldgefühle und schlaflose Nächte. Einfach alles, was die Trauer um einen verstorbenen Menschen ausmacht, ist zu einem hohen Berg aufgetürmt und scheint unüberwindbar. Mit dem Verlust Ihres geliebten Menschen war dieser Berg plötzlich da und nimmt nun unendlich viel Raum in Ihrem Leben ein. Er versperrt Ihnen nicht nur den Weg, sondern auch jegliche Sicht nach vorn. Je näher Ihnen der Verstorbene stand, umso größer ist der Berg. Es ist Ihr ganz persönlicher Berg der Trauer und des Verlustes.
> Diesen Berg mit einem Mal aus dem Weg zu räumen, ist nicht

möglich, doch Sie können ihn Stück für Stück abtragen. Mit jedem traurigen Gefühl, das Sie zulassen, durch jede Träne, die Sie weinen und durch jedes dankbare Erinnern wird der Berg etwas kleiner. Alles, was nötig ist, um den Berg zu verringern, ist also das Zulassen der Trauer – mit all den schmerzhaften Gefühlen. Nehmen Sie jeden Stein an, der sich von diesem Berg löst und Ihnen als Last begegnet. Befreien Sie sich dann davon, indem Sie der jeweiligen Emotion Raum geben. In Ihnen wird immer die notwendige Kraft vorhanden sein, um die einzelnen Brocken des Berges zu bewältigen. Und auch wenn Sie glauben, es nie zu schaffen, werden dennoch mit der Zeit erst die Sicht auf die Zukunft und später auch der Weg dafür frei.

Es liegt dabei ganz in Ihrer ureigenen Entscheidung, in welchem Tempo Sie sich des Berges annehmen. Sie allein dürfen bestimmen, wie sehr Sie in der Lage sind, sich mit der Trauer auseinanderzusetzen. Sie dürfen Pausen einlegen und Ihr eigenes Tempo wählen, ganz so, wie Ihre Kraft es Ihnen erlaubt.

LOSLASSEN

Heute habe ich Sylvy getroffen. Es war schön, sie zu sehen, und ihre herzliche Umarmung empfand ich so wohltuend. Wir tauschten Neuigkeiten aus, aber bereits nach kurzer Zeit mischte sich auch bei ihr jene Unsicherheit ins Gespräch, die ich nun so oft erfahre, wenn ich mit Freunden spreche. Sie alle meinen es gut, aber es scheint, als leben sie in einer anderen Welt. Ja, ihre Welt ist auch eine andere. Sie ist heil im Vergleich zu meiner, in der du mir so unendlich fehlst. Und dann kommen meist die gut gemeinten Ratschläge, um mich zu trösten.

So höre ich zum Beispiel des Öfteren, dass ich loslassen soll; aber das ist nun etwas, was ich am wenigsten begreife. Wie soll das gehen? Du warst ein so wichtiger Teil meines Lebens, soll ich diesen Teil nun einfach auslöschen? Soll ich dich loslassen wie einen Luftballon, der in den Himmel steigt, bald außer Sicht gerät und den man schnell vergisst? Es schmerzt schon, nur daran zu denken. Es scheint unmöglich.

Hat auch Ihnen schon einmal jemand aus dem Umfeld gesagt, dass Sie loslassen sollen? Sicher ein gut gemeinter Rat, doch Loslassen scheint in der Trauer unvorstellbar. Und im Moment wollen Sie vielleicht auch gar nicht loslassen, weil Sie so empfinden, als würden Sie dabei alles verlieren, was Sie noch mit Ihrem geliebten Menschen verbindet. Sie müssen ihn auch gar nicht auf diese Art und Weise loslassen, Ihr geliebter Mensch darf immer einen Platz in Ihrem Herzen behalten. Loslassen bedeutet etwas anderes. Beim Loslassen geht es darum, den Widerstand aufzugeben, der den Lebensfluss blockiert und Sie an der Weiterentwicklung hindert, weil Sie an der Vergangenheit festhalten. Und dabei müssen Sie weder die Erinnerungen an den Verstorbenen noch das Gefühl der Verbundenheit aufgeben.

Das Geheimnis des Loslassens:
Mit dem Loslassen ist es wie bei einem Zaubertrick. Es ist schwer zu verstehen, und nur wer Loslassen einmal erfahren hat, begreift, dass es funktioniert. Das „Wie" erschließt sich dabei meist nicht, oft bleibt es unerklärlich. Wie bei einem Knoten, der sich nur lösen kann, wenn nicht mehr an den Enden gezogen wird, löst sich durch Loslassen eine Blockade, die unüberwindbar schien. Danach wird vieles leichter.
Loslassen lässt sich weder durch Willenskraft, große Anstrengung, noch mit Ungeduld erreichen. Das Geheimnis offenbart sich eher still, wenn Sie aufhören, sich zu bemühen, und keinen Widerstand mehr leisten, wenn Sie bereit sind für den nächsten Schritt. Geduld ist ein Schlüssel und ebenso das Annehmen der Situation. So ist Loslassen vor allem ein Prozess, der nicht bewusst herbeigeführt werden kann, aber es bedarf der bewussten Bereitschaft zum Loslassen. Jeder unmittelbare Versuch des Loslassens führt eher zur Verdrängung, als zu einer wirklichen Verarbeitung des Verlustes. Loslassen folgt dem Ergeben in die Situation, wenn die neue Realität akzeptiert und angenommen wurde. Aber dies geschieht selten unmittelbar, meist bedarf es dafür einer gewissen Zeit. Sie erleichtern sich diese Zeit, wenn Sie Geduld mit sich selbst haben und sich die Dauer des Prozesses erlauben. Erlauben Sie sich auch die ungeliebten Gefühle, welche Sie vielleicht mit innerer Schwäche gleichsetzen. Lassen Sie zu, dass Sie Emotionen körperlich und seelisch fühlen, und nehmen Sie diese im Herzen an. Wenn Sie nicht länger dagegen ankämpfen, kann sich Entlastung einstellen. Fühlen Sie sich von der Zeit durchs Leben getragen, wie ein Blatt im Fluss durch die Strömung getragen wird. Nicht jedes Ufer, an dem Sie vorbeikommen, ist schön. Blockieren Sie dennoch nicht den Fluss des Lebens durch Widerstand, dann wird sich eines Tages fast unmerklich Loslassen einstellen. Sie werden feststellen, dass dies nicht bedeutet, den Verstorbenen zu vergessen, sondern dass es vielmehr darum geht, dass er von nun an einen anderen Platz in Ihrem Leben einnimmt, während Sie sich neu orientieren.

Wenn Sie in Ihrer Trauer einen Punkt erreicht haben, an dem Sie bereit sind, einen Schritt weiterzugehen, kann nachfolgende Übung zur Unterstützung hilfreich sein. Sie bewirken dabei durch eine bildliche Vorstellung eine Veränderung im Unterbewusstsein. Und je intensiver und öfter Sie sich darauf einlassen, umso deutlicher werden Sie die Veränderung auch im Außen spüren.

> ### Übung: „Ich wechsle die Räume"
>
> Stellen Sie sich vor, Sie besuchen an einem sonnigen Tag ein sehr schönes Haus, welches von einem üppigen Garten umgeben ist. Sie sehen Blumenrabatten, die den Weg zum Haus säumen, und Schatten spendende Bäume auf dem Grundstück. Lassen Sie im Geiste ein Haus Ihrer Wahl entstehen und treten Sie durch die geöffnete Tür ein.
> Nun befinden Sie sich auf einem Flur mit vielen Türen rechts und links von Ihnen, und auch in der oberen Etage gibt es weitere Türen. Sie wissen, dass all die Räume hinter den Türen für Abschnitte Ihres Lebens stehen. Es gibt Räume, die Sie bereits bewohnt und hinter sich gelassen haben, wie die Ihrer Kindheit und Jugend. Es gibt Räume, in denen Sie nochmals in Ihren beruflichen Werdegang eintauchen und viele Begebenheiten dieser Zeit wach werden lassen können. Und es gibt auch einen Raum, der für die Zeit mit Ihrem geliebten, verstorbenen Menschen steht. Von diesem Raum fühlen Sie sich besonders angezogen. Sie haben die Hand schon auf der Türklinke und wissen doch, dass hinter der Tür nur die Erinnerung an diese Zeit zu finden ist. Dies lässt Sie zögern, denn der Raum wird wie ein schön eingerichtetes Zimmer in einem Museum wirken, in dem das Leben fehlt. Das ist sehr schmerzlich, und Sie wissen nicht, ob Sie den Raum betreten sollen oder nicht. Ihr Zögern hält Sie davon ab, die Tür zu öffnen, und doch können Sie die Hand nicht von der Klinke lösen. So lange Sie aber dazu nicht bereit sind, ist es auch nicht möglich, weiterzugehen. Erst wenn Sie die Türklinke loslassen, können Sie die nächste

Tür erreichen und öffnen. In Ihnen ist vielleicht die Angst, dass Sie nie wieder einen so schönen Raum finden, wie jenen, den Sie nun hinter sich lassen müssen. Niemand kann Ihnen sagen, was sich hinter den Türen verbirgt, die Sie noch nicht geöffnet haben. Nur Sie selbst können es herausfinden. Aber in jedem dieser Räume wird es besser sein als auf dem dunklen Flur, wo Sie sich im Moment befinden. Es wird Fenster geben, durch die Licht fällt und durch die Sie einen Ausblick haben werden und Sie können sich niederlassen, um auszuruhen und Kraft zu sammeln. Also lassen Sie die Klinke los, um weiterzugehen und eine neue Tür zu öffnen. Sie können sich den neuen Raum ganz nach Ihren Vorstellungen einrichten. Schmücken Sie ihn in Ihrer Fantasie so schön wie möglich und laden Sie, wenn Sie möchten, auch Menschen ein. Beleben Sie diesen Raum so, wie Sie es sich wünschen, denn er steht für den nächsten Abschnitt Ihres Lebens. Sie können ihn aber auch jederzeit wieder verlassen, um einen weiteren Raum zu betreten, da es noch viele Räume Ihrer Zukunft gibt. Und von Zeit zu Zeit können Sie jenen Raum aufsuchen, in dem Sie die Erinnerung an Ihren geliebten Menschen finden, so wie Sie die Räume Ihrer Kindheit in der Vorstellung jederzeit besuchen können. Dies wird zunehmend weniger schmerzlich sein, und die Erinnerung wird Ihnen mit der Zeit vielleicht ein Gefühl der Geborgenheit vermitteln. Es wird ein Ort sein, zu dem Sie gern zurückkommen, aber an dem Sie nicht verweilen, weil er zu Ihrer Vergangenheit gehört.

„Es ist ein Gesetz im Leben: Wenn sich eine Tür schließt, öffnet sich dafür eine andere."

Andre Gide[18]

WORAN GLAUBEN?

Mein Weltverständnis wurde durch deinen Tod völlig erschüttert. Arglos und zuversichtlich ging ich bis zu diesem Tag durch das Leben und glaubte, dass schon immer alles nach Plan verläuft und sich zum Guten wenden wird. Wenn Schwierigkeiten auftauchten, galt es eine Lösung zu finden, und meist gelang das auch. Ich glaubte, dass wir füreinander bestimmt waren und an eine gemeinsame Zukunft mit dir, denn du warst der Mann, mit dem ich eine Familie gründen und alt werden wollte. Ich glaubte, dass wir alle Probleme gemeinsam lösen können und dass unsere Liebe immer stark genug sein würde, um die Hürden des Lebens zu bewältigen. Ich glaubte an die Liebe und an das Leben, und mein Glaube an Gott gab mir die Zuversicht, dass sich stets alles zum Besten fügt.
Doch jetzt muss ich erkennen, wie naiv das war, denn dein Leben wurde einfach so ausgelöscht, und ich stehe allein da mit meiner sich so unendlich nach dir verzehrenden Liebe. Und Gott, wo war Gott? Er hat in seiner Allmächtigkeit den Unfall nicht verhindert und auch nicht über dich gewacht. Damit hadere ich bis heute und frage mich immer noch ganz oft, warum Gott das zugelassen hat. Du warst ein so guter Mensch und hattest nicht verdient, so früh

zu sterben. Wo waren hier die Gerechtigkeit und Gottes Barmherzigkeit? Ich kann es einfach nicht begreifen und habe seitdem schon häufig alles, woran ich glaube, in Frage gestellt. Aber ohne Glauben ist es auch schwierig für mich. Der Glaube gab mir immer Halt, und meine Zweifel, die ich Gott gegenüber hege, helfen mir auch nicht weiter. Wenn es einen göttlichen Plan gibt, wie will ich diesen dann beurteilen, wenn ich ihn nicht kenne und verstehe. So versuche ich, meinen Frieden trotz aller Unergründlichkeit zu finden, was mir manchmal schon mehr und manchmal noch weniger gut gelingt. Und zugegebenermaßen sind es dann doch die Gebete, aus denen ich auch immer wieder Kraft schöpfe. Kraft, meinen Weg allein weiterzugehen und mich auf mich selbst zu besinnen.

Solange das Leben in geordneten Bahnen verläuft, ist es mitunter leicht, an Gerechtigkeit, einen gütigen Gott oder „dass schon immer alles gut ausgehen wird" zu glauben. Die meisten Märchen aus Kindertagen haben das Verständnis geprägt, dass das Gute über das Böse siegt. Selten lassen Filme ein Ende offen und noch seltener gibt es kein Happy End. An das Gute zu glauben schenkt Vertrauen, Sorglosigkeit und Unbeschwertheit. Viele Menschen ziehen auch aus dem Glauben an Gott Kraft, Halt und Zuversicht und fühlen sich dadurch getragen. Nimmt dann aber ein einschneidendes Ereignis keine gute Wendung, wird vieles auf einmal in Frage gestellt. Nicht selten wird auch erst in der Not gebetet. Wenn die Lage aussichtslos erscheint, der Mensch nicht mehr weiter weiß und sich die Situation seiner Kontrolle entzieht, ist göttlicher Beistand gefragt. Geht es gut aus, heißt es immer noch weitläufig: „Gott sei Dank!" oder „Ich hatte meinen Schutzengel dabei.". Geht es nicht gut aus, zweifeln manchmal selbst sehr gläubige Menschen ihren Glauben an. Die Vorstellung, dass Gott zulässt, dass Menschen leiden oder zu früh sterben, passt nicht in das Bild von einem gerechten, gütigen Gott. Und wenn sogar Priester eine Antwort schuldig bleiben, ist manchmal die Abkehr vom Glauben die Reaktion darauf. Mitunter steckt hinter dieser Abkehr auch Wut, Trotz und Bestrafung. Wenn Gott nicht gegeben hat, worum gebeten wurde, soll er auch nicht länger mit Anbetung belohnt werden. Oft sind es tiefe Verzweiflung und Hilflosigkeit, die daraus sprechen, denn handlungsunfähig zu sein ist schwer zu ertragen. So wird durch Anklage und Schuldzuweisung Gott gegenüber Entlastung gesucht.

Es ist immer sehr schwer, den Tod eines geliebten Menschen anzunehmen, vor allem wenn dieser nicht nachvollziehbar ist. Ja, es kann die ganze innere Welt und den Glauben erschüttern, doch was hier nun ganz persönlich erlebt wird, hat sich zu allen Zeiten schon ereignet. Wenn der Lauf der Welt realistisch betrachtet wird, dann gab es immer und gibt es in jedem Moment den ewigen Kreislauf von Kommen und Gehen. Wachsen und Sterben lösen sich immerzu ab. Es scheint eine große Ordnung zu geben, der die Natur unterliegt. Und dann wieder heben sich einzelne Schicksale hervor. Manchmal stirbt ein Mensch unerwartet oder sehr früh, ohne dass sich von unserer Warte aus eine Erklärung dafür findet. Viele Rätsel hat die Menschheit schon gelöst, doch manches lässt auch die Naturwissenschaft offen und wird sich vielleicht nie erschließen. Verschiedene Religionen haben Antworten für sich gefunden, wie die Buddhisten mit dem Gesetz von Ursache und Wirkung. Letztlich aber kann unser Wissen Zusammenhänge und Ereignisse immer noch nur begrenzt erfassen, deshalb heißt es auch „Glauben".

Wenn Ihr Glaube, in welche Richtung auch immer, durch ein schweres Schicksal erschüttert wurde, bleibt Ihnen in erster Linie, an sich selbst zu glauben. Sie sind Ihren Weg bis hierher gegangen und können ihn nun auch weiter verfolgen. Was immer sich im Außen verändert haben mag und wie einschneidend der Tod Ihres geliebten Menschen auch für Sie ist, Sie sind nach wie vor derselbe Mensch. Auch wenn Sie sich im Moment schwach und hilflos fühlen, ist alles, was Sie ausmacht, in Ihnen. Ihre Stärken, Ihre Fähigkeiten und Ihre Liebe mögen vorübergehend weniger spürbar sein, aber sie sind in Ihnen, so wie jetzt auch

Schmerz und Trauer. Zweifel können Sie quälen, doch Sie dürfen jetzt zweifeln und so fühlen, wie Sie fühlen. Und Sie dürfen sich auch schwach und hilflos zeigen. Vielleicht ist auch Ihr Glaube an die Zukunft verlorengegangen, wenn Sie jedoch an sich glauben, wird er wiederkehren. Jetzt heißt es auf die Zeit vertrauen und auf Ihre ureigenen Werte. Bringen Sie Geduld auf, wenn Ihre Kraft Ihnen im Moment nur begrenzt zur Verfügung steht. Wenn Sie darauf vertrauen und glauben, dass alles dem Wandel des Lebens unterliegt, dann erwächst die Einsicht, dass auch diese schwere Zeit vorübergeht. Im Glauben liegt nicht nur Vertrauen, sondern auch Hoffnung, und sich darauf auszurichten, lässt den Weg in die Zukunft offen.

Sie können Ihren Glauben und Ihre inneren Werte durch Affirmationen stützen, die Sie regelmäßig anwenden – oder wenn der Glaube Sie wieder zu verlassen droht.

Affirmation:
„Ich glaube an meine Kraft."
„Ich glaube fest, dass ich den Weg schaffe."
„Ich glaube, dass es eine bessere Zukunft für mich gibt."
„Ich glaube an mich."

Haben Sie Ihren Glauben an Gott verloren und vermissen andererseits den Halt, den dieser Ihnen gegeben hat, können Sie auch beten, dass Gott Ihnen hilft, den Glauben wiederzufinden. Beten Sie, dass Ihre Zweifel schwinden und dass Sie Frieden mit Ihrem Schicksal schließen können. Und vertrauen Sie immer darauf, dass Ihre ureigene Kraft Sie trägt, wenn Sie es zulassen.

> *„Wenn es einen Glauben gibt,*
> *der Berge versetzen kann,*
> *dann ist es der Glaube an die eigene Kraft."*
>
> Marie Ebner-Eschenbach[18]

URLAUB OHNE DICH

Der Sommer hat begonnen. Es ist Urlaubszeit. Stau auf den Autobahnen bei Ferienbeginn und viele Flugzeuge am Himmel, die in den Süden fliegen.
Das alles findet nun ohne dich statt. Du kannst nie mehr am Strand spazieren gehen, den Sonnenuntergang am Meer genießen oder die hohen Gipfel der Berge erklimmen, um von dort in die weite Welt zu blicken. Vielleicht vermisst du es nicht, weil du jetzt ohne all das glücklich bist. Weil du jeden Sonnenuntergang der Welt sehen kannst und viel höher bist, als jeder Gipfel, den wir gemeinsam hätten besteigen können. Aber mir fehlt es so unendlich. Mir fehlt es, mit dir erholsame Tage zu verbringen und die weite Welt zu bereisen. Mir fehlt, neben dir in der Sonne zu sitzen und zu sehen, wie der Wind dein Haar zerzaust. Mir fehlen dein Lachen und dein Staunen, mir fehlt es, wie du mir die Welt erklärt und versucht hast, eine fremde Sprache zu sprechen. Wenn ich an all das denke, möchte ich den Urlaub am liebsten ausfallen lassen. Denn Urlaub ohne

dich heißt noch öfter an dich denken, weil keine Arbeit und kein Alltag mich ablenken. Wie soll ich ertragen, ohne dich an fremden Orten zu sein, die ich mit dir bereisen wollte, oder an Orten, an denen wir gemeinsam so glücklich waren? Da ist auch Angst vor all den Emotionen, die über mich hereinbrechen könnten. Doch andererseits bin ich so erschöpft, dass ich diese Zeit der Ruhe und Entspannung brauche, um wieder Kraft zu sammeln. Also werde ich mir die Auszeit vom Alltag erlauben, und weil du sowieso immer in meinem Herzen bist, nehme ich dich mit. Du wirst bei mir sein und kannst mir die schönste Muschel am Strand zeigen. Ich werde weinen, weil deine Hand nicht mehr die meine hält, und dich an meiner Seite spüren, wenn der Wind mein Haar zerzaust. Und wenn die Sonne im Meer versinkt, dann glaube ich, dass auch du den Sonnenuntergang sehen kannst und fühle mich einmal mehr mit dir verbunden.

Erscheint Ihnen Urlaub ohne den geliebten Menschen unvorstellbar? Befürchten Sie, dass Sie ihn dabei noch mehr vermissen als im Alltag, dass alle Eindrücke davon geprägt sein werden und Sie den Verlust dadurch noch schmerzlicher empfinden? Möglicherweise sträubt sich alles in Ihnen dagegen und doch kann diese Art, den Schmerz zu erleben, für den Prozess der Trauer förderlich sein. Urlaub ist eine besondere Zeit des Jahres. Diese Zeit nun nicht mehr gemeinsam genießen zu können, ist sicherlich eine zusätzliche Wunde in Ihrer verletzten Seele. Trauern bedeutet jedoch nicht, auf alle wohltuenden Dinge verzichten zu müssen. Im Gegenteil, gerade alles, was Ihre Seele bereichert, dürfen und sollen Sie sich erlauben. Die Entscheidung, ob Sie für diesen Schritt schon bereit sind, sollten Sie aus Ihrer Intuition heraus treffen und nach Ihren inneren Bedürfnissen ausrichten. Ihre innere Stimme wird Ihnen auch sagen, ob es für Sie besser ist, allein zu reisen oder sich Freunden anzuschließen. Sie können an einen fremden Ort reisen, der nicht mit Erinnerungen verbunden ist, oder aber gemeinsam bereiste Orte wieder aufsuchen, um durch

die Erinnerung an glückliche Momente eine Verbundenheit zu spüren. Mittlerweile werden auch Reisen speziell für Trauernde angeboten. Hier finden Betroffene Menschen, die ebenfalls einen Verlust erlitten haben. Die ähnlichen Erfahrungen der Mitreisenden verbinden und es fällt in der Gemeinschaft oft leichter, etwas zu unternehmen. So darf die Trauer ihren Raum haben, und ebenso können neue Eindrücke erlebt werden.
Wofür Sie sich entscheiden, wird sehr von Ihrer individuellen Persönlichkeit abhängen und auch davon, wie lange der Tod Ihres geliebten Menschen zurückliegt. Niemand kann Ihnen sagen, was genau für Sie richtig ist, denn nur Sie allein können dies beurteilen.

Angst vor schmerzlichen Erinnerungen:
Am schwersten wiegt sicher die Angst, dass Genießen ohne den geliebten Menschen gar nicht möglich ist und durch die Urlaubseindrücke alles nur noch schlimmer wird. Es mag sein, dass viele Erinnerungen an unbeschwerte Tage erst einmal besonders schmerzlich sind und dass das Erleben des Verlustes im Urlaub sehr stark empfunden wird. Aber auch dies ist ein Teil der Trauer, der unverzichtbar ist, weil er die neue Realität immer wieder bewusst macht. Und so kann jedes schmerzliche Erinnern gleichzeitig heilsam im Prozess der Trauer sein.
An Orten, an denen Sie gemeinsam waren, kann die Erinnerung an die glücklichen Zeiten den Schmerz sehr intensiv werden lassen. Vielleicht zieht es Sie dennoch magisch an diese Orte, weil Sie sich hier möglicherweise in besonderem Maße mit Ihrem geliebten Menschen verbunden fühlen. Dann werden Sie neben dem Schmerz auch die innige Liebe spüren, die Sie füreinander empfunden haben. Schmerzliche Gefühle aus Angst zu vermeiden, würde bedeuten, diese tiefe, tröstliche Erfahrung nicht zu erleben.
So gehen Erinnerung, Schmerz und Verbundenheit Hand in Hand. Sie sind immer eine untrennbare Einheit in der Trauer. Lassen Sie die Erinnerungen in dem Maße zu, wie sie erträglich

sind. Die Erinnerung sollte einen wichtigen Platz einnehmen und darf immer wieder gelebt werden, aber öffnen Sie sich auch für neue Eindrücke. Reisen Sie zu den Orten, die Sie mögen, und wenn Sie möchten, stellen Sie sich vor, wie Sie Ihrem geliebten Menschen diese Orte zeigen. Lassen Sie ihn die Welt durch Ihre Augen erblicken. Halten Sie Zwiesprache mit ihm und teilen Sie ihm mit, was Ihnen besonders gut gefällt, was Sie als wohltuend empfinden, aber auch, was Sie traurig stimmt. Öffnen Sie sich für die Elemente der Natur. Sonne, Wind, Sand und Meer, das Grün der Bäume oder eine duftende Sommerwiese können Ihnen viel Kraft und Entspannung schenken, wenn Sie es zulassen. Darauf sollten Sie nicht verzichten, selbst wenn Sie all dies noch nicht in vollem Umfang genießen können und oft der Schmerz noch Ihr Begleiter ist.

„Die Sehnsucht
ist immer unterwegs.
Ihre Heimat
ist die ständige Reise
ins Unbekannte."

Hans Kruppa[14]

VERLETZUNGEN

Ohne dich fühle ich mich schutzlos und verletzt wie ein Vogel mit gebrochenem Flügel. Mir ist jede Leichtigkeit und Zuversicht abhandengekommen. Alles ist so wund in mir und schmerzt, und was immer mein verletztes Herz trifft, lässt mich die Wunde noch stärker spüren. Schon beim geringsten Anlass kommen mir die Tränen. Es scheint, als könnte ich endlos weinen. Ich will mich nur noch der Traurigkeit hingeben, denn jede Fröhlichkeit passt jetzt nicht mehr zu mir. Und doch hoffe ich auf den Tag, an dem die Wunde sich schließt und ich wieder normal leben kann, doch eine Narbe wird wohl für immer bleiben.

Der Verlust Ihres geliebten Menschen versetzt Sie in eine Ausnahmesituation. Die Wunde, welche auf Ihrer Seele lastet, ist tief und Sie sind dadurch sehr verletzlich. Schon kleine Anlässe können Sie deshalb aus der Bahn werfen und erschweren Ihrem

Umfeld mitunter den Umgang mit Ihnen. Hier ist vor allem viel Geduld von Ihren Mitmenschen gefragt. Aber auch Sie sollten sich selbst gegenüber immer wieder Geduld aufbringen. Tränen, Verzweiflung, Aggressionen, Wutausbrüche oder Schuldzuweisungen können Ausdruck Ihrer tiefen Verletzung durch den Verlust sein. Der Umgang mit diesen Reaktionen wurde von mir im Kapitel: „Umgang mit Emotionen" bereits beschrieben.

Darüber hinaus ist es wichtig, immer auch die tiefe Verletzung hinter den Gefühlen wahrzunehmen, ihr die volle Aufmerksamkeit zu schenken und den nötigen Raum zu geben. Erst wenn Sie die Emotionen anerkennen und die Wunde der Schmerzlichkeit durch liebevolle Hinwendung pflegen, kann Heilung einsetzen.

Alte Wunden:

Heftige emotionale Reaktionen zeigen aber nicht immer nur den Grad der akuten Verletzung auf, sondern sind mitunter auch ein Hinweis auf frühere, unverarbeitete Verletzungen. Durch einen Verlust können selbst lange zurückliegende Verlusterfahrungen und verdrängte Verletzungen aktiviert werden. Dadurch fallen die Reaktionen meist viel intensiver aus.

In einem solchem Fall sind Sie vielleicht selbst betroffen von Ihren Reaktionen, stehen diesen jedoch oft hilflos gegenüber. Hier kann es wichtig sein zu erkennen, ob der Schmerz der Verletzung allein auf Ihrem jetzigen Verlust beruht oder ob darüber hinaus frühere Verletzungen zugrunde liegen. Da alle unverarbeiteten Verletzungen aus dem Inneren heraus wirken, beeinträchtigen sie das tägliche Erleben und spiegeln sich in den Reaktionen wider. Hierbei reicht es nicht aus, nur den aktuellen Verlust zu betrauern. Auch die alten Verletzungen müssen wahrgenommen, beachtet und aufgearbeitet werden, sonst können sie nicht heilen. Eine akute Verletzung kann durch aufmerksame Fürsorge und mit der Zeit heilen. Um frühere, tiefliegende, schmerzliche Erfahrungen aufzuarbeiten, wird meist zusätzlich therapeutische Hilfe erforderlich sein, weil Sie womöglich selbst dazu nicht ausreichend in der Lage sind.

DEPRESSION

Wenn ich mich selbst kritisch betrachte, dann fällt mir auf, wie sehr ich mich verändert habe. Früher war ich voller Power, und mit großem Elan habe ich meine zahlreichen Ideen umgesetzt. Ich hatte Spaß und Freude an so vielen Dingen, und wenn einmal etwas weniger gut lief, hat mich das längst nicht aus der Bahn geworfen. Heute dagegen könnte ich schon heulen, wenn ich einen Bus verpasse. Meine Nerven liegen blank, ich bin dauerhaft müde, gereizt und erschöpft. Es fällt mir auch schwer, mich auf etwas zu konzentrieren, und mir fehlt die Freude an allem, was mir früher einmal Spaß gemacht hat. Ich erkenne mich selbst kaum wieder. Wo sind meine Ausdauer und mein Humor? Bin ich jetzt etwa depressiv? Das entspricht doch gar nicht meiner Natur. Und wird das je wieder anders?

Trauer oder Depression?

Traurigkeit, gedrückte Stimmung, Hoffnungslosigkeit, Schlafstörungen, Freudlosigkeit ... auch in der Trauer treten viele Begleiterscheinungen auf, die sich wie die Symptome einer Depression äußern. Doch obwohl die Trauer ähnlich in Erscheinung tritt, ist die normale Form der Trauer keine Erkrankung. Sie ist eine „Stimmungslage als Reaktion auf eine Verlusterfahrung und die natürliche Antwort des Menschen auf Lebenskrisen".[3] Daher bedarf die Trauer bei einem normalen Verlauf keiner medikamentösen oder therapeutischen Behandlung. Es kann sich jedoch als Folge einer unverarbeiteten Trauer oder schweren Verlusterfahrung auch eine Depression entwickeln.

Wie aus Trauer eine Depression werden kann:

Immer wenn Signale aus dem Inneren über einen längeren Zeitraum ignoriert werden, wird der Grundstein für eine Depression gelegt. Die Seele erfordert und braucht Aufmerksamkeit und Hinwendung, vor allem in solch schweren Zeiten wie der Trauer. Werden Emotionen nicht gelebt, nimmt das der Seele den Raum zur Entfaltung und sie verkümmert mehr und mehr. Wird die Trauer, mit allen dazugehörenden schmerzhaften Aspekten, zu wenig beachtet, gefährdet dies das seelische Gleichgewicht. Der Psychotherapeut, Arzt und Heilpraktiker Rüdiger Dahlke[4] sagte dazu, dass „alles Verdrängen von Trauer einem Ansparen auf eine Depression gleicht."

Aber auch eine überwertige Ausrichtung zur Trauer kann einer Depression Vorschub leisten. Wenn über lange Zeit an der Trauer festgehalten wird und andere Aspekte und Empfindungen kaum zugelassen werden, ist das ebenfalls eine große Belastung für die Seele. So ist es in der Trauer wichtig, die Balance zu finden zwischen dem Ausleben schmerzhafter Gefühle und der weiteren Lebensgestaltung. Auf diese Art und Weise kann viel dazu beigetragen werden, dem Entstehen einer Depression entgegenzuwirken.

UMGANG MIT DEPRESSION

Pille oder Couch:
Wenn Sie bei sich Anzeichen einer Depression erkennen, sollten Sie Hilfe von außen hinzuziehen. Lassen Sie von einem Arzt abklären, ob eine medikamentöse Therapie erforderlich oder eine Psychotherapie zu empfehlen ist.

Seelenbalsam und Selbstfürsorge:
Parallel zu einer Therapie können Sie aber auch sehr viel selbst beisteuern, um Ihr Befinden zu verbessern. Sie sind einer Depression niemals machtlos ausgeliefert. So ist es wichtig, dass Sie immer so gut wie möglich für sich sorgen, auch wenn dies schwerfällt, weil Ihnen der Antrieb dafür fehlt. Alles, was Ihnen immer schon gut getan hat, sollten Sie auch jetzt für sich nutzen. Es ist hilfreich, Spaziergänge in der Natur, ein Vollbad oder die Nähe eines Haustieres auf sich wirken zu lassen, auch wenn Sie im Moment keine oder nur wenig Freude dabei empfinden können. Schöpfen Sie alles aus, was die Sinne anspricht. Dadurch kann die Lebendigkeit hinter der Mauer der Depression wieder geweckt werden. Aufmerksamkeit und Zuwendung, egal in welcher Form, sind immer Balsam für die Seele und tragen zur Besserung Ihres Befindens bei, selbst wenn Sie dies nicht unmittelbar spüren. Stellen Sie sich Ihre Seele als ein kleines Kind vor - Ihr Inneres Kind. Wenn Ihr Inneres Kind traurig oder krank ist, wünscht es Trost. Also schenken Sie ihm Trost und Zuwendung, denn welchem Kind würden Sie diesen Trost verwehren? Pflegen und umsorgen Sie Ihr Inneres Kind mit allem, was Ihnen zur Verfügung steht.

Mit Schwung Gefühle erwecken:
Da in einer Depression die Fähigkeit für emotionales Erleben herabgesetzt ist, gelingt es Ihnen vielleicht oft nicht, in angemessener Form mitzufühlen. Dies können Sie wie eine innere Lähmung empfinden. Hierbei kann alles, was schwingt, hilfreich sein, um wieder etwas „in Schwung zu bringen". Nicht nur durch Tanz

und Bewegung bei rhythmischer Musik lässt sich viel bewegen. Von schwingenden Bewegungen der Arme beim Laufen, über jegliche Aktivitäten, die mit Rhythmus verbunden sind, bis hin zum guten alten Schaukelstuhl ist alles förderlich. Gut geeignet, um einen Gegenpol zur Stagnation zu bieten, sind ebenso Übungen, die fließende Bewegungsabläufe beinhalten, wie Qigong, Shiatsu oder Tai-Chi. nach Rüdiger Dahlke[4]

Sport und Bewegung als Therapie:
Auch Sport und Bewegung spielen eine sehr große Rolle bei der Unterstützung zur Überwindung einer Depression. Wenn sich bei Ihnen über einen langen Zeitraum sehr viel angestaut hat, ist Bewegung immer ein gutes Mittel, etwas freizusetzen. Der Zustand von Stagnation kann so aufgebrochen werden. Beim Sport werden Endorphine ausgeschüttet, welche eine bewiesene antidepressive Wirkung besitzen. Selbst durch kleine Trainingseinheiten können Sie schon eine Verbesserung des Befindens erzielen. Sport kann das Selbstwertgefühl stärken und Ihnen eine neue Ausrichtung geben, wodurch der Fokus nicht mehr nur auf die Trauer gelenkt wird. Gut geeignet sind vor allem Ausdauersportarten wie Nordic Walking, Joggen, Radfahren, Bergwandern oder Schwimmen. Höchstleistungen sind dabei nicht erforderlich. Wenn Sie Sport in der Gemeinschaft bevorzugen, hat das zusätzlich noch den Nebeneffekt, dass eine bestehende Einsamkeit durchbrochen wird und Sie neue Kontakte knüpfen können. Versuchen Sie Ihre ganz individuelle Möglichkeit der Bewegung für sich zu finden, auch wenn es Ihnen durch einen fehlenden Antrieb womöglich noch sehr schwer fällt. Bringen Sie hierbei eine gewisse Disziplin auf, um diesem zu begegnen.

Wenn der Antrieb fehlt:
Der fehlende Antrieb ist sehr häufig ein großes Problem im Rahmen einer Depression. Manchmal kostet einfach alles Überwindung, und wenn ein sogenanntes „Morgentief" hinzukommt, ist es bereits unendlich schwer, den Tag überhaupt zu beginnen.

Aber auch wenn das Ruhebedürfnis in einer depressiven Phase sehr hoch ist, sollten Sie dem nicht unkontrolliert nachgeben. Viel hilfreicher ist es, eine gewisse Tagesstruktur einzuhalten. Verbringen Sie den gesamten Tag ohne Antrieb zu Hause, wird das Gefühl am Ende des Tages kein besseres sein. Im Gegenzug können Sie stolz auf sich sein, wenn Sie sich, obwohl es Ihnen sehr schwer fiel, zu kleinen Dingen aufraffen konnten. Hier sollte jedoch nie der Maßstab aus gesunden Zeiten angelegt werden. Einen Tag mit einer Depression zu bewältigen, ist Schwerstarbeit. Halten Sie sich das besonders vor Augen, wenn Ihr Selbstwertgefühl geschwächt ist.

Wenn es allein nicht weitergeht:
Mitunter wird jedoch die Überwindung einer Depression nicht allein zu schaffen sein. Schöpfen Sie von den herkömmlichen bis zu alternativen Therapien alles aus, was sich Ihnen eröffnet und wovon Sie sich angezogen fühlen, und nehmen Sie Hilfe in Anspruch. Der Arzt, der Therapeut, der Heilpraktiker, die Familie, Freunde oder Kollegen können helfen. Jeder, der dazu beitragen kann, Sie auf Ihrem Weg weiterzubringen, ist willkommen. Dazu ist es jedoch erforderlich, sich zur Depression zu bekennen. Manchmal fällt es schwer, die Depression vor sich selbst und vor anderen einzugestehen, vor allem wenn diese als persönliches Versagen und nicht als Erkrankung angesehen wird. Doch ein offener Umgang mit der Depression macht es vor allem Ihrem Umfeld einfacher, mit Ihnen umzugehen. Und auch Sie können die Depression erst überwinden, wenn Sie diese als solche annehmen und bewältigen wollen.

> *„Ich sehe alles ganz genau,*
> *ich sehe, aber ich fühle nicht."*
>
> Dichter Coleridge[18]

LEBENSÜBERDRUSS / LEBENSSINN

Es gibt Tage, an denen fühle ich mich dem überwältigenden Schmerz nicht gewachsen. Schier unerträglich brennt er in mir und nimmt mir die Luft zum Atmen. Es ist wie innerlich ersticken, ertrinken und untergehen zugleich. Aber nichts davon passiert wirklich, obwohl ich es mir gleichsam wünsche, damit ich dieser Qual entkomme. Dieser unbarmherzige Schmerz raubt mir jeden Überlebenswillen. Müde bin ich, so müde – und ich bin es leid, mich durch Tage und Nächte zu kämpfen, ohne zu wissen wofür. Ich will entfliehen aus diesem Zustand und kann es nicht, weil es kein Entrinnen gibt. Nur der Tod wäre ein Ausweg. Dir folgen, diese Sehnsucht ist so groß wie der Wunsch, dem Schmerz zu entkommen, und doch bringe ich den Mut nicht auf. Verantwortung, Angst ... was hält mich ab, diesen Schritt zu gehen, der so verlockend erscheint? Was ist feige, was ist mutig? Hättest du gewollt, dass ich mein Leben aufgebe, weil du nicht mehr da bist? Ich habe keine Antworten auf diese Fragen und weiß dennoch nicht, wie lange ich die unbeschreibliche Trauer noch ertragen kann.

Nach dem Tod eines geliebten Menschen ist es nicht selten, dass Trauernde den Sinn des Lebens in Frage stellen. Die Vorstellung nun ohne ihn weiter leben zu müssen, ist schmerzhaft und alles wehrt sich dagegen. Die unerträgliche innere Leere, gemischt mit der beängstigenden Stille in der Wohnung, freudlose Tage und schlaflose Nächte sind schwer zu ertragen. Es ist unendlich erdrückend, wenn alles, wofür es sich zu kämpfen lohnt, vom Tod überschattet ist. Liegt eine bessere Zukunft jenseits der Vorstellungskraft und scheint es wenig zu geben, was im Moment von Bedeutung ist, lässt sich auch schwer eine Motivation zum Weiterleben finden. So ist der Wunsch nachvollziehbar, dem geliebten Menschen folgen zu wollen, der Wunsch abends einzuschlafen und nicht mehr aufzuwachen. Die Erfüllung dieses Wunsches verspricht Erlösung von der seelischen Qual und wieder mit dem geliebten Menschen vereint zu sein. Verzweiflung, Ohnmacht und Hilflosigkeit auszuhalten ist wie gefangen zu sein, und einzig im eigenen Tod scheint die Befreiung zu liegen. Die Sehnsucht danach wird zur Hintertür, welche ein Entrinnen möglich erscheinen lässt.

Hermann Hesse[9] schreibt im „Steppenwolf": „Ich bin doch neugierig zu sehen, wie viel eigentlich ein Mensch auszuhalten vermag! Ist die Grenze des noch Erträglichen erreicht, dann brauche ich ja bloß die Tür zu öffnen und bin entronnen." Diese Aussicht war für Harry Haller, die Hauptfigur im „Steppenwolf", Trost. Doch es sei gesagt, dass er die Tür nicht öffnete.

Glücklicherweise gewinnt im inneren Zwiespalt mit der Todessehnsucht meist der Überlebenswille. Viele Trauernde spüren diese Sehnsucht in sich, aber der Wunsch, dem Verstorbenen zu folgen, wird dann doch nicht umgesetzt. Mag dies aus einer Verantwortung heraus, aus Moral oder aus Angst geschehen, die meisten Trauernden tragen ihr Schicksal und gehen den schweren Weg der Trauer. Das Leben selbst zu beenden scheint nicht legitim, fühlt sich nicht richtig an, und selbst wenn sich Hoffnung schwer finden lässt, ist der Überlebenswille meist doch stärker.

Vielleicht haben auch Sie sich schon gefragt, wofür es sich noch zu leben lohnt, wenn der Verstorbene, der zu Ihrem Lebensmittelpunkt gehörte, nun nicht mehr da ist. Solche Gedanken können befremdend sein, und Sie scheuen sich vielleicht, diese Ihrem Umfeld anzuvertrauen. Sie ahnen, dass Ihre Mitmenschen Ihre innere Not und Ihre Todessehnsucht beängstigen könnten und sie diese nicht verstehen oder wegreden würden. Wie sollte eine Antwort darauf schon aussehen? Die häufigsten Reaktionen sind sicher Sätze wie:

„Sag doch so etwas nicht."
„So darfst du gar nicht denken."

Dadurch wird unmittelbar die Basis für ein weiteres Gespräch in diese Richtung genommen. Eine Beurteilung des Todeswunsches ist jedoch von keiner Seite angebracht, vielmehr sollten solche Äußerungen unbedingt aufgegriffen und hinterfragt werden. Deshalb sei für Menschen im Umfeld von Trauernden gesagt, dass nicht die Frage nach Suizidgedanken und nach konkreten Plänen Auslöser sein wird, diese umzusetzen. Es ist wichtig, auf jede Andeutung mit Aufmerksamkeit zu reagieren, die Sorge trägt. Ein Nachfragen gibt dem Trauernden die Chance, sich im Gespräch zu entlasten, und hilft, ernst gemeinte Suizidabsichten zu erkennen.

UMGANG MIT SUIZIDGEDANKEN

Sich mitteilen:
Wenn Sie eine Todessehnsucht in sich spüren und sich Ihnen Suizidgedanken immer wieder aufdrängen, dann sollten Sie unbedingt einen Ansprechpartner suchen. Finden Sie diesen nicht im näheren Umfeld, so nehmen Sie professionelle Hilfe von einem Arzt oder Therapeuten in Anspruch. Scheuen Sie sich nicht, dieses Thema anzusprechen, auch wenn Sie Bedenken haben, welche Konsequenzen dies nach sich ziehen könnte. Der Schritt von der Sehnsucht, nicht mehr weiter leben zu wollen, bis zum Suizid kann in einer verzweifelten Situation sehr klein sein. Da aber die Verzweiflung selbst in der Trauer nicht Dauerzustand sein wird, wäre ein Handeln als Verzweiflungsakt sehr tragisch. Der eigene Tod kann Ihnen tröstlich erscheinen, wenn Sie das Gefühl haben, den Schmerz nicht mehr ertragen zu können, aber es werden auch wieder bessere Zeiten kommen – und dafür lohnt es sich durchzuhalten. Sehr viele Betroffene können dies anhand eigener Erfahrungen bestätigen.

Kleine Schritte und Ziele setzen:
Wenn das Durchhalten zu schwierig erscheint, denken Sie in kleinen Abschnitten, indem Sie sich nahe liegende Ziele setzen. Dann gilt es nur den gegenwärtigen Moment, die nächsten Stunden oder den jeweiligen Tag zu bewältigen und keinen großen Zeitraum. Hilfreich ist auch, wenn Sie sich immer etwas vornehmen, was noch beendet werden muss, zum Beispiel den Garten winterfest machen oder die Lebensgeschichte aufschreiben. Ist eine Aufgabe abgeschlossen, sollten Sie sich ein neues Ziel setzen, auch wenn Sie innerlich keinen Drang danach verspüren und Ihnen die Motivation fehlt. In schweren Zeiten ist es mitunter einfach erforderlich, mit Disziplin einer Selbstaufgabe entgegenzuwirken.

Notfallplan:
Der Wunsch, nicht mehr weiterleben zu wollen, kann unterschwellig stetig vorhanden sein oder sich immer wieder deutlich in den Vordergrund drängen. In jedem Fall sollten Sie prüfen, wie sehr Sie die Situation unter Kontrolle haben, ohne in Gefahr zu geraten. Meistens wird der Wunsch nach dem eigenen Tod mit der Zeit geringer. Aber zu jedem Zeitpunkt sollten Sie einen Notfallplan besitzen, der beinhaltet, wie Sie in ganz schlimmen Momenten handeln können, damit es nicht zu einer Kurzschlussreaktion kommt. Erstellen Sie eine Liste, auf der Sie nachfolgende Fragen beantworten.

„Wen kann ich anrufen?"
„Wer kann mir helfen?"
„Was kann dazu beitragen, dass ich in kritischen Momenten die Kontrolle nicht verliere?"

Gut, wenn Sie diesen Plan nie benötigen, aber er kann Ihnen Sicherheit geben.
Verurteilen Sie Lebensüberdrussgedanken nicht als Schwäche oder Unzulänglichkeit. Sehen Sie eher die Hilflosigkeit dahinter,

die Hilfe sucht, und gehen Sie dementsprechend damit um. Tragen Sie immer Sorge für sich, denn das ist auch, was der Verstorbene sich für Sie wünschen würde. Wenn Sie in Ihrem Kummer und Schmerz nicht mehr weiterleben möchten, beantworten Sie für sich auf jeden Fall die Frage, ob Ihr Verstorbener gewollt hätte, dass Sie Ihr Leben beenden. Ganz sicher hätte er nicht befürwortet, dass Sie in das Schicksal eingreifen.

VOM LEBENSSINN

Zum Sinn des Lebens gehört es, jede Aufgabe und Situation so gut wie möglich zu meistern. Eine vom Schicksal bestimmte leidvolle Erfahrung geht dabei nicht nur mit einer größeren Herausforderung einher, sondern bietet auch die größeren Wachstumsmöglichkeiten.
Und wenn sich Ihnen die Frage nach dem Lebenssinn stellt, gilt es, in Ihrem jetzigen Lebensabschnitt die schwere Zeit der Trauer zu erfüllen, bevor sich Ihnen ein neuer Weg erschließt. Letztlich sind auch Tod, Abschied und Trauer Aspekte des Lebens und somit nie ohne Sinn. Diese Betrachtungsweise erscheint im Schmerz erst einmal wenig tröstlich und doch ist jeder Widerstand nur noch schmerzlicher.
Wenn Sie den Sinn Ihres Lebens ohne den geliebten Menschen infrage stellen, sollten Sie sich auch die Frage beantworten, wie Ihr Leben vor der Begegnung mit ihm verlaufen ist. War Ihr Leben ohne Sinn, Freude und Inhalt oder hatte die Begegnung lediglich eine Bereicherung zur Folge? Von dieser Bereicherung wussten Sie aber bis zu diesem Moment nichts, und Sie können auch jetzt nicht wissen, welche Bereicherungen die Zukunft noch für Sie bereithält, wenn die Wunden geheilt sind.

Ein sehr beeindruckendes Beispiel möchte ich Ihnen an dieser Stelle nicht vorenthalten: Bei meiner Ausbildung zur Trauertherapeutin lernte ich eine Frau kennen, die damals Mitte 40 war

und zwei Jahre zuvor ihren Mann durch eine schwere Erkrankung verloren hatte. Beide führten eine gute Ehe und betrieben gemeinsam ein Geschäft, dessen Fortbestand nun in ihrer alleinigen Verantwortung lag. Auch ihr stellte sich die Frage nach dem Sinn des frühen Todes und dem Sinn des Weiterlebens allein. Sie durchlebte die schwere Zeit der Trauer mit all den schmerzhaften Momenten, die der Verlust eines geliebten Menschen mit sich bringt, und erfuhr dennoch auf dem Weg der Trauerbewältigung eine Bereicherung. In einem Gespräch äußerte sie, dass der Tod ihres Mannes auch etwas Gutes hatte.
Die Aussage, dass Leid auch etwas Gutes mit sich bringen kann, bestätigt sich nach vielen Krisen, weil eine Veränderung eingeleitet wird, aus der der Betroffene meist gestärkt hervorgeht. Dennoch habe ich solch eine Aussage, die auch schnell als Floskel ausgesprochen wird, bis zu diesem Zeitpunkt nie in Zusammenhang mit dem Tod eines geliebten Menschen sehen können. Sie beschrieb es mir in der Weise, dass sie durch die Erfahrung des Todes ihres Mannes das Leben nun viel mehr zu schätzen wisse. Seit dieser Erfahrung schenke sie auch den kleinen Dingen mehr Aufmerksamkeit und erführe dadurch eine Bereicherung. In der Ausbildung zur Trauertherapeutin erlernte sie die Grundlagen, um über ihre persönliche Erfahrung hinaus anderen Trauernden beistehen zu können. Das Geschäft führt sie heute mit ihrem Sohn und lebt inzwischen mit einem Mann zusammen, der ebenfalls seine Partnerin durch den Tod verloren hat.

Was in diesen wenigen Zeilen wie eine Geschichte mit Happy End klingt, ist ein ebenso schweres Schicksal, wie es ein jedes ist, das durch einen Verlust geprägt wird. In der Zeit unmittelbar nach dem Tod erlebte auch sie Verzweiflung, Einsamkeit sowie tiefen Schmerz und fragte nach dem Sinn des Lebens. Nur, indem sich die trauernde Frau für ein Weiterleben entschied, ermöglichte sie sich die Option für eine Zukunft. Sie trägt die Erinnerungen an ihren Ehemann immer noch ganz tief in ihrem Herzen, aber sie hat ihr Herz auch wieder für neue Erfahrungen geöffnet.

Möge auch Ihnen die Erfahrung von Leid und Schmerz zur Wachstumschance werden, aus der Sie innerlich gestärkt hervorgehen. Und mögen Sie durch das Wissen um Tod und Vergänglichkeit Ihr Leben bewusster und wertvoller wahrnehmen.

> *„Man muss nicht verzweifeln, wenn etwas verloren geht,*
> *ein Mensch, eine Freude, ein Glück.*
> *Es kommt alles viel herrlicher wieder.*
> *Was abfallen muss, fällt ab; was zu uns gehört, bleibt bei uns,*
> *denn es geht alles nach Gesetzen vor sich, die größer als unsere*
> *Einsicht sind und mit denen wir nur scheinbar in Widerspruch stehen.*
> *Man muss in sich selber leben und an das ganze Universum denken,*
> *an alle seine Millionen Möglichkeiten, Weiten und Zuläufe,*
> *denen gegenüber es nichts Vergangenes und Verlorenes gibt."*

Rainer Maria Rilke[18]

UNRUHE

Diese innere Unruhe lässt mich tausend Dinge beginnen, die ich dann nicht zu Ende bringe. Ich fühle mich ruhelos und getrieben und bekomme kaum etwas auf die Reihe. Die Energie in mir ist ungeordnet. Sie schwirrt umher und verliert sich, noch ehe ich es schaffe, sie für etwas effektiv zu nutzen. Ich gehe von Raum zu Raum, laufe auf und ab und umrunde die Stunden. Und genau so, wie die innere Unruhe mich quält, quälen mich auch die ständig wiederkehrenden Gedanken. Ich sehe keinen Ausweg, bewege mich nur im Kreis und bin inzwischen schon völlig ausgebrannt und erschöpft.

Im Gegensatz zur inneren Leere, welche auch oft Begleiterscheinung der Trauer ist und als lähmend empfunden wird, wirkt die Unruhe, als wäre zu viel im Innern. Aber nichts ist greifbar. Angetrieben von Gedankenfetzen, die Entlastung versprechen, irrt der Trauernde ruhelos von Idee zu Idee. Doch er findet nirgendwo Befriedigung, weil die tiefere Ursache der Unruhe im Unterbewusstsein liegt. Alles, was unverarbeitet im Inneren lastet, kann sich durch Unruhe bemerkbar machen. Traumatische Erfahrungen, Ängste, Schmerz, Trauer, Wut oder Hilflosigkeit sind die häufigsten „Unruhestifter". Vor allem, wenn sich Unverarbeitetes über einen längeren Zeitraum aufstaut und weiterhin verdrängt wird, nimmt die Unruhe zu.

Die Trauer verdrängen ist ein Abwehrmechanismus, der in bestimmten Situationen wie ein Sicherungsschalter sein kann, denn nicht immer lässt sich das volle Ausmaß der Trauer verkraften. Wird Trauer aber über einen längeren Zeitraum verdrängt oder vermieden, staut diese sich im Inneren auf, und wenn das Ausmaß zu groß wird, meldet sie sich in Form von körperlichen Symptomen, Erschöpfung oder Unruhe. Der Versuch, an dieser

Stelle zur Ruhe zu kommen, zieht nach sich, dass nun unweigerlich verdrängte, schmerzhafte Anteile ins Bewusstsein dringen. Und weil dies unangenehm ist, wird wieder versucht, die Bewusstwerdung zu vermeiden. So geht der Teufelskreis weiter und die Unruhe nimmt zu.

Dies ist vergleichbar mit einem großen Kessel voll kochenden, brodelnden Inhalts. Die Zutaten sind all die aufgestauten, unverarbeiteten Erfahrungen und unterdrückten Emotionen. Beim Versuch, den Deckel anzuheben, dringt sofort heißer Dampf heraus. Weil dies unangenehm ist, wird lieber unterlassen, den Inhalt zu prüfen, aber so wird der Druck immer größer. Dennoch ist es nicht ratsam, allen Druck auf einmal herauszulassen. Besser ist es, den Deckel Stück für Stück zu lüften, damit der Dampf langsam entweichen kann. Und so ist es auch besser, schmerzliche Aspekte nach und nach und nur in dem Maße bewusst zu machen, wie sie bewältigt werden können. Mitunter ist therapeutische Unterstützung dabei hilfreich und erforderlich.

DER UNRUHE BEGEGNEN

Sollte auch Ihre Trauer von einer quälenden Unruhe begleitet sein, dann ist es ratsam, ihr nicht länger auszuweichen. Die Unruhe ist ein Symptom, das auf etwas aufmerksam machen möchte. Wenn Sie ihr Beachtung schenken, können Sie sich dem stellen, was dahintersteht. Fragen Sie sich, was die tiefere Ursache für Ihre Unruhe ist und wie Sie dem begegnen können. Sicher wird in den meisten Fällen die unmittelbare Antwort darauf sein, dass Ihnen Ihr geliebter Mensch fehlt. Aber es gibt immer einen noch tieferen Grund. Was hat Ihnen Ihr geliebter Mensch gegeben und fehlt Ihnen nun so sehr? Jetzt ist es in erster Linie an Ihnen, dieses Defizit zu füllen, indem Sie für sich sorgen und sich selbst geben, was Sie vermissen. Natürlich lässt sich ein Mensch auf diese Weise nicht ersetzen, aber wenn Sie die ganze Aufmerksamkeit und Liebe, die Sie bisher Ihrem Verstorbenen zukommen ließen, nun auf sich selbst richten, trägt das dazu bei, dass Sie sich besser fühlen. Manchen Menschen fällt es jedoch viel schwerer, etwas für sich als für andere zu tun. Vielleicht sträuben auch Sie sich noch, für sich selbst ein besonderes Essen zu kochen, den Tisch liebevoll zu decken oder einen Spaziergang allein zu unternehmen, aber Ihre Seele braucht diese Form der Zuwendung jetzt.

Bewegung als Ventil:
Wenn die Unruhe Sie sehr beeinträchtigt, können Sie diese in Bewegung umsetzen. Gezielte körperliche Bewegung ist immer eine gute Variante, dem unangenehmen Zustand der Unruhe zu begegnen. Aber längerfristig wird das allein nicht ausreichen, um der Unruhe beizukommen, denn wenn die Unruhe auf etwas aufmerksam machen will, hilft es wenig, „vor ihr davonzulaufen". Erst wenn Sie die Wunde und die Verletzung im Inneren beachten und sich auch alle Emotionen erlauben, wenn Ihre Trauer zum Ausdruck kommen darf und Sie durch Annahme des Verlustes nach und nach inneren Frieden finden, kann der Druck wirklich geringer werden.

Mit Ruhe gegen inneren Aufruhr:
Richten Sie bei innerer Unruhe Ihre Aufmerksamkeit auf jene Anteile, die Sie bisher in Ihrer Trauer nicht zugelassen haben, und suchen Sie etwas, was Ihnen Trost spendet. Erinnerungen, Zwiesprache mit dem Verstorbenen, die Nähe eines lieben Menschen, Musik hören oder die Natur aufnehmen; all das kann Ihnen helfen, der Trauer zu begegnen, statt diese zu verdrängen. Auch alles, was hilft, der Trauer Ausdruck zu verleihen und sie zu verarbeiten, kann mit der Zeit die Unruhe verringern. Ebenso ist jede Art von Beschäftigung hilfreich, welche die Aufmerksamkeit bündelt und beruhigende Wirkung hat. Das Malen von Mandalas, basteln und gestalten oder auch puzzeln sind hierfür gut geeignet. Möglicherweise stecken aber hinter der Unruhe noch zusätzlich Aspekte, die weit in der Vergangenheit liegen. Vielleicht wurde durch den Tod eine schon lange bestehende Verlustangst neu ak-

tiviert. Diese gilt es dann ebenso aufzuarbeiten wie den gegenwärtigen Verlust. Was immer Unruhe verursacht, drängt auch ins Bewusstsein. Wenn Sie allein nicht in der Lage sind, die Ursachen zu ergründen und der Unruhe beizukommen, können Sie hierfür therapeutische Hilfe in Anspruch nehmen. Dadurch kann längerfristig auch Tieferliegendes aufgearbeitet werden.

> *„Unterlasse jede Eile!*
> *Entwicklung bedarf der Ruhe,*
> *wobei Ruhe nicht*
> *mit Untätigkeit gleichzusetzen ist.*
> *Ruhe entsteht aus der Zuversicht,*
> *dass alles, was geschehen soll,*
> *zur rechten Zeit geschehen wird."*
>
> Verfasser unbekannt[18]

GEDULD

„Die Zeit heilt alle Wunden". Diesen Satz habe ich nun auch schon mehrmals gehört. Aber Geduld war noch nie meine Stärke, mein Wesen ist ungestüm und dynamisch. Es liegt nicht in meiner Natur, machtlos und handlungsunfähig abzuwarten. Vor allem warten – worauf? Ohne dich gibt es doch gar kein Ziel mehr für mich. Ich will nur, dass es endlich aufhört, so weh zu tun. Ich will wieder einmal aufatmen können unter der Last, und nicht geduldig darauf warten, dass es vielleicht eines Tages besser wird. Wer sagt mir denn, dass es besser wird? Die einzige Garantie, die es gibt, ist, dass du niemals wiederkommst. Und dieses Wissen bereitet mir nach wie vor einen unerträglichen Schmerz. Wie soll das je anders sein? Gerade jetzt erscheint mir Geduld aufzubringen als eine besonders große Tortur. Die Unruhe, die mich an manchen Tagen umtreibt, ist weit entfernt von Geduld und Gelassenheit. Wie lange soll es dauern, bis ich wieder festen Boden unter den Füßen bekomme? Wie lange dauert es, bis es mir nicht mehr die Luft zum Atmen nimmt, wenn ich dich vermisse? Und wie lange dauert es, mich

nicht mehr jeden Tag so schmerzlich an dich zu erinnern, wenn ich dich gar nicht vergessen will?
Als du noch da warst, hast du mich in ungeduldigen Momenten sanft ausgebremst. Du hast mich in den Arm genommen und in deiner Ruhe, die du ausgestrahlt hast, immer die passenden Worte gefunden. Manchmal hat schon gereicht, wenn du mir wortlos über den Kopf gestreichelt hast. Doch jetzt stehe ich ganz allein da und weiß nicht weiter. Ich möchte etwas tun, damit es endlich erträglicher wird. Keine Möglichkeit zu besitzen, diesen Zustand beeinflussen oder verändern zu können, löst in mir Hilflosigkeit, Verzweiflung und Wut aus. Ich möchte raus aus dieser Unerträglichkeit, möchte das Rad der Welt weiter drehen, einfach nur handeln. Und doch kann ich nichts anderes tun, als zu warten. Geduldig warten, was mir kaum gelingt.

Gerade in schweren Zeiten ist es nicht leicht, die erforderliche Geduld aufzubringen und die schmerzhaften Umstände auszuhalten, ohne Einfluss darauf nehmen zu können. Vor allem, wenn kein klares Ziel vor Augen liegt, ist geduldig abzuwarten und geschehen zu lassen eine besondere Herausforderung. Bei einer anstrengenden Reise mit bekanntem Ziel hilft zumindest das Wissen, welche Strecke überwunden werden muss. In der Trauer lässt sich solch ein Ziel jedoch nicht genau definieren. Keiner kann Ihnen vorhersagen, wohin Ihr Weg Sie führt, wann Sie Ihr Ziel erreichen und was Sie dort vorfinden werden. Außerdem ist Trauer keine Reise mit schönen Erlebnissen, sondern ein schmerzhafter Prozess, den es mit seiner Eigendynamik zu bewältigen gilt. Doch egal, wie viel Ungeduld in Ihnen dringend eine Veränderung wünscht, wie viel innere Unruhe Sie antreibt und wie gefangen Sie sich auch immer durch die Unabänderlichkeit fühlen, es hilft nur zu akzeptieren, was geschehen ist. Kommt zu dieser Akzeptanz noch die Erkenntnis, dass es erforderlich ist, sich der Situation geduldig zu ergeben, wird es unmittelbar leichter, weil der Widerstand gebrochen wird. Erst dann kann sich die

Unruhe legen. An diesen Punkt zu gelangen, erfordert weniger Willenskraft, sondern eher die Bereitschaft dafür, wie es auch im Kapitel „Den Widerstand aufgeben" von mir beschrieben wurde. Um Geduld und Zuversicht zu entwickeln hilft mitunter, sich immer wieder zu veranschaulichen, dass alles einem Wandel unterliegt, der einem gewissen Rhythmus folgt. Vielleicht können Sie sich auf diese Art verdeutlichen, dass nichts so bleibt, wie es ist. Demzufolge wird auch ein noch so großer Schmerz sich verändern, selbst wenn Sie die Veränderung nicht bewusst herbeiführen können.

So wie alles in der Natur unterliegt auch der Trauerprozess Gesetzmäßigkeiten. Diese ungeduldig durchbrechen zu wollen, wäre wie der Versuch, die Jahreszeiten zu verändern oder Tag und Nacht im Rhythmus zu beeinflussen.

Üben Sie sich also auch an besonders schweren Tagen in Geduld, mit der Gewissheit, dass alles, so wie es ist, einer Ordnung folgt und keiner Beschleunigung bedarf. Sie müssen nichts beeinflussen, sondern sich lediglich dem Rhythmus der Zeit hingeben. Auf diese Weise wird Geduld möglich, und der Schmerz verliert etwas von seinem Stachel. Es gibt nichts, was Sie versäumen. Die Zeit der Trauer ist ebenso wichtig und wertvoll wie jede andere Zeit in Ihrem Leben.

*„Geduld ist für den Geist
das Schwerste und Einzige,
was zu lernen sich lohnt."*

Hermann Hesse[10]

LAUF DER ZEIT

Auf jede Nacht folgt ein Morgen,
jede Stunde für die nächste verrinnt.
Und der Sommer geht zur Neige,
weil der Herbstwind ihn mit sich nimmt.
Glück lässt sich nicht festhalten,
es flieht, weil es nicht gefangen sein will.
Und auch Kummer und Trauer werden vergehen,
es gilt zeitlos in die Zukunft zu sehen.

So hab Geduld,
denn alles verändert sich.
Nichts lässt sich aufhalten
und nichts bleibt, wie es ist.
Die Tränen werden trocknen,
was währt, ist die Erinnerung.
Gib der Zeit die Zeit,
dränge nicht nach der Ewigkeit.
Erfülle den Augenblick,
denn es gibt kein Zurück.

Diana Mirtschink

JAHRESTAGE

Ich kann nicht behaupten, dass die Zeit seit deinem Tod schnell vergangen ist, weil leidvolle Tage und schlaflose Nächte nicht „wie im Flug vergehen". Und doch fällt es mir schwer zu glauben, dass sich dein Todestag nun bald zum ersten Mal jährt. Ein Jahr voller Sehnsucht, ein Sommer ohne dich, Geburtstage ohne dich, Weihnachten ohne dich ... All die wiederkehrenden Tage sind einsame, traurige Tage. Und immer wieder dieses: „Vor einem Jahr ...". Ja, vor einem Jahr warst du noch da. Und manchmal habe ich Sorge, dass du, wenn dieses erste Jahr abgelaufen ist, noch weiter entfernt von mir sein wirst.

Alles was im Jahresverlauf selbstverständlich und willkommen für uns war, habe ich nun schon ein Mal schmerzlich ohne dich erlebt. Und jedes Mal hatte ich die Bilder, wie es ein Jahr zuvor war, deutlich vor meinem geistigen Auge. Jetzt steht nur noch dein Todestag aus, der Tag, an dem ein Jahr zuvor das Entsetzliche geschah. Ich habe große Angst vor diesem Tag, denn ich fürchte, wieder zusammenzubrechen. Je näher er rückt, umso bewusster wird mir auch erneut das schreckliche Ereignis. Wie soll ich diesen Tag verbringen? Ich weiß nicht, ob ich es schaffe, allein zu sein. Auf jeden Fall möchte ich dich auf dem Friedhof besuchen und hoffe, die Erinnerungen an dich werden jene vom Unfalltag und vom letzten Jahr verdrängen.

Feier- und Jahrestage erinnern sich immer viel deutlicher als der normale Alltag. Noch intensiver aber prägen sich jene Tage ein, an denen ein einschneidendes Ereignis die Normalität durchbricht und für die Betroffenen alles verändert. So ist der 11. September 2001 weltweit in die Geschichte eingegangen, und jeder kann sich sicher noch genau erinnern, wie und wo er die Nachricht vom Inferno in New York erfahren und was er dabei empfunden hat.

Für alle, die persönlich von einem traumatischem Schicksal betroffen sind, gilt ab diesem Moment eine Zeitrechnung vor und nach dem Ereignis. Dies trifft insbesondere auch auf den Tod eines nahestehenden Menschen zu, weil der Verlust so endgültig ist und sich danach vieles grundlegend verändert. Von nun an nicht nur den Alltag, sondern vor allem auch die Feiertage oder den Urlaub ohne den geliebten Menschen erleben zu müssen, richtet in besonderer Weise die Aufmerksamkeit auf Gewesenes und den Verlust. Dies ist eine ganz normale Reaktion. Doch so wach und schmerzlich die Erinnerungen an vergangene Tage besonders an Feier- oder Jahrestagen auch sind, sie sind ebenso wertvoll und gehören als wichtiger Bestandteil zum Loslöse- und Trauerprozess.

Vor allem an Feier- und Jahrestagen können und dürfen Sie Ihren Verstorbenen, trotz der traurigen Erkenntnis des Verlustes, ganz bewusst in Ihr Leben einbeziehen. Wenn Erlebnisse mit ihm bei Feiern Gesprächsthema sind, erhält er dadurch einen festen Platz in ihrer Mitte. Sich dagegen zu wehren kostet Kraft, erzeugt einen Widerstand und wird auch der Verbindung zu Ihrem geliebten Menschen nicht gerecht, denn diese endet nicht mit seinem Tod. Der Prozess des Loslösens erfolgt mit der Zeit über die Erkenntnis der neuen Realität ohne ihn.
In besonderer Weise können Sie den Geburts- oder Todestag Ihres geliebten Menschen begehen. Gestalten Sie diese Tage zu Gedenktagen, an denen sowohl Trauer, als auch schöne Erinnerungen Raum finden. Wenn Sie es nicht ausdrücklich wünschen, sollten Sie den ersten Jahrestag nach dem Tod möglichst nicht allein verbringen. Laden Sie dazu die Familie, Freunde und – wenn Sie mögen – all jene ein, die dem Verstorbenen nahestanden. In den gemeinsamen Gesprächen wird der Verstorbene für kurze Zeit wieder lebendig werden. Vielleicht erhalten Sie noch einmal ein erweitertes Bild von ihm, indem andere beschreiben, wie sie ihn erlebt haben. Für viele Trauernde erwächst sehr viel Trost daraus, wenn sie spüren, wie wichtig Ihr geliebter Mensch auch für

andere war und dass Sie den Verlust nicht allein tragen. Solche Tage in Gemeinschaft zu begehen, kann für alle, die den Verstorbenen vermissen, zur Bereicherung werden. Er kehrt dadurch noch einmal in Ihre Mitte zurück, und vielleicht werden diese Zusammenkünfte zu einem festen Bestandteil im Jahr.

*Beim Aufgang der Sonne und bei ihrem Untergang
erinnern wir uns an sie.*

*Beim Wehen des Windes und in der Kälte des Winters
erinnern wir uns an sie.*

*Beim Öffnen der Knospen und in der Wärme des Sommers
erinnern wir uns an sie.*

*Beim Rauschen der Blätter und in der Schönheit des Herbstes
erinnern wir uns an sie.*

*Zu Beginn des Jahres und wenn es zu Ende geht
erinnern wir uns an sie.*

*Wenn wir müde sind und Kraft brauchen
erinnern wir uns an sie.*

*Wenn wir verloren sind und krank in unserem Herzen
erinnern wir uns an sie.*

*Wenn wir Freuden erleben, die wir so gern teilen würden,
erinnern wir uns an sie.*

*So lange wir leben,
werden sie auch leben,
denn sie sind nun ein Teil von uns,
wenn wir uns an sie erinnern.*

*Aus „Tore des Gebets",
Jüdisches Gebetsbuch*[19]

DAUER DER TRAUER

Wie lange wird es wohl dauern, bis ich nicht mehr von dieser tiefen Traurigkeit vereinnahmt werde? Sie erdrückt mich und ich bin nicht mehr ich selbst. Im Moment kann ich mir nicht vorstellen, dass das je anders wird, denn du fehlst mir so sehr. Manche sagen, dass es mit der Zeit leichter wird. Aber die Zeit kann dich doch auch nicht zurückbringen, wie soll es denn dann besser werden? Die Zukunft liegt uferlos vor mir, ich habe Angst, mich in ihr zu verlieren. Zeit ohne dich wiegt endlos und bleischwer. Ich wünschte, es könnte mir jemand sagen, wann der Schmerz aufhört und wann das Leben etwas leichter wird. Aber ich würde es wohl nicht glauben, denn es liegt jenseits meiner Vorstellungskraft, ohne dich schmerzfrei zu leben.

Für die Dauer der Trauer gibt es keine allgemeingültige Gesetzmäßigkeit. Der Zeitraum einer Trauer ist, wie jede Trauer für sich, sehr individuell und von verschiedenen Faktoren abhängig. Eine große Rolle spielt dabei die Art der Beziehung zum Verstorbenen. Wenn Eltern ihr Kind verlieren, ist die Trauer meist so intensiv, dass sie nicht schnell überwunden werden kann. Auch wenn ein Partner stirbt, mit dem viele Jahre des Lebens gemeinsam verbracht wurden, hinterlässt der Tod eine Lücke, die die Trauer sehr lange anhalten lässt. Hat darüber hinaus ein Abhängigkeitsverhältnis bestanden, wirkt dies zusätzlich erschwerend.
Ein weiteres Kriterium für die Dauer der Trauer ist die Bereitschaft, sich der Trauerbewältigung zu stellen. Wie sehr die Trauer mit all ihren Emotionen gelebt und zugelassen werden kann und wie sehr sich auch der Prozess des Loslassens erlaubt wird, ist nicht unwesentlich. Eine verdrängte Trauer kann selbst nach Jahren wieder ausbrechen und dann muss die Trauerarbeit nachgeholt werden.

Manchmal werden zu einem Zeitpunkt, wo der Trauernde bereits Abstand zu schmerzlichen Gefühlen gefunden hat, Erinnerungen wachgerufen, die ihn in der Trauer weit zurückwerfen. All dies ist normal. Der Verlauf einer Trauer ist nie geradlinig und berechenbar. Tagen, an denen der Trauernde nach vorn schaut und sich besser fühlt, können Tage folgen, an denen er wieder viel Verzweiflung und Schmerz spürt.

Vom Trauerjahr und dem „Danach":
Im ersten Jahr nach dem Verlust kann die Folge aller Ereignisse, die nun zum ersten Mal ohne den geliebten Menschen durchlebt wird, als besonders schmerzlich empfunden werden. Die Erinnerungen sind noch sehr deutlich und die Erkenntnis des „Nie wieder" lastet dabei besonders schwer. Manche Trauernde beschreiben jedoch, dass auch das zweite Jahr nach der Trauer auf andere Art und Weise schmerzlich und von großer Wehmut getragen ist. Eine gewisse Erfahrung mit der Trauer ermöglicht jedoch, gezielter mit sehr schmerzhaften Situationen umzugehen. So kann, auch wenn die Intensität des Schmerzes nachlässt, die Trauer noch lange andauern. Eine Zeitspanne von mehreren Jahren ist dabei nicht ungewöhnlich. Das Leben wird auch nie wieder wie vor dem Tod des geliebten Menschen sein. Es ist geprägt von Erinnerungen, die den Trauernden fortan immer begleiten, wenn der Verstorbene einen Platz in seinem Herzen hat. Doch Schmerz und Wehmut werden sich verändern, und die Erfahrung der Vergänglichkeit kann das Bewusstsein öffnen für Werte, die bisher weniger beachtet und geschätzt wurden.

Trauerzeit – verlorene Zeit?
Da jeder Mensch lieber glückliche Zeiten erlebt, ist das Annehmen der Trauerzeit eine besonders große Aufgabe. Es sollte jedoch bewusst werden, dass es nicht darum geht, die Trauer so schnell wie möglich zu überwinden, sondern vielmehr darum, sie als wichtigen Prozess ins Leben zu integrieren. Die Trauer braucht ihre Zeit und sie ist unendlich wertvoll, weil sie den Kreis

eines sehr bedeutungsvollen Lebensabschnittes schließt. Ohne diesen Abschluss wird immer etwas offen bleiben, was ruhelos macht.

Wie auch immer Sie Ihre Trauer erleben, lassen Sie sich nicht von äußeren Normen und dem, was Ihr Umfeld erwartet, beeinflussen. Niemand kann Ihre Trauer ermessen und deshalb auch nicht beurteilen wie und in welchem Zeitraum Sie trauern sollen. Vielleicht ist es Ihnen anfangs gar nicht möglich, die Trauer in vollem Umfang an sich heranzulassen und Sie wählen zunächst unbewusst den Weg der Ablenkung. Dafür müssen Sie sich niemals rechtfertigen. Folgen Sie immer Ihrer inneren Stimme und lassen Sie die Trauer in dem Maße zu, wie Sie es vermögen. Es spielt keine Rolle, wie lange es dauert. Wenn Sie das Ende des Schmerzes herbeisehnen, versuchen Sie sich immer wieder vor Augen zu halten, dass sich alles verändert, aber jede Veränderung seine Zeit benötigt. Alles hat seine Zeit: Wachstum braucht Zeit, Reife braucht Zeit und auch Abschiednehmen braucht Zeit.

*„Ein jegliches hat seine Zeit,
und alles Vorhaben unter dem Himmel hat seine Stunde:
geboren werden hat seine Zeit, sterben hat seine Zeit,
weinen hat seine Zeit, lachen hat seine Zeit,
klagen hat seine Zeit, tanzen hat seine Zeit,
suchen hat seine Zeit, verlieren hat seine Zeit,
behalten hat seine Zeit, wegwerfen hat seine Zeit,
schweigen hat seine Zeit, reden hat seine Zeit."*

Aus: Der Prediger[2], Kapitel 3,1-7

*„Trauer hat keinen Zeitplan, sie hört auch niemals auf,
sie verändert nur ihr Gesicht."*

Michelangelo[18]

HOFFNUNG

Ich würde gern auf ein Wunder hoffen, aber was für ein Wunder soll das sein? Dass alles gut wird? Dass du mir nicht mehr länger so schmerzlich fehlst? Dass die Zeit alle Wunden heilt?
Hoffnung hat mich in manchen Zeiten meines Lebens getragen und mich nicht aufgeben lassen. Sie hat alles irgendwie leichter gemacht. Aber im Moment sind mir jede Hoffnung und Zuversicht abhanden gekommen, als wären sie mit dir gestorben. Ich vermisse diesen hellen Lichtblick, der mein Leben vielleicht ein wenig erträglicher machen könnte, denn ohne Hoffnung fühle ich mich wie vor einem riesigen Abgrund, der unüberwindbar scheint und alles verschlingt. Niemand kann dich mir wiederbringen, ein Ausweg ist nicht in Sicht und kein Entrinnen möglich. Das macht es so beängstigend für mich. Worauf kann ich da noch hoffen?

―――― ∽ ――――

Die Märchen in Kindertagen endeten meist mit einem Happy End. Nach dem Satz: „Sie lebten glücklich und zufrieden bis an ihr Lebensende.", konnte man das Buch beruhigt zur Seite legen. Natürlich glauben wohl die meisten Menschen nach so einer Geschichte nur zu gern, dass alles friedvoll und harmonisch verläuft und dass das Lebensende der Märchenfiguren noch in weiter Ferne liegt. Und dieser Glaube wird auch auf das eigene Leben übertragen. Man hofft, dass schon immer alles gut ausgehen wird. Hoffnung ist eine zuversichtliche Erwartungshaltung eine positive Zukunft betreffend. Wenn sich diese Erwartungen jedoch durch einschneidende Veränderungen und Schicksalsschläge nicht erfüllen, geht auch die Hoffnung schnell verloren. Eine glückliche Zukunft ist nach dem Tod eines sehr nahestehenden, geliebten Menschen schwer vorstellbar. Sogar das Gegenteil ist dann oft der Fall, und Hoffnungslosigkeit stellt sich ein. Alles, was nun nicht mehr möglich ist, wird unmittelbar bewusst. Eine andere Ausrichtung kann durch die Schwere des Verlustes kaum eingenommen werden. Und tröstende Worte, welche Zuversicht und Hoffnung spenden sollen, können zwar tragen, aber nur in geringem Maße jene Hoffnung vermitteln, die bessere Zeiten verspricht.

Durch die leidvolle Erfahrung des Todes geht auch die "Alles-wird-gut-Hoffnung" verloren, welche bis zu diesem Verlust eine gewisse Sicherheit verliehen hat. So lässt sich durchaus von einem doppelten Verlust sprechen. Perspektivlosigkeit und fehlende Hoffnung lasten zusätzlich auf dem Trauernden und können das Vertrauen ins Leben erschüttern. Ohne Hoffnung ist das Leben trostlos und sehr schwer zu ertragen, und es werden sich häufig die Sinnfragen gestellt.

„Was gibt es noch für eine Hoffnung?"
„Welchen Sinn hat das nun alles noch?"
„Wozu soll ich weiterleben"?

Wenn die große Zuversicht fehlt, ist es hilfreich, sich in schweren Zeiten kleine Hoffnungen ins Leben zu holen, denn:

- Hoffnung hilft weiterzuleben
- Hoffnung hilft durchzuhalten
- Hoffnung verleiht Kraft
- Hoffnung trägt
- Hoffnung gibt Zuversicht
- Hoffnung ist wie ein Lichtblick in der Dunkelheit

Hieran wird deutlich, wie wichtig die Hoffnung ist. So sollte versucht werden, Hoffnung zu finden, wo immer Hoffnungslosigkeit das Erleben prägt, indem man sich auch für kleine Lichtblicke öffnet und für Möglichkeiten, die noch unvorstellbar sind.

**HOFFNUNG FINDEN
IN ZEITEN DER HOFFNUNGSLOSIGKEIT**

Wie steht es mit Ihrer Hoffnung? Haben auch Sie durch Ihren Verlust die Hoffnung auf eine bessere Zukunft verloren? Können auch Sie sich im Moment nicht vorstellen, dass das Leben noch gute Zeiten für Sie bereithält? Haben Sie die Hoffnung verloren, noch einmal glücklich zu sein?
Ein zwischenzeitlicher Verlust jeglicher Hoffnung ist durchaus normal und wird Ihnen in der Zeit der Trauer immer wieder einmal begegnen. Doch Sie haben an dieser Stelle die Wahl, wie intensiv Sie sich dem Gefühl der Hoffnungslosigkeit hingeben. Worauf Sie sich konzentrieren, das wächst! Und so wird auch die Hoffnungslosigkeit größer, wenn Sie diesem Gefühl viel Aufmerksamkeit schenken. Wenn Hoffnungslosigkeit Ihr Erleben prägt, ist es wichtig, die innere Einstellung zu überprüfen. Stellen Sie sich die Frage, welche Hoffnung es gibt. Sehen Sie keine Hoff-

nung für sich, dann ist Ihr Blickwinkel zu sehr darauf ausgerichtet, was Sie nun nicht mehr erleben können, weil Ihnen durch den Tod Ihres geliebten Menschen diese Möglichkeit genommen wurde. Aber was ist mit all den vielen anderen Möglichkeiten? Auch wenn Sie im Moment kaum in der Lage sind, sich vorzustellen, dass Sie eines Tages wieder Freude empfinden können, sollten Sie diese Option nicht von vornherein ausschließen. Fällt Ihnen das sehr schwer, dann fragen Sie sich, ob Sie Freude empfinden konnten, bevor Sie dem Menschen, den Sie durch den Tod verloren haben, begegnet sind. Und lassen Sie diese Antwort unmittelbar im Raum stehen, ohne dem nächsten „Aber" zu folgen.

Die Vielfalt der Hoffnung erkennen:
Hoffnung hat viele Gesichter. Sich dies zu vergegenwärtigen, ist die Chance, wenn Hoffnungslosigkeit alles in Frage stellt. Es gibt Hoffnungen, die müssen aufgegeben werden, aber es besteht immer die Möglichkeit, neue Hoffnungen zu schaffen. Lassen Sie die kleinen Hoffnungen nicht außer Acht, welche Sie Stück für Stück auf Ihrem schweren Weg begleiten können.

Das können die Hoffnungen sein:
- dass der Schmerz nachlässt
- dass Ihnen heute etwas Gutes widerfährt
- dass Sie den Alltag allein bewältigen können
- dass es eines Tages besser wird
- dass Sie die Einsamkeit ertragen
- dass Ihnen immer die notwendige Hilfe zuteil wird
- dass Sie dem Verstorbenen eines Tages wieder nah sind
- dass der Verstorbene über sie wacht

Brücken zur Hoffnung:
Die Hoffnungen, dass der Alltag erträglicher, der Schmerz geringer und die Zukunft besser wird, sind wichtige Hoffnungen. Können Sie diese Hoffnungen nicht aus sich heraus schöpfen, dann versuchen Sie, sich anhand von Gleichnissen und Ritualen aus

der Natur zu vergegenwärtigen, dass immer wieder Neues entsteht. Alles ändert sich, alles ist im Wandel. Das ist eine Gesetzmäßigkeit des Lebens. Und wenn im Moment eine sehr schwere Zeit Ihr Leben bestimmt, so besagt die Gesetzmäßigkeit, dass auch dieses große Leid nicht von Dauer sein wird. Vertrauen Sie darauf und richten Sie in dieses Vertrauen Ihre ganze Hoffnung! Hoffnung kann auch unbestimmt entsandt werden, sie bedarf keiner festen Vorgabe. So kann diese sich ungezwungen entfalten und sich auf eine erwartungsfreie Art erfüllen, welche ungeahnte Möglichkeiten bereithält. Sehen Sie die Hoffnung wie einen Schmetterling. Er ist das Sinnbild für Wandel und Veränderung. Nach der Schwere und Erdgebundenheit, der die Raupe unterlegen war, entschlüpft der Enge im Kokon ein Schmetterling, welcher mit Leichtigkeit unbeschwert an schöne Orte fliegen kann. Er lässt sich nicht so einfach fangen und ist doch immer irgendwo – so wie die Hoffnung.

Holen auch Sie sich in Ihrer Trauer eine lichtvolle Hoffnung an Ihre Seite. Wenn diese nicht unmittelbar greifbar ist, lassen Sie sich auf eine unbestimmte Hoffnung ein und auf die vielen Möglichkeiten, die Sie sich im Moment nicht vorstellen können. Möge von nun an immer eine Hoffnung Lichtblick für Sie sein und Sie tragen, wenn die Last Sie zu erdrücken droht.

RITUAL „HOFFNUNG"

Sie können Ihren inneren Zustand der Trauer mit dem Winter im Lauf der Jahreszeiten vergleichen. Alles ringsherum ist trostlos und dunkel. Der Natur fehlt es an Farbe und wärmender Kraft, so wie es Ihnen an Lebensfreude und Zuversicht fehlt. Haben Sie manchmal das Gefühl, dass sich dies nie wieder ändern wird und Sie nie wieder Freude empfinden werden? Doch nach jedem Winter folgt ein neuer Frühling. Das Wissen darum und die Hoffnung darauf lassen die kalten Tage besser ertragen.
Und auch nach noch so schwerer Trauer gibt es eine Zeit des in-

neren Frühlings, in der Neues erwacht. Ganz tief in Ihrem Herzen wissen Sie, dass Ihre Trauer nicht von ewiger Dauer sein wird. Lassen Sie dieses innere Wissen zu. Gestatten Sie sich Ihre Trauer, aber vertrauen Sie den Jahreszeiten des Lebens, die auch Ihnen wieder bessere Tage bringen werden.

Affirmation: *„Ich vertraue dem Wechsel der Jahreszeiten des Lebens voller Hoffnung auf bessere Zeiten."*
nach Antje Uffmann[17]

*„Gerade in der größten Verzweiflung
hast du die Chance, dein wahres Selbst zu finden.
Folge deiner Intuition wie einem Pfad der Weisheit
und lass Hoffnung deine Ängste vertreiben."*

Sergio Bambaren[1]

DAS MÄRCHEN VON DER TRAURIGEN TRAURIGKEIT

Es war eine kleine Frau, die einen staubigen Feldweg entlanglief. Sie war wohl schon recht alt, doch ihr Gang war leicht, und ihr Lächeln hatte den frischen Glanz eines unbekümmerten Mädchens. Da sah sie eine zusammengekauerte Gestalt am Wegesrand. Sie blieb stehen und blickte hinunter, konnte jedoch nicht viel erkennen. Das Wesen, das da im Staub des Weges saß, schien fast körperlos. Es erinnerte an ein graues Bündel mit menschlichen Konturen. Die kleine Frau bückte sich ein wenig und fragte: „Wer bist du?"
Zwei lichtlose Augen blickten müde auf. „Ich ... ich bin die Traurigkeit.", flüsterte die Stimme stockend und so leise, dass sie kaum zu hören war.
„Ach, die Traurigkeit!", rief die kleine Frau erfreut aus, fast als würde sie eine alte Bekannte begrüßen.

„Du kennst mich?", fragte die Traurigkeit misstrauisch.
„Natürlich kenne ich dich! Immer wieder einmal hast du mich ein Stück meines Weges begleitet."
„Ja, aber ...", argwöhnte die Traurigkeit, „warum flüchtest du dann nicht vor mir? Hast du denn keine Angst?"
„Warum sollte ich vor dir davonlaufen, meine Liebe? Du weißt doch selbst nur zu gut, dass du jeden Flüchtigen einholst und dich so nicht vertreiben lässt. Aber was ich dich fragen will: Warum siehst du so mutlos aus?"
„Ich ... ich bin traurig.", antwortete die graue Gestalt mit brüchiger Stimme.
Die kleine, alte Frau setzte sich zu ihr. „Traurig bist du also.", sagte sie und nickte verständnisvoll mit dem Kopf. „Erzähl mir doch, was dich bedrückt."
Die Traurigkeit seufzte tief. Sollte ihr diesmal wirklich jemand zuhören wollen? Wie oft hatte sie sich das schon gewünscht.
„Ach weißt du", begann sie zögernd, „es ist so, dass mich einfach niemand mag. Es ist nun einmal meine Bestimmung, unter die Menschen zu gehen und für eine gewisse Zeit bei ihnen zu verweilen. Aber wenn ich zu ihnen komme, schrecken sie zurück. Sie fürchten sich vor mir und meiden mich wie die Pest." Die Traurigkeit schluckte schwer.
„Sie haben Sätze erfunden, mit denen sie mich bannen wollen. Sie sagen: ‚Papperlapapp, das Leben ist heiter', und ihr falsches Lachen führt zu Magenkrämpfen und Atemnot. Sie sagen: ‚Gelobt sei, was hart macht', und dann bekommen sie Herzschmerzen. ‚Man muss sich nur zusammenreißen', und sie spüren das Reißen in den Schultern und im Rücken. Sie sagen: ‚Nur Schwächlinge weinen', und die aufgestauten Tränen sprengen fast ihre Köpfe. Oder aber sie betäuben sich mit Alkohol und Drogen, damit sie mich nicht fühlen müssen."
„Oh ja", bestätigte die alte Frau, „solche Menschen sind mir schon oft begegnet."
Die Traurigkeit sank noch ein wenig mehr in sich zusammen. „Und dabei will ich den Menschen doch nur helfen. Wenn ich

ganz nah bei ihnen bin, können sie sich selbst begegnen. Ich helfe ihnen, ein Nest zu bauen, um ihre Wunden zu pflegen. Wer traurig ist, hat eine besonders dünne Haut. Manches Leid bricht wieder auf, wie eine schlecht verheilte Wunde, und das tut sehr weh. Aber nur, wer die Trauer zulässt und all die ungeweinten Tränen weint, kann seine Wunden wirklich heilen.
Doch die Menschen wollen gar nicht, dass ich ihnen dabei helfe. Stattdessen schminken sie sich ein grelles Lachen über ihre Narben, oder sie legen sich einen dicken Panzer aus Bitterkeit zu."
Die Traurigkeit schwieg, und begann zu weinen. Die kleine Frau nahm die zusammengesunkene Gestalt tröstend in die Arme. Wie weich und sanft sie sich anfühlt, dachte sie und streichelte zärtlich das zitternde Bündel. „Weine nur, Traurigkeit", flüsterte sie liebevoll, „ruh dich aus, damit du wieder Kraft sammeln kannst. Du sollst von nun an nicht mehr allein wandern. Ich werde dich begleiten, damit die Mutlosigkeit nicht noch mehr an Macht gewinnt."
Die Traurigkeit hörte auf zu weinen. Sie richtete sich auf und betrachtete erstaunt ihre neue Gefährtin: „Aber ... aber wer bist du eigentlich?"
„Ich?", antwortete die kleine alte Frau und lächelte still „Ich bin die Hoffnung."

nach Inge Wuthe[20]

WIEDER LACHEN

Gestern erlebte ich nach langer, langer Zeit endlich wieder einige wirklich gute Stunden. Für eine kleine Weile vergaß ich die traurige Realität, und dein Fehlen trat etwas in den Hintergrund. Dieses neue, alte Gefühl erschien mir fast ein wenig fremd und ich wollte ihm nicht trauen. Aber es war real und ich fühle mich auch jetzt noch getragen davon.
Ich bin mit den Mädels unterwegs gewesen. Unser regelmäßiger „Weibertreff", bei dem ich nun schon so lange nicht dabei war, fand mal wieder statt. Erst sträubte ich mich, wie immer seit deinem Tod, weil ich die Fröhlichkeit der anderen schwer ertragen kann und niemandem die Stimmung verderben wollte. Aber dieses Mal ließen sie meine Ausflüchte einfach nicht gelten. Und dann wurde es ein richtig schöner Abend. Beim Eintauchen in alte Erinnerungen vergaß ich die Zeit und vorübergehend auch meinen Kummer. Als ich es zwischendurch bemerkte, war das ein seltsames Gefühl. Es hatte etwas von Verrat. So als würde ich dich vergessen, wenn ich etwas anderes als Traurigkeit empfinde. Doch dann wiederum war mir klar, dass du gewollt hättest, dass ich nicht für den Rest meines Lebens traurig bin. Und so haben mir die unbeschwerten Stunden den tröstenden Ausblick gegeben, dass die Trauer doch eines Tages nicht mehr alles in meinem Leben überschatten muss, auch wenn sie jetzt noch oft so groß ist.

Je wieder Freude empfinden zu können, ist nach dem Tod eines geliebten Menschen für einen Trauernden oft nicht vorstellbar. Es fehlt ihm auch unmittelbar jedes Bedürfnis zu lachen. Die Fröhlichkeit anderer Menschen ist für ihn schwer zu ertragen. So meidet der Trauernde gern jede Geselligkeit, bei der er glaubt, sich verstellen und stark sein zu müssen, denn dort fühlt er sich in keiner Weise mehr zugehörig. Seine Welt ist voller Traurigkeit.

Der Verlust überschattet alles, und jede Freude fühlt sich falsch an. Der Trauernde kann sich auch nicht einfach so auf einen lustigen Film einlassen, denn diese Seite der Welt ist ihm im Moment fremd und unwirklich. In der Trauer erscheint die Freude meist ausgegrenzt aus dem Leben. Nichts bringt sie im Innern zum Klingen, wenn der Verlust das Erleben schmerzlich prägt.
Und doch stellt sich mit der Zeit unmerklich eine Veränderung ein. Das Fehlen des geliebten Menschen schmerzt nach wie vor, aber der Verlust wird mehr und mehr integriert und irgendwann als neuer Alltag wahrgenommen. Wenn das Leben trotz Trauer weitergelebt wird, gibt es Stunden, in denen der Verlust etwas in den Hintergrund tritt, weil auch andere Dinge die Aufmerksamkeit erfordern. Und dann wird sich eines Tages vielleicht völlig unerwartet eine Situation ergeben, die Anlass zur Freude gibt oder zum Lachen. Der Besuch des Enkelkindes wird das Herz der Oma berühren und Freude schenken, auch wenn diese noch dadurch getrübt ist, dass der Opa es nicht mehr miterleben kann. Im Zusammensein mit anderen kann eine lustige Bemerkung irgendwann spontan zum Lachen animieren, auch wenn die Trauer bisher keinen Raum für Unbeschwertheit ließ.
Die Freude liegt gleichsam in der Natur des Menschen, so wie die Trauer. Deshalb ist es ebenso wenig zu empfehlen, die Freude auf Dauer aus dem Leben auszuschließen wie die Trauer nach einem Verlust nicht an sich heranzulassen. Beides sind Aspekte des Lebens, die nicht allein dem Willen unterliegen, und so lässt sich Freude nicht erzwingen und Trauer nicht auf Dauer unterdrücken.
In der Trauer tritt die Freude zwar über einen langen Zeitraum kaum in Erscheinung, aber auch hier gibt es gute Momente, und mit der Zeit können diese wieder als solche erlebt werden, wenn es zugelassen wird. Das Zulassen ist dabei ein wichtiges Kriterium. Anfangs wird es sich möglicherweise noch sehr ungewohnt anfühlen, denn Lachen oder sich zu freuen, obwohl der Tod das Liebste genommen hat, geht für den Trauernden mit einer inneren Zerrissenheit einher. Auch der Aspekt, was andere denken

könnten, wenn sie ihn in der Trauer fröhlich sehen, spielt manchmal eine Rolle. Vielleicht stellt sich der Trauernde im Stillen die Frage, ob er überhaupt lachen darf, wo doch der geliebte Mensch nicht mehr lebt. Aber Trauer und Freude müssen sich keinesfalls immer gegenseitig ausschließen. Es gibt das mögliche Nebeneinander von Gefühlen, die gegensätzlich erscheinen. Hierbei ist hilfreich zu akzeptieren, dass Freude und Leid gleichzeitig da sein können und dürfen. So kann eine tiefe Dankbarkeit ein gutes Gefühl erzeugen, obwohl der Verlust Schmerz auslöst. In der Natur gibt es das gleichzeitige Auftreten solcher Gegensätze ebenfalls. Es kann regnen, während die Sonne scheint. Ein dabei entstehender Regenbogen kann symbolisch in die Trauer übertragen werden – der Regenbogen als Brücke, welche Altes mit Neuem verbindet.

Kennen auch Sie die innere Zerrissenheit, die sich einstellt, wenn sich Trauer und Neuorientierung begegnen? Die Trauer ist, ebenso wie die Erinnerung, eine wichtige Verbindung zum Verstorbenen. Wenn Ihre Trauer nach einer Weile von Zeit zu Zeit etwas in den Hintergrund tritt, weil Sie auch andere Aspekte wieder in Ihr Leben lassen, kann sich das für Sie vielleicht so anfühlen, als wenn Sie die Verbindung aufgeben. Das mag verwirrend sein, aber ein „Ja" zum Leben ist kein Verrat am Verstorbenen. Und so ist Freude empfinden keine Abkehr von Vergangenem, auch wenn Sie sich dabei Neuem zuwenden. Erlauben Sie sich dieses erste Aufatmen nach all der traurigen Zeit! Gestatten Sie sich ein wenig Erleichterung, denn Sie haben immer noch schwer genug zu tragen! Die Trauer wird noch manches Mal schmerzhaft spürbar sein, aber – wenn Sie es zulassen – ab einem gewissen Punkt ebenso die Freude. Öffnen Sie auch der Freude in Ihrem Leben wieder eine Tür, wenn die Zeit dafür gekommen ist. Sie werden spüren, wann es so weit ist. Und dann ist es in Ordnung, wenn Sie sich erlauben zu lachen. Wieder lachen bedeutet nicht, den Verstorbenen weniger zu vermissen oder zu vergessen. Und wieder lachen bedeutet auch nicht, weniger zu trauern. Beides kann und darf gleichzeitig da sein.

Wenn Sie endlich den Punkt erreicht haben, an dem Lachen wieder möglich ist, sollten Sie sich auch nicht fragen, was andere denken könnten. Niemand weiß, wie es in Ihnen aussieht, und es gibt keine Norm, die bestimmt, zu welchem Zeitpunkt Sie in welcher Weise fühlen dürfen. Sie allein sind der Maßstab. Wenn in Ihnen nichts als Trauer zu spüren ist, dann leben Sie die Trauer. Und wenn die Trauer sich verändert und wieder anderen Gefühlen etwas Platz einräumt, dann lassen Sie es zu und entwickeln Sie kein schlechtes Gewissen dabei. Es fällt ohnehin schwer, auf Dauer etwas zu unterdrücken, die Trauer ebenso wie die Freude. Und nicht zuletzt würde sich sicher auch Ihr Verstorbener von Herzen freuen, wenn Sie sich wieder ein Lachen erlauben.

NEUE WEGE

Mein Leben an deiner Seite verlief in festen Bahnen, die sehr auf unser Miteinander ausgerichtet waren. Ich fühlte mich wohl damit. Die Vorstellung von einer gemeinsamen Zukunft verlieh mir eine angenehme Sicherheit und ich war froh, Entscheidungen nicht allein verantworten zu müssen.
Doch unbemerkt gab ich so auch mehr und mehr von meiner Eigenständigkeit auf und hatte nach deinem Tod das Gefühl, jeglichen Halt zu verlieren. Es schien, als wenn mit deinem Tod auch ein großer Teil meiner Identität verloren ging, und es dauerte lange, bis ich meine eigenen Werte wieder entdeckte.
Anfangs sträubte ich mich sehr dagegen, mein Leben selbstständig zu meistern. Ich wollte auch lange Zeit mein Lebenskonzept von einer kleinen Familie nicht aufgeben. Doch damit kam ich nicht weiter. Irgendwann stellte sich dann die Erkenntnis ein, dass es in meiner eigenen Verantwortung lag, wie sich mein Leben ohne dich weiter gestaltet. Und so begann ich, anfangs noch recht zögerlich, neue Wege zu beschreiten. Teilweise waren es gar keine neuen Wege, sondern Wege, auf denen ich bereits früher unterwegs war. So kramte ich die Laufschuhe heraus und fing wieder an zu joggen. Vor unserer gemeinsamen Zeit lief ich regelmäßig, und es dauerte nicht lange, bis ich meine alte Form zurückgewann. Ich lief gegen die Wut an und gegen die Resignation, ich lief gegen die Starre der unendlichen Trauer und ich lief der Einsamkeit in meinen vier Wänden davon. Beim Laufen begann ich etwas anderes zu spüren als den dumpfen Schmerz des Verlustes. Das Laufen durchbrach auch das stetige Gedankenkreisen um deinen Tod und trug neue Gedanken an mich heran. Und so lief ich unmerklich Schritt für Schritt in eine neue Zeit. Nach dem Laufen fühlte ich mich kraftvoller und gestärkt. Auf diese Weise stellte sich sogar wieder ein regelmäßiger Schlaf ein, der mir half, mich auch seelisch zu erholen. Inzwischen ist der sportliche Ausgleich mehr und mehr zum

Bedürfnis geworden, und ich habe das stille Ziel, eines Tages einen Marathon zu laufen. Was du wohl dazu sagen würdest?
Aber es gibt noch weitere Ziele in meinem Leben, die mich bereichern. Seit einiger Zeit singe ich im Chor. Kathrin nahm mich eines Tages, trotz heftiger Proteste meinerseits, einfach mit, und nach anfänglicher Skepsis bereitet mir das Singen inzwischen richtig viel Freude. Auch das war noch vor einiger Zeit nicht vorstellbar für mich. Und jetzt habe ich den Wunsch, das Weihnachtsoratorium mitzusingen. Ich möchte das „Jauchzet, frohlocket..." singen: für dich und für mich, weil wir es beide so liebten. Selbst wenn mir oftmals noch nicht jauchzend, frohlockend zumute ist, stellt sich zumindest beim Singen ein anderes Gefühl ein. Als wenn das Singen meine Seele von der Schwere der Trauer befreit, fühle ich mich dabei viel leichter.
Neue Wege gibt es auch beruflich. Mit der Zusatzausbildung zum Fachwirt habe ich die Herausforderung angenommen, an die ich mich vor einigen Jahren nicht wagte. Der Lehrstoff ist umfangreich und manchmal fällt es mir sehr schwer, nach einem langen Arbeitstag noch zu lernen. Aber ich bin wirklich stolz auf mich, ein so großes Vorhaben zu verwirklichen. Diese Aufgabe stärkt mein Selbstbewusstsein, und nie zuvor hatte ich so viel Selbstvertrauen.
Auch wie ich inzwischen den Alltag bewältige, lässt mich stolz sein. So sehr es mich mitunter an meine Grenzen bringt und auch manches Mal richtig wütend macht, wenn ich mich um Dinge kümmern muss, von denen ich keine Ahnung habe, so sehr freue ich mich dann doch immer wieder, wenn ich etwas schaffe, was ich bisher nicht vermochte.
Ich habe wirklich viel erreicht, viel mehr, als ich mir je zutraute, und ich fühle mich durch dieses innere Wachstum gestärkt. Während ich mich früher sehr auf dich stützte und mir nur der gemeinsame Horizont erstrebenswert schien, treffe ich heute eigene Entscheidungen und entwickle immer neue Interessen für mich. Es ist ein völlig anderes Lebensgefühl, welches ich nicht mehr missen möchte. Natürlich fehlst du mir trotz allem sehr. Noch manches Mal schwingt eine Wehmut mit, wenn ich an dich denke, und oft

sehne ich mich nach unserer Zweisamkeit. Aber ich komme klar und kann dem Leben wieder gute Seiten abgewinnen.

Der Tod eines geliebten Menschen bringt sehr viele Veränderungen mit sich. Manchmal leitet er auch einen Richtungswechsel ein, der erforderlich wird, weil die bisherige Ausrichtung durch den Verlust nicht mehr gegeben ist.
Eine junge Mutter, die ihr Kind verliert, bleibt für immer Mutter. Doch wenn sie nicht noch weitere Kinder zu versorgen hat, wird sie nach dem Tod des Kindes mit einer großen Leere konfrontiert sein. Füllt sie diese im Verlauf der Zeit nicht mit anderen Aufgaben, läuft sie Gefahr, in der Trauer steckenzubleiben.
Auch wer einen Partner verliert, ist damit konfrontiert, dass die bisherige Lebensform sich gravierend verändert, und wird nach einer bestimmten Zeit gefordert sein, eine neue Ausrichtung für sich zu finden. Anderenfalls ist keine Weiterentwicklung möglich und die quälenden Gefühle von Ohnmacht und Leere bleiben bestehen. Die Lücke, die der Partner hinterlassen hat, zu füllen, ist nicht leicht. Nichts und niemand kann den geliebten Menschen einfach so ersetzen. Es ist auch immer viel einfacher, sich auf einen Partner und die damit verbundenen Veränderungen der Lebensumstände einzulassen, als bei einem Verlust auf alle Bereicherungen, die die Gemeinschaft mit sich brachte, zu verzichten.

Wie Partnerschaft bereichert:

Beim Eingehen einer partnerschaftlichen Beziehung fühlen sich beide Partner durch die große Verliebtheit zueinander hingezogen und es entsteht meist das Bedürfnis, sehr viel Zeit miteinander zu verbringen. Oft ist es nach einem gewissen Zeitraum nicht mehr vorstellbar, allein zu leben. Aufgaben werden geteilt, Probleme gemeinsam besprochen, die Einsamkeit gehört der Vergangenheit an und die Liebe und die Nähe des Anderen bringen Erfüllung auf eine Art und Weise, die beide nicht mehr missen möchten. Gemeinsam Erlebtes bereichert und allein zu genießen

scheint nicht mehr erstrebenswert. So nimmt das Miteinander in einer harmonischen Beziehung einen großen Stellenwert ein. Durch die Liebe und Zuneigung des Partners steigt das Energieniveau, und dies sorgt dafür, dass es sich ohne den Anderen unzureichend anfühlt, wenn zu wenig Energie aus anderen Bereichen des Lebens geschöpft wird. Erscheint nur noch die Einheit als Ganzes, dann fehlt ohne den Anderen etwas. Verstärkt wird dieses Gefühl, wenn durch die Ausrichtung auf das Miteinander in der Partnerschaft die Entwicklung der eigenen Persönlichkeit immer weniger Beachtung findet. Zählt nur noch Gemeinsames und treten eigene Interessen dadurch mehr und mehr in den Hintergrund, verliert die individuelle Persönlichkeit auch Stück für Stück an Wert. Ein Partner, der dies so lebt, fühlt sich geringer ohne den Anderen. Dies ist immer wieder in Partnerschaften zu beobachten, Frauen neigen jedoch häufiger dazu als Männer.
Die Arbeitsteilung in einer Partnerschaft leistet ihr Übriges. Männern liegt es mehr, sich um die technischen Belange zu kümmern und vielleicht auch um den Schriftverkehr, während die Frau meist den Haushalt managt. So kann die Symbiose gut funktionieren.

Plötzlich ohne Partner:

Ist eines Tages ein Partner nicht mehr da und war das Miteinander zusätzlich sehr von Abhängigkeit geprägt, so wird zum großen emotionalen Verlust auch noch der fehlende Halt spürbar. Nun gilt es, den emotionalen Verlust zu verschmerzen und den inneren Halt wiederherzustellen. Letzteres wird längerfristig nur gelingen, indem die Ausrichtung wieder auf das eigene Selbst gelenkt wird. Das heißt, der Trauernde muss sich auf sich selbst zurückbesinnen, auf bestehende Werte, Träume, Wünsche und auf Ziele, die nun ohne den Partner gesetzt werden müssen. Dies fällt sicher besonders schwer, wenn die Partnerschaft sehr lange bestand oder wenn es bisher kaum einen Zeitraum im Leben gab, wo Eigenständigkeit gelebt wurde. Aber auch hier ist es möglich, andere Ausrichtungen zu finden.

Wenn die Zeit dafür gekommen ist, geht es weiter:
Neue Wege zu beschreiten wird nicht unmittelbar nach einem Verlust gelingen. Anfangs prägt der Schmerz das Erleben eines Trauernden sehr intensiv und das Bewältigen der Flut von Emotionen erfordert alle Kraft. Unmittelbar nach einem Verlust aktiv zu werden, würde wohl eher einer Flucht vor schmerzhaften Gefühlen gleichkommen. Heilung bedarf der Zeit, und sich auf Neues einzulassen, benötigt einen gewissen Abstand zu Vergangenem. Ein Signal, welches darauf hinweist, dass der nächste Schritt ansteht, kann eine stetig wachsende Unzufriedenheit sein. Aber auch Ruhelosigkeit, innere Leere und die Frage nach dem Sinn des eigenen Lebens zeigen dies mitunter an. Die Unzufriedenheit unterscheidet sich vom schmerzhaften Gefühl der Trauer darin, dass sie nach Veränderung verlangt, der Schmerz mehr nach Ergebenheit.

Wenn Sie ab einem gewissen Punkt in Ihrer Trauer spüren, dass der Schmerz immer öfter von einem Gefühl der Unzufriedenheit überlagert wird, dann ist es womöglich auch für Sie an der Zeit, sich auf neue Wege einzulassen. Es gehört Mut dazu und manchmal gilt es einen inneren Widerstand zu überwinden. Aber es lohnt sich, weil jede Erweiterung auch eine Bereicherung darstellen wird. Selbst wenn es Ihnen noch so schwer erscheint und sich etwas in Ihrem Inneren dagegen wehrt, die eingefahrenen Wege zu verlassen, ist es dennoch erforderlich loszugehen, um weiterzukommen. Leben bedeutet Veränderung. Und auch wenn manche Veränderung ungewünscht ist, gehört zur Entwicklung, sich an den neuen Umständen auszurichten.

Neuland erobern:
Vielleicht entdecken Sie ungeahnte Fähigkeiten und lernen eine ganz neue Seite an sich kennen. Damit sind nicht nur die großen Talente und überragenden Leistungen gemeint, denn jeder hinzugewonnene Bereich, der Ihren Horizont erweitert, ist bedeutungsvoll. Sie erhalten dadurch ein neues Lebensgefühl, weil Sie

über die Erfolge Ihr Selbstbewusstsein stärken und Selbstvertrauen und innere Stabilität gewinnen können.
Alles, was Ihr Interesse weckt, kann zu einer Leidenschaft werden, welche Ihr Leben vielleicht sogar in neue Bahnen lenkt. War Ihr Handeln bisher möglicherweise überwiegend auf die Arbeit, den Haushalt oder den Garten ausgerichtet, könnte ein Engagement in einem Ehrenamt nun ebensoviel Freude bereiten und Anerkennung zurückgeben. Es spielt dabei keine Rolle, ob Sie einem Verein beitreten oder ein neues Hobby finden, denn auch Bereiche, die Sie ganz für sich persönlich entdecken und erschließen, können zu einem Gewinn werden. Vertiefen Sie Ihre Neigungen oder öffnen Sie sich für Neues! Lassen Sie sich von Zweifeln oder anfänglichen Niederlagen nicht beirren! Probieren Sie Verschiedenes aus, wenn Sie nicht sicher sind, was Ihnen liegt! Nicht immer wird schon im Vorfeld ersichtlich, was sich später entwickeln kann. Bringen Sie zum Mut, sich auf neue Wege einzulassen, auch Geduld und Ausdauer mit ein, um einen beschwerlichen Weg nicht gleich wieder abzubrechen. Ihr Einsatz und Ihr Durchhaltevermögen werden sich ganz sicher eines Tages auszahlen.
Neue Wege beschreiten bedeutet nicht, Vergangenes zu vergessen, sondern nach vorn zu schauen, wenn die Umstände dies erfordern. Gewesenes darf seinen Wert behalten und in den Erinnerungen einen wichtigen Platz einnehmen. Und so können Ihre Erinnerungen Sie auf den neuen Wegen immer begleiten.

„Jeder Schritt nach vorn ist ein Puzzlestein,
der das Bild des Lebens zusammenfügt."

Diana Mirtschink

› Übung: Neue Rollen

Wie in einem Film lassen sich auch im Leben unterschiedliche Rollen besetzen. Ein Schauspieler ist in der Lage, verschiedene Rollen einzunehmen, aber auch Sie haben in Ihrem Leben bereits mehrere Rollen gespielt. Sie waren Kind, vielleicht Ehepartner oder Elternteil. Sie waren ganz bestimmt schon einmal Tourist, Kunde oder Patient. Das alles sind Rollen, die es auszufüllen gilt. Meist denken Sie gar nicht darüber nach und vollziehen auch den Wechsel von Rollen mühelos.

Wenn Sie nach dem Urlaub die Rolle des Touristen verlassen, gehen Sie wieder Ihrer Arbeit nach, egal ob als Angestellter oder Chef. Ein Schüler wird zum Studenten, und nach einem Arbeitsleben folgt der Ruhestand. So werden unzählige Veränderungen im Leben durchlaufen, die einen Rollenwechsel nach sich ziehen. Durch einen Verlust kann sich auch die Rolle als Elternteil oder Partner verändern und erfordert, eine neue Rolle einzunehmen. Anfangs wird Ihnen dies vermutlich sehr schwerfallen, weil diese Rolle nicht freiwillig gewählt wurde und es immer schmerzhaft ist, etwas Liebgewonnenes aufzugeben. Aber so wie ein Schauspieler proben darf, dürfen auch Sie sich Zeit lassen, um sich in die neue Rolle einzufinden. Diese neue Rolle wird Sie auch nie in gleicher Weise erfüllen wie die vergangene, aber vielleicht auf eine ganz andere Art auch Positives in Ihr Leben bringen.

Es gilt die neue Rolle anzunehmen und sich so gut wie möglich in ihr zu verwirklichen. Erfüllen Sie die Aufgaben der neuen Rolle, als hätten Sie diese selbst gewählt. Bemühen Sie sich, Ihr Bestes zu geben, auch wenn Ihnen manches nicht sofort perfekt gelingt. Je mehr Sie sich einlassen, umso besser wird es Ihnen mit der Zeit möglich werden, sich mit der neuen Rolle zu identifizieren.

JAHRE DANACH

Wieder einmal stehe ich hier an deinem Grab und denke an dich, denn meine Liebe zu dir hat sich in all der Zeit nicht verändert. Dabei ist es nun schon fünf Jahre her, seit der Unfall unsere Wege auf so grausame Weise trennte. Auch unsere gemeinsam verbrachte Zeit dauerte fünf Jahre. Es waren fünf glückliche Jahre, an die ich dankbar zurückdenke. Und nun bin ich schon wieder ebenso lange ohne dich, ich kann es manchmal kaum glauben. Es war eine sehr schwere Zeit. Im Nachhinein weiß ich nicht, wie ich sie überstand. Manche Tage und Nächte waren so schlimm, dass ich die Erinnerung daran ausgeblendet habe. Es gab Momente, da wollte ich nicht mehr leben, nicht mehr kämpfen und auch nicht nach vorn schauen. Ich wollte nur zu dir. Ich weiß nicht, woher die Kraft kam, all das durchzuhalten. Oftmals funktionierte ich einfach nur und habe getan, was von mir erwartet wurde. Wie gut, dass ich die Arbeit hatte und die Freunde. Aber oft reichte auch das nicht aus, um mich vor der Verzweiflung zu bewahren.
Manchmal denke ich daran, was wir noch alles vorhatten. Es gab so viele gemeinsame Träume, Hoffnungen, Wünsche und Pläne. Wir wollten eine Familie gründen und wünschten uns ein gemeinsames Kind, das nun nie geboren wird. Schon der Gedanke daran, diese Chance nie mit dir zu erhalten, hat mich zeitweise unendlich wütend und zornig gemacht. Auch jetzt noch fühle ich mich um diese Art von Zukunft betrogen, aber mein Aufbegehren ist stiller geworden und auch mein Schmerz hat sich verändert. Er kommt und geht, manchmal noch heftig, aber immer öfter auf eine sanftere, gnädigere Art. Er flüstert mir deinen Namen ins Ohr und lässt mich deine Berührungen auf der Haut vermissen. Gedanken an dich sind auch jetzt noch Stiche ins Herz, doch der Schmerz hat seine Fesseln gelockert. Er lässt mich wieder atmen und aufschauen, er lässt mich wieder klar denken, selbst wenn er nicht ganz von mir lässt. Und auch ich kann und mag noch nicht ganz von ihm las-

sen. Denn jede Begegnung mit dem Schmerz erinnert mich daran, dass es dich in meinem Leben gab, dass du real bist im Schwinden der Zeit und immer noch eine unendlich große Bedeutung für mich hast. Doch diese Wehmut über dein Fehlen ist nicht zu vergleichen mit dem Schmerz der ersten Zeit – damals, als ich alles rings um mich herum vergaß und nichts mehr zählte, wo nur Verzweiflung und Trauer mein Leben bestimmten. Jetzt gibt es wieder ein anderes Leben, mit einem Alltag ohne dich, auch wenn meine Gedanken noch oft zu dir wandern. Ich habe es tatsächlich geschafft, ohne dich weiterzugehen und wieder einen Sinn im Leben zu finden.
Vieles ist jetzt anders. Ich habe Ziele und entdecke immer wieder völlig neue Seiten an mir. Da ist die Ausbildung, die ich begonnen habe und durch die ich neue, liebe Menschen kennenlernte. Die Perspektive gibt mir Halt und ist spannend. Andere Möglichkeiten zu erschließen hätte ich mir noch vor einigen Jahren nicht vorstellen können.
Dadurch, dass ich nach deinem Tod völlig auf mich gestellt war, habe ich zu mir selbst gefunden. Ich weiß jetzt viel mehr, wer ich bin und was ich für mich will. Kein leichter Weg, kein gerader Weg und doch der Weg, der mich heute stolz auf mich sein lässt. Vieles hat mich geprägt; die Zeit mit dir und erst recht dein Tod. Ich bin nicht mehr ganz so unbedarft, doch dafür kann ich heute Bereicherung sehen, wo früher Selbstverständlichkeit war. So ist bei all der Traurigkeit um deinen Verlust ein neues Gefühl in mir gewachsen. Es ist nicht ständig da und wiegt auch dein Fehlen nicht auf. Die Traurigkeit ist immer noch die Traurigkeit. Aber der Ausblick in die andere Richtung ist ein gutes Gefühl, welches mich stützt, tröstet und trägt.
Inzwischen lernte ich auch andere Männer kennen. Lange Zeit hielt ich diese Möglichkeit für unvorstellbar, denn der Platz in meinem Herzen gehörte allein dir. Doch dann gab es Begegnungen, die ich nicht suchte und die dennoch mein Herz berührten. Mit viel Unsicherheit versuchte ich mich den unerwarteten Gefühlen zu stellen. So ganz war und bin ich wohl bis heute nicht bereit dafür, denn es fällt mir noch immer schwer, mich ganz einzulassen. Aber ich spüre

die Ahnung, dass es eines Tages wieder möglich sein wird, die Tür meines Herzens auch für einen anderen Mann zu öffnen.
So habe ich mich im Leben neu orientiert, denke aber weiterhin gern und oft an dich. Keine Stunde mit dir möchte ich missen, doch ich möchte jetzt auch nach vorn schauen und weitergehen. Denn nur du bist gestorben. Ich bin noch hier!

> „Du stehst an meinem Grabe – doch traure nicht,
> denn ich liege nicht hier und schlafe.
> Ich bin der Wind, der dich umspielt,
> die Sonne über den Feldern,
> ich bin die Schneeflocke in der Luft,
> der Regen über den Wäldern.
> Ich bin der Vogel, der singend ruft,
> der Stern, der dich grüßt aus der Ferne.
> Ich bin bei dir, wenn die Sonne sinkt –
> du weißt doch, ich sah es so gerne.
> Ich bin bei dir, ob Nacht oder Licht,
> geh ruhig zum Grabe, doch weine nicht,
> denn ich liege nicht hier und schlafe."
>
> Aus dem Indianischen[18]

SCHLUSSBEMERKUNG

Liebe Trauernde,

durch Ihren Verlust erfahren Sie im Moment eine sehr schwere Zeit in Ihrem Leben. Daran können Sie stark werden oder zerbrechen. Dass Sie dieses Buch in den Händen halten bedeutet, dass Sie sich auf dem Weg befinden, um diese Krise zu bestehen.
Ich hoffe, ich konnte Sie mit meinen Gedanken und Anregungen ein Stück des Weges begleiten und Ihnen bei der Bewältigung Ihrer Trauer behilflich sein. Für die weiteren Schritte wünsche ich Ihnen von ganzem Herzen viel Kraft und Zuversicht. Denken Sie immer daran, dass Sie selbst über ein unerschöpfliches Potenzial zur Heilung Ihres Schmerzes verfügen und dass Sie nicht allein sind, wie sehr es sich manchmal auch danach anfühlen kann. Es geht immer weiter, und es gibt überall Menschen, die Licht in einen dunklen Tag bringen. Sie müssen es nur zulassen.

Diana Mirtschink

FOTOATELIER KIRSTEN MANN

Diana Mirtschink, Jahrgang 1967, lebt in Dresden und hat langjährige Berufserfahrung als Krankenschwester in einer psychiatrischen Klinik. Seit 2007 ist sie als Trauertherapeutin und Psychotherapeutische Heilpraktikerin tätig. Schwerpunkte ihrer Arbeit liegen in den Bereichen Depression und Verlustbewältigung. Ihre dabei gesammelten Erfahrungen möchte sie mit diesem Buch auch jenen Menschen weitergeben, die das Angebot einer persönlichen Trauerbegleitung nicht in Anspruch nehmen können.

Kontakt: www.heilberaterin.de

LITERATURVERZEICHNIS

1. Sergio Bambaren, „Der träumende Delphin", Piper Verlag GmbH, München, 2002
2. „Die Bibel", Evangengelische Haupt-Bibelgesellschaft zu Berlin und Altenburg, 1987
3. S. Brunnhuber, K. Lieb, S. Frauenknecht, „Intensivkurs Psychiatrie und Psychotherapie", Urban & Fischer Verlag, 2005
4. Rüdiger Dahlke, „Depression", Goldmann Verlag, 2006
5. Michael Ende, „Momo", Thienemann Verlag, 2005
6. Anne Frank, „Das Tagebuch der Anne Frank", Der Kinderbuchverlag Berlin, 1986
7. Khalil Gibran, „Der Prophet", Walter Verlag, 2001
8. Thich Nhat Hanh, „Jeden Augenblick genießen", Theseus Verlag, 2004
9. Hermann Hesse, „Der Steppenwolf", Suhrkamp Verlag, 2007;
10. Hermann Hesse, „Das Leben bestehen", Insel Taschenbuch, Suhrkamp Verlag, 1994
11. Jolande Jacobi, „Die Psychologie von C.G. Jung" – eine Einführung in das Gesamtwerk, Fischer (TB) Verlag, 1977
12. Roland Kachler, „Meine Trauer wird dich finden", Kreuz Verlag, 2005
13. Verena Kast, „Trauern", Kreuz Verlag, 1999
14. Hans Kruppa, „Das Glück ist immer unterwegs", Goldmann Verlag, Bertelsmanngruppe, 1987, 1994
15. Luise Reddemann, „Imagination als heilsame Kraft", Klett-Cotta, 2006
16. Eckhart Tolle, „Jetzt! – Die Kraft der Gegenwart", Kamphausen Verlag, 2004
17. Antje Uffmann, „Tränen, Wasser, Feuer, Herz", Kreuz Verlag, 2001
18. Unbekannte Quelle
19. Mechtild Voss-Eiser, „Noch einmal sprechen von der Wärme des Lebens", Herder Spektrum, 1997
20. Inge Wuthe, Anthologie „Alle Farben dieser Welt", Lucy Körner Verlag, 2001

BILDNACHWEIS

anwyndarkelf, Gerd Altmann, SueSchi, fotofun4u, Joujou, Thomas Max Müller, Artemios, Rosel Eckstein, Jorma Bork, Sina, Peter Bast, Günter Havlena, Birgit Winter, Felix Weckenmann, Andrea Damm, Renate Franke, Christina Bieber, Sergej23, Lea M., Katharina Wieland Müller, Maria Lanznaster, Michaela Schöllhorn, daniel stricker, Angelika Neeb, twinlili, Kerstin Ebermann-Müller, dieter haugk, Werner David / pixelio.de
Diana Mirtschink